머신러닝을 위한 파이썬 한 조각

파이썬으로 이해하는 인공지능의 시작

파이썬으로 이해하는 인공지능의 시작

머신러닝을 위한 파이썬 한 조각

박성호 지음

BJ
BJPUBLIC

서문

자율 주행 자동차가 운전자 없이 스스로 운행하는 것과 구글 딥마인드의 알파고 AlphaGo가 세계 최고의 바둑 기사를 이기는 것은 요즘 세상에 더 이상 놀라운 일이 아닙니다. 그만큼 인공지능이 우리 생활에 깊숙이 자리잡았다는 뜻이기도 합니다. 이러한 인공지능의 급격한 발전을 이룬 원천 기술은 무엇일까요?

그것은 바로 데이터를 바탕으로 인공지능을 구현할 수 있는 머신러닝입니다. 특히 신경망을 기반으로 한 머신러닝의 딥러닝 기술은 영상 인식, 음성 인식, 자율 주행 자동차를 만드는 핵심 기술일 뿐만 아니라 이미 아마존 알렉사Alexa, 구글 홈Google Home 과 같은 인공지능 스피커에 사용되고 있습니다.

이러한 머신러닝과 딥러닝에 관심이 있는 모든 분들을 위해 이 책을 집필했습니다. 본문에서는 머신러닝과 딥러닝 이론을 직관적으로 이해할 수 있도록 여러 공식을 소개하고, 딥러닝 개념과 구조 그리고 동작 원리를 다룹니다. 또한 딥러닝의 꽃으로 불리는 오차역전파 공식을 직접 유도해 봄으로써 개념과 동작 원리를 자세히 이해할 수 있으며, 마지막으로 대표적인 딥러닝 모델인 CNN, RNN 구조를 어떻게 설계하고 구현할 수 있는지 살펴봅니다.

이처럼 이 책에는 머신러닝의 개요부터 딥러닝 기초와 고급까지 모든 것이 담겨 있습니다. 따라서 단계별로 학습해 나가면 어느덧 인공지능 분야의 고급 개발자가 되어 있을 것입니다.

많은 분들의 도움이 없었다면 이 책은 나오지 못했을 것입니다. 좋은 출판 기회를 주신 비제이퍼블릭 관계자들께 감사드립니다. 또한 집필하는 동안 많은 도움을 준 강지현, 박정훈, 박호정, 이인호 학생들과 제가 지치지 않도록 힘을 실어 준 김기화, 김유정, 왕승현, 이진영, 정윤서에게 감사를 표합니다. 그리고 제 수업과 강연에 참석했던 모든 분들이 이 책의 저술에 직간접적으로 기여해 주셨습니다. 마지막으로 사랑하는 우리 부모님과 가족들, 조카 무혁이, 예빈이에게 고마움을 전합니다.

저자 **박성호**

목 차

넘파이(numpy)

미분(Derivative)

선형 회귀와 분류(Linear Regression and Classification)

XOR 문제(XOR Problem)

딥러닝(Deep Learning)

CHAPTER 08

MNIST(필기체 손글씨)

CHAPTER 09

오차역전파(Back Propagation)

텐서플로(TensorFlow) 기초

합성곱 신경망 CNN(Convolutional Neural Network)

머신러닝 개요

1.1 4차 산업혁명

최근 IT 분야는 인공지능AI, Artificial Intelligence으로 설명되는 4차 산업혁명의 거대한 물결 속에 있다고 할 수 있습니다.

4차 산업혁명은 2016년 스위스에서 개최된 다보스 경제 포럼에서 처음 언급된 용어입니다. 국가와 학자마다 정의는 조금씩 다르지만, 일반적으로 4차 산업혁명은 모든 것이 연결Connectivity되어 있는 네트워크 속에서 산업 환경이 인공지능에 의해 더욱 편리하고 지능적으로 혁신됨을 의미합니다. 즉 4차 산업혁명의 두 가지 키워드는 네트워크를 통한 연결성과 인공지능이라고 할 수 있습니다.

1.2 인공지능과 머신러닝

이러한 인공지능과 우리가 학습할 머신러닝Machine Learning은 어떤 관계가 있는지 알아보겠습니다.

인공지능과 머신러닝 그리고 딥러닝은 [그림 1.1]과 같이 인공지능이 머신러닝을 포함하고, 머신러닝이 딥러닝을 포함하는 계층적인 구조를 이루고 있습니다.

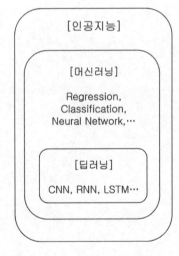

[그림 1.1] 인공지능, 머신러닝, 딥러닝 관계도

먼저 인공지능AI, Artificial Intelligence이란 우리 인간의 학습하고 생각하는 능력을 컴퓨터로 구현한 것을 뜻하며 가장 포괄적인 상위 개념입니다. 인공지능을 구현하는 한 방법으로써, 데이터를 이용하여 명확하게 정리되지 않은 패턴을 학습하고, 이 학습을 바탕으로 미래 값을 예측하는 컴퓨터 기술을 머신러닝ML, Machine Learning이라고 합니다.

이러한 머신러닝의 대표적인 예로 데이터의 연속적인 값을 예측해 주는 선형 회귀 Linear Regression와 종류에 따라 데이터를 가르는 분류Classification, 그리고 신경망 Neural Network이 있습니다. 이 중에서 인간의 신경망Neural Network 개념을 이용하여 학습하는 알고리즘을 딥러닝Deep Learning이라고 합니다.

1.3 머신러닝에서의 회귀와 분류

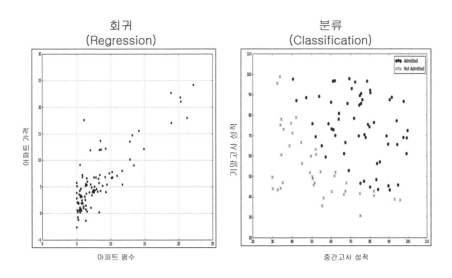

[그림 1.2] 회귀(Regression), 분류(Classification) 개요

1장에서는 머신러닝의 회귀Regression와 분류Classification에 대해 간략히 알아보겠습니다.

[그림 1.2]의 왼쪽과 같이 연속적인 데이터를 학습한 후, 학습된 결과를 바탕으로 테스트 데이터에 대한 미래 값을 예측하는 것을 회귀Regression라고 합니다.

반면에 [그림 1.2]의 오른쪽을 보면, 동그라미(o) 데이터와 엑스(x) 데이터는 왼쪽 위 Left Top에서 오른쪽 아래Right Bottom로 향하는 가상의 직선을 기준으로 서로 분리되어 있음을 알 수 있습니다.

이처럼 학습된 결과를 바탕으로 테스트 데이터에 대해서 과연 이 데이터가 어느 분포에 속하는지 파악하는 것을 머신러닝에서는 분류Classification라고 하며, 5장에서 해당 알고리즘에 대해 좀 더 자세히 알아보겠습니다.

1.4 머신러닝 구현 방법

머신러닝의 회귀Regression, 분류Classification 알고리즘을 구현하기 위해 처음부터 텐서플로TensorFlow, 케라스Keras 등의 딥러닝 프레임워크Framework를 사용한다면 쉽고 빠르게 개발할 수 있다는 장점이 있습니다. 그러나 이러한 프레임워크는 머신러닝의 동작 원리를 전혀 알 수 없는 블랙박스로 제공되기 때문에 기초를 튼튼히 하여 알고리즘을 새롭게 응용해야 하는 초급 개발자에게는 적합하지 않은 방법입니다.

반면 파이썬Python만을 이용하여 단계별로 직접 알고리즘을 구현해 본다면 머신러닝의 동작 원리를 기초부터 자세히 알 수 있어 작업에 흥미를 붙일 수 있습니다. 동시에 알고리즘에 대한 깊은 이해가 가능합니다. 또한 새로운 머신러닝 알고리즘이 나왔을 때에도 빠르게 코드를 이해할 수 있는 직관력Insight을 얻을 수 있습니다.

이 책에서는 파이썬Python만을 이용하여 회귀Regression, 분류Classification, 신경망 Neural Network, 오차역전파Back Propagation 등의 기본 알고리즘을 단계별로 직접 구현함으로써 머신러닝과 딥러닝의 개념 및 동작 원리를 알아볼 것입니다. 이후 합성곱 신경망CNN, Convolutional Neural Network, 순환 신경망RNN, Recurrent Neural Network 과 같은 복잡한 알고리즘은 머신러닝의 기본 알고리즘 지식을 바탕으로 텐서플로 TensorFlow를 통해 구현할 예정입니다.

1.5 정리

이번 장에서는 인공지능의 개념과 이러한 인공지능을 구현하는 방법인 머신러닝, 딥 러닝의 관계, 그리고 머신러닝의 기본 알고리즘인 회귀Regression, 분류Classification에 대해 간략히 알아보았습니다.

2장에서는 이러한 알고리즘을 파이썬Python으로 직접 구현하기 위한 준비 단계로써 파이썬의 핵심 문법을 학습하겠습니다. 머신러닝에 필요한 파이썬의 핵심 문법(list, slicing, list comprehension, function, class, numpy 등)을 이미 알고 있다면 2장을 건너 뛰어도 괜찮습니다.

관련 유튜브 강의 QR 코드 / 링크
https://youtu.be/vcCaSBJpsHk

파이썬
(Python)

파이썬Python은 1991년 구글에서 근무하던 프로그래머 귀도 반 로섬Guido van Rossum
이 개발했으며, 최근에는 가장 인기 있고 빠르게 확산되는 프로그래밍 언어입니다.

파이썬이 빠르게 확산되는 것은 문법이 쉽고 직관적이어서 비교적 짧은 시간에 배
울 수 있다는 장점 덕분입니다. 특히 텐서플로TensorFlow, 케라스Keras 등의 유명한 딥
러닝 프레임워크Framework에서 기본적으로 파이썬 APIPython Application Programming
Interface를 제공하기 때문에 더 많은 개발자들이 파이썬을 이용하는 추세입니다.

이 책에서는 파이썬을 이용하여 머신러닝을 구현할 것입니다. 2장에서는 파이썬의
list, tuple, dictionary 등의 기본 데이터 타입과 함수Function와 클래스class 등의 기본
적인 사용법을 알아보겠습니다.

관련 유튜브 강의 QR 코드 / 링크
https://youtu.be/etM5NLvp_do

2.1 파이썬 설치 및 jupyter notebook 실행

현재 파이썬은 파이썬 2.x 버전과 파이썬 3.x 버전이 있지만, 2.x 버전은 2020년까
지만 지원되며 이 버전은 3.x 버전과 문법도 다르기 때문에 3.x 버전을 설치하는 것

이 좋습니다. 3.x 버전은 각 컴퓨터의 운영체제OS, Operating System에 맞는 아나콘다 Anaconda 배포판을 다음 주소에서 다운 받아 설치하는 것이 편리합니다.

https://www.anaconda.com/distribution/

파이썬을 모두 설치했다면 [그림 2.1]과 같이 터미널에서 python --version을 입력하여 파이썬 버전을 확인할 수 있습니다.

[그림 2.1] 파이썬 버전 확인

[그림 2.2]와 같이 터미널에서 jupyter notebook을 실행하면 웹 브라우저에 [그림 2.3]과 같은 개발 환경이 실행되는데, 앞으로 jupyter notebook에서 머신러닝 코드를 작성하고 실행할 예정이니 기본 사용법을 알아 두는 게 좋겠습니다.

이 책에서는 머신러닝, 딥러닝에 대한 심화 내용을 다루기 때문에 'jupyter notebook 사용법'에 대한 자세한 설명은 생략합니다. jupyter notebook에 대해 깊이 다루지 않더라도 문법만 잘 따라하면 머신러닝, 딥러닝을 충분히 익힐 수 있습니다.

[그림 2.2] jupyter notebook 실행 명령어

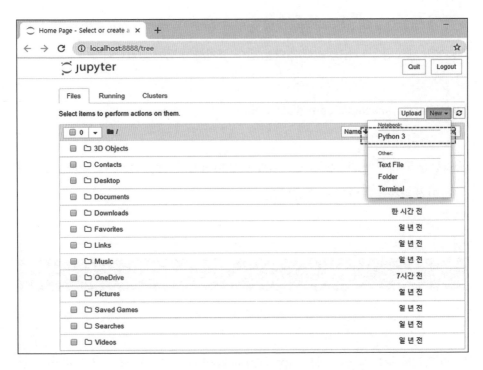

[그림 2.3] jupyter notebook 실행 예시

[그림 2.3]과 같이 jupyter notebook에서 New 버튼을 누르면 Notebook 카테고리의 Python 3이라는 항목이 나타납니다. 바로 이 항목을 클릭했을 때 나오는 창에서 이 책의 내용을 실습하게 될 것입니다. 곧 살펴볼 실습 예제 파일 역시 이 형식으로 작성되니 미리 알아 두기 바랍니다.

2.2 파이썬 데이터 타입(Data Type)

2.2.1 리스트(list)

파이썬으로 머신러닝을 구현할 때 가장 많이 사용되는 데이터 타입인 리스트list부터 알아보겠습니다.

파이썬 리스트list는 다른 프로그래밍 언어의 배열과 비슷합니다. 다음과 같이 쉼표로 데이터를 분리하고, 대괄호로 묶어 생성합니다.

```
a = [ 10, 20, 30, 40, 50 ]
```

이렇게 생성한 리스트list에서 각각의 원소 값을 참조하기 위해서는 C, C++, Java와 같이 0부터 시작하는 양수 인덱스Index를 사용해도 되고, 파이썬만의 특징인 음수 인덱스Minus Index를 사용해서 리스트 변수의 마지막 원소부터 시작, 즉 역순으로 원소 값을 가져올 수도 있습니다.

[그림 2.4]와 같은 리스트list 변수 a에 대하여 [예제 2.1]에서는 양수 인덱스와 음수 인덱스를 이용하여 원소에 접근하는 방식을 보여 주고 있습니다.

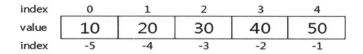

[그림 2.4] 리스트 데이터와 인덱스

[예제 2.1] 리스트(list) 데이터 참조

코드	a = [10, 20, 30, 40, 50] print('a[0] = ', a[0], ', a[2] = ', a[2], ', a[4] = ', a[4]) print('a[-1] = ', a[-1], ', a[-2] = ', a[-2], ', a[-5] = ', a[-5])
결과	a[0] = 10 , a[2] = 30 , a[4] = 50 a[-1] = 50 , a[-2] = 40 , a[-5] = 10

[예제 2.1]의 첫 번째 실행 결과처럼 0부터 시작되는 양수 인덱스Index를 사용하여 a[0] =10, a[2] = 30, a[4] = 50처럼 각각의 원소 값을 참조할 수 있습니다.

다른 프로그래밍 언어와 달리 파이썬에서는 a[-1] = 50, a[-2] = 40, a[-5] = 10과 같이 음수 인덱스Minus Index를 사용해서 리스트list의 원소 값을 역순으로 참조할 수도 있습니다.

즉 리스트list에서 -1 인덱스Index는 리스트 변수의 마지막 원소 값을 가리킵니다.

이러한 음수 인덱스Minus Index와 잠시 후 알아볼 슬라이스slice 기능은 머신러닝에서 입출력 데이터를 쉽게 처리하는 역할을 하기 때문에 반드시 알아 두어야 합니다.

[예제 2.2] 리스트(list) append method 사용법

코드	b = [ ] b.append(100) , b.append(200) , b.append(300) print('b = ', b)
결과	b = [100, 200, 300]

또한 파이썬에서는 [예제 2.2]와 같이 원소가 없는 빈 리스트list를 먼저 생성한 후, append method를 이용하여 원소를 하나씩 추가할 수도 있습니다. 이 방법은 머신러닝에서 정확도를 계산하거나 손실된 함수 값을 임시로 저장할 때 많이 사용합니다.

그럼 파이썬 리스트list에서 가장 중요하며 머신러닝에서 데이터를 분리할 때 사용하는 슬라이스slice 기능에 대해서 알아보겠습니다.

파이썬에서 슬라이스slice는 리스트list 변수에서 콜론(:)을 통해 원소의 범위를 지정해주는 기능입니다. 즉 리스트list에서 인덱스를 이용하면 해당 위치에 있는 오직 1개의 원소 값만을 가져올 수 있지만, 슬라이스slice 기능을 이용하면 동시에 여러 개의 원소 값을 가져오는 것이 가능합니다. 앞쪽에 실린 [그림 2.4]와 다음 [예제 2.3]을 보면서 슬라이스slice 기능에 대해 자세히 알아보겠습니다.

[예제 2.3] 리스트(list)의 슬라이스(slice) 기능

| 코드 | ```
c = [ 10, 20, 30, 40, 50 ]

print('c[0:2] = ', c[0:2], '  , c[1:] =', c[1:])
print('c[:3] = ', c[:3], '  , c[:-2] =', c[:-2])
print('c[:] = ', c[:])
``` |
|---|---|
| 결과 | ```
c[0:2] = [10, 20]    ,  c[1:] = [20, 30, 40, 50]
c[:3] = [10, 20, 30]    ,  c[:-2] = [10, 20, 30]
c[:] = [10, 20, 30, 40, 50]
``` |

리스트 변수는 c = [10, 20, 30, 40, 50]이며 슬라이스 기능을 적용한 것은 c[0 : 2] = [10, 20]임을 알 수 있습니다. 여기서 c[0 : 2]는 변수 c의 인덱스 0부터 2-1=1, 즉 인덱스 1까지의 원소 값을 가져오라는 의미입니다.

이처럼 파이썬의 슬라이스slice는 콜론(:)을 중심으로 왼쪽 인덱스Index부터 (오른쪽 인덱스- 1)만큼의 원소 값을 가져오는 기능을 합니다.

다음으로 슬라이스slice에서 콜론(:)을 중심으로 오른쪽 인덱스Index 또는 왼쪽 인덱스가 생략된 경우를 보겠습니다.

[예제 2.3]의 c[1 :]은 인덱스index 1부터 리스트list의 마지막 원소 값까지 가져오라는 의미입니다. 따라서 결과처럼 c [1 :] = [20, 30, 40, 50]이 출력됩니다.

마찬가지로 c[: 3]은 첫 번째 인덱스부터 인덱스 3-1=2까지의 원소 값을 가져오라는 의미이고, c[: -2]는 첫 번째 인덱스부터 인덱스 -2-1 = -3, 즉 -3 인덱스Index까지의 원소 값을 가져오라는 의미입니다. 그래서 결과를 보면 c[: 3] = [10, 20, 30]이고 c[: -2] = [10, 20, 30]임을 알 수 있습니다.

마지막으로 인덱스 숫자 없이 콜론(:)만 있는 경우에는 첫 번째 원소 값부터 마지막 원소 값까지 모든 데이터를 가져오라는 의미입니다. 그래서 c[:] = [10, 20, 30, 40, 50]과 같은 결과가 출력됩니다.

이처럼 슬라이스slice 기능은 음수 인덱스Minus Index 개념과 함께 머신러닝 코드를 구현할 때 자주 쓰는 중요한 기능이니 반드시 기억해 두기 바랍니다.

2.2.2 튜플 (tuple)

튜플tuple 데이터 타입Data Type은 리스트list와 거의 비슷하지만 소괄호로 묶어서 생성하며 초기 데이터를 변경할 수 없는 읽기 전용Read Only 데이터라는 점에서 서로 구별됩니다.

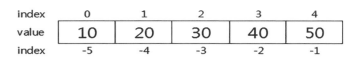

[그림 2.5] 튜플(tuple) 데이터와 인덱스

[예제 2.4] 튜플(tuple)의 인덱스 및 슬라이스 사용	
코드	```a = (10, 20, 30, 40, 50)

print('a[0] = ', a[0], ', a[-2] = ', a[-2])
print('a[0:2] = ', a[0:2], ', a[1:] = ', a[1:], ', a[:] = ', a[:])``` |
| 결과 | ```a[0] = 10,   a[-2] = 40
a[0:2] = (10, 20),   a[1:] = (20, 30, 40, 50),   a[:] = (10, 20, 30, 40, 50)``` |

[예제 2.4]의 코드에서 튜플tuple 변수 a는 10부터 50까지 5개의 원소 값을 가지고 있으며, 리스트list 변수와 마찬가지로 인덱스Index와 슬라이스slice 기능을 사용할 수 있습니다.

그렇지만 튜플tuple은 초기 데이터를 변경할 수 없기 때문에 a[0]의 현재 값 10을 100으로 바꾸려고 하면 [예제 2.5]와 같이 에러가 발생합니다. 즉, 파이썬에서 튜플tuple

은 읽기 전용 리스트Read Only list라고 볼 수 있습니다.

[예제 2.5] 튜플 에러 발생

코드	`a[0] = 100`
| 결과 | ```
--------------------------------------------------------------------
TypeError                               Traceback (most recent call last)
<ipython-input-3-b6d7a4db9a51> in <module>
----> 1 a[0] = 100

TypeError: 'tuple' object does not support item assignment
``` |

2.2.3 딕셔너리(dictionary)

파이썬 딕셔너리dictionary 타입은 다른 프로그래밍 언어의 해시hash 또는 맵map 타입과 구조가 비슷하며 [그림 2.6]과 같이 키key와 밸류value를 한 쌍pair으로 묶어 데이터를 저장하는 형태입니다.

key	value
"KIM"	90
"LEE"	85
"JUN"	95

[그림 2.6] 딕셔너리 데이터

[예제 2.6] 딕셔너리(dictionary) 데이터 생성

| 코드 | ```
score = { 'KIM':90,  'LEE':85,  'JUN':95 }
print(score)
print("score['KIM'] = ", score['KIM'])
``` |
|---|---|
| 결과 | ```
{'KIM': 90, 'LEE': 85, 'JUN': 95}
score['KIM'] =  90
``` |

딕셔너리dictionary 변수는 [예제 2.6]에서 보듯이 중괄호를 이용하여 키key, 밸류value 조합으로 데이터를 생성할 수 있습니다. [예제 2.7]의 score 변수는 'KIM' 과 'LEE',
```

'JUN'이라는 키key 값을 가지며, 각각의 키 값에 대해 밸류value 값 90, 85, 95가 대응되고 있습니다.

[예제 2.7] 딕셔너리(dictionary) 타입 메서드(Method)

| 코드 | ```
print(score.keys())
print(score.values())
print(score.items())
``` |
|---|---|
| 결과 | ```
dict_keys(['KIM', 'LEE', 'JUN'])
dict_values([90, 85, 95])
dict_items([('KIM', 90), ('LEE', 85), ('JUN', 95)])
``` |

또한 [예제 2.7]과 같이 keys(), values(), items() 등의 메서드Method를 이용하면 딕셔너리 변수 score의 키key, 밸류value 값을 쉽게 얻을 수 있습니다.

지금까지 파이썬의 기본 데이터 타입인 리스트list, 튜플tuple, 딕셔너리dictionary에 대해 알아보았습니다. 다음 절에서는 머신러닝 코드를 구현할 때 자주 사용되는 type(), len() 함수를 예제와 함께 알아보며 데이터 타입에 대한 설명을 마치겠습니다.

2.2.4 type(), len() 함수

[예제 2.8]에서는 a, b, c, d 라는 4개의 변수가 초기화되었고, 이 네 변수를 통해 머신러닝에서 자주 사용되는 type(), len() 함수의 사용법을 보여 주고 있습니다.

먼저 a는 리스트list, b는 튜플tuple, c는 딕셔너리dictionary, 그리고 d는 리스트list를 원소로 가지는 리스트list 변수입니다.

	[예제 2.8] type(), len() 함수 사용법
| 코드 | ```
a = [ 10, 20, 30, 40, 50 ]          # list
b = ( 10, 20, 30, 40, 50 )          # tuple
c = { 'KIM':90, 'LEE':80 }          # dictionary
d = [ [100, 200], [300, 400], [500, 600] ]      # list

print(type(a), type(b), type(c), type(d))
print(len(a), len(b), len(c), len(d))
``` |
| 결과 | ```
<class 'list'>   <class 'tuple'>   <class 'dict'>   <class 'list'>
5   5   2   3
``` |

여기서 type() 함수는 입력 파라미터로 주어지는 변수가 어떤 데이터 타입data type인
지 알려 주는 함수입니다. [예제 2.8]에서 type(a)는 리스트, type(b)는 튜플, type(c)
는 딕셔너리 그리고 type(d)는 리스트 타입임을 알려 주고 있습니다.

그런데 머신러닝 코드를 구현할 때 왜 type() 함수가 중요한 것일까요?

우선 머신러닝을 하기 위해서는 학습 데이터가 필요합니다. 학습 데이터는 다양한 소
스에서 수집되며 이러한 데이터들의 타입은 각양각색이므로 먼저 머신러닝 학습에
적합한 데이터 타입Data Type으로 변환되어야 합니다.

즉, 다양한 소스에서 수집된 데이터 타입Data Type이 무엇인지 먼저 알아낸 후 머신러
닝에 적합한 데이터로의 변환 과정이 반드시 필요한데, 이때 수집된 다양한 데이터의
타입을 type() 함수를 통해 알아낼 수 있습니다.

다음으로 len() 함수는 변수가 가지고 있는 원소의 개수를 리턴해 주는 함수입니다.

[예제 2.8]에서 len(a) = 5, len(b) = 5, len(c) = 2이고 len(d)는 6 이 아닌 3이 출력되는데, 이는 len() 함수는 변수에 포함되어 있는 원소의 개수를 출력해 주기 때문입니다. 즉 변수 d에는 원소가 3개(1번째 원소 [100, 200], 2번째 원소 [300, 400], 3번째 원소 [500, 600]) 있기 때문입니다.

2.3 파이썬 조건문 if

파이썬 조건문은 if 조건식Condition으로 작성합니다. if 조건식은 콜론(:)으로 마무리하며 두 가지 방식으로 사용할 수 있습니다. 첫 번째는 if와 조건식만을 사용하는 방식입니다. [예제 2.9]는 a = 1인 경우로서 if, else if(elif), else 등으로 나누어진 일반적인 프로그래밍 언어와 비슷한 구조임을 알 수 있습니다.

[예제 2.9] 파이썬 조건문 if 사용법 1

| 코드 | ```
a = 1
if a > 0:
    print("a ==", a)
    print("positive number")
elif a == 0:
    print("a ==", a)
    print("zero")
else:
    print("a ==", a)
    print("negative number")
``` |
| 결과 | ```
a == 1
positive number
``` |

코드	```python
	list_data = [10, 20, 30, 40, 50]
	dict_data = { 'key1': 1, 'key2' : 2 }
	
	if 45 in list_data:
	    print("45 is in list_data")
	else:
	    print("45 is not in list_data")
	
	if 'key1' in dict_data:
	    print("key1 is in dict_data")
	else:
	    print("key1 is not in dict_data")
	``

결과	``` 45 is not in list_data key1 is in dict_data ```

두 번째 방식은 if 조건식과 함께 in 키워드를 사용하는 것입니다. [예제 2.10]의 코드에는 list_data 변수와 dict_data 변수가 정의되어 있습니다. 여기서 조건식은 45가 list_data 안에 있으면 참True이고, 그렇지 않으면 거짓False을 실행하라는 뜻입니다.

마찬가지로 딕셔너리dictionary 데이터도 'key1' 밸류value가 dict_data 안에 있으면 참, 그렇지 않으면 거짓을 나타내고 있습니다. 현재 dict_data에는 'key1'이 있으므로 첫 번째 문장인 'key1 is in dict_data'라는 구문이 실행되는 것을 확인할 수 있습니다.

이처럼 if 문에서 in 키워드는 조건식에 있는 데이터가 in 다음에 나오는 데이터 타입 Data Type에 해당하는지를 나타냅니다.

그런데 일반적인 프로그래밍 언어에선 if 문에서 실행되는 블록을 표시할 때 중괄호 {}를 쓰는데, [예제 2.9]와 [예제 2.10]을 보면 이 중괄호가 없음을 알 수 있습니다. 즉 코딩 블록Block을 표시할 때 C, C++, Java 등의 프로그래밍 언어는 중괄호 {}를 사용하지만, 파이썬에서는 들여쓰기Indentation를 사용하며 동일한 블록Block의 들여쓰기는 모두 동일한 수의 공백을 사용합니다.

예를 들어 4개의 공백을 사용하다가 한 칸을 추가해서 5개의 공백을 사용한다든지 또는 공백과 탭tab을 혼용한다면 'IndentationError: unexpected indent'라는 에러가 발생합니다. 그래서 파이썬에서 코딩 블록coding block을 나타낼 때는 들여쓰기 Indentation에 주의해야 합니다.

	관련 유튜브 강의 QR 코드 / 링크
	https://youtu.be/dlE5Ht_Hrwg

2.4 파이썬 for 반복문

파이썬의 for 문은 두가지 형식으로 나타낼 수 있습니다. 첫 번째 형식은 in range(⋯) 형태를 사용하는 것이고, 두 번째 형식은 for 문에서 in 다음에 리스트list 또는 딕셔너리dictionary 등의 데이터 타입Data Type을 표시하는 방법입니다.

[예제 2.11] 파이썬 반복문 for 사용법 1

| 코드 | ```
# range(10) 적용 예시, range() 함수는 시작 값~ 마지막 값 -1
for data in range(10):
    print(data, " ",  end='')
``` |
| --- | --- |
```

결과	0 1 2 3 4 5 6 7 8 9
코드	# range(0, 10) 적용 예시, range() 함수는 시작 값~ 마지막 값 -1 for data in range(0, 10): print(data, " ", end='')
결과	0 1 2 3 4 5 6 7 8 9
코드	# range(0, 10, 2) 적용 예시, range() 함수는 시작 값~ 마지막 값 -1 for data in range(0, 10, 2): print(data, " ", end='')
결과	0 2 4 6 8

첫 번째 형식의 in range(…) 사용법에 대해 알아보겠습니다. [예제 2.11]의 코드에서 range(10)과 range(0, 10)은 0부터 10-1, 즉 9까지 1씩 증가하여 각각의 데이터를 반복 변수 data에 대입하라는 의미입니다. 그래서 for 문을 실행하면 0부터 9까지 1씩 증가하는 데이터가 변수 data에 대입되고, 이 값이 출력되는 것을 알 수 있습니다.

또한 마지막 range(0, 10, 2)는 0부터 10-1, 즉 9까지 2씩 증가하는 값이 변수 data에 저장됨을 의미합니다. 참고로 print 구문에서 마지막에 있는 end = ''의 의미는 print 문을 실행한 후 다음 행으로 넘어가지 말고 같은 행에서 결과를 출력하라는 의미입니다.

[예제 2.12] 파이썬 반복문 for 사용법 2

코드	list_data = [10, 20, 30, 40, 50] for data in list_data: print(data, " ", end='') # 줄 바꿈 없음
결과	10 20 30 40 50

| 코드 | ```python
dict_data = { 'key1': 1, 'key2' : 2 }
for data  in dict_data:
    print(data, " ",  end='')  # 줄 바꿈 없음
for  key, value  in dict_data.items():
    print(key, "  ",  value)
``` |
| 결과 | key1   key2

key1   1
key2   2 |

다음은 [예제 2.12]와 같이 in 키워드 다음에 list_data 변수, dict_data 변수를 사용하는 경우입니다.

list_data = [10, 20, 30, 40, 50]은 5개의 원소를 받는 리스트list 변수입니다. 첫 번째 for 문은 list_data 변수 안에 있는 값을 출력하라는 의미입니다. 즉 list_data에는 5개의 값이 있고, 그 값을 반복적으로 출력하는 것을 볼 수 있습니다.

딕셔너리dictionary 타입도 이와 비슷합니다. for 문에서 in 다음에 딕셔너리dictionary 변수를 적으면 이 변수 안에 있는 키key 값이 출력되고, 만약 [예제 2.12]와 같이 키key와 밸류value 모든 값을 반복 변수에 넣고 싶으면 앞에서 알아본 것처럼 딕셔너리의 items() 메서드Method를 사용하면 됩니다.
```

2.5 List Comprehension

List Comprehension은 리스트list 변수 내부에 for 구문을 이용해서 데이터를 만드는 방법을 말합니다. 이러한 List Comprehension은 머신러닝에서 데이터를 조작하고 원하는 형식으로 만들어 내기 위해 자주 사용하는 기법입니다.

다음의 [예제 2.13]에서 List Comprehension이 무엇이고, 데이터를 어떻게 생성하는지 확인해 보겠습니다.

[예제 2.13] 파이썬 List Comprehension 사용법

| 코드 | ```python
list_data = [ x**2  for x in range(5) ]
print(list_data)
``` |
| 결과 | `[0,  1,  4,  9,  16]` |
| 코드 | ```python
# 반복문과 슬라이스 기능을 이용한 List Comprehension
raw_data = [ [1, 10],  [2, 15],  [3, 30],  [4, 55] ]

all_data = [ x  for x in raw_data ]                    ①
x_data = [ x[0]  for x in raw_data ]                   ②
y_data = [ x[1]  for x in raw_data ]                   ③

print("all_data ==", all_data)
print("x_data ==", x_data)
print("y_data ==", y_data)
``` |
| 결과 | ```
all_data == [[1, 10], [2, 15], [3, 30], [4, 55]]
x_data == [1, 2, 3, 4]
y_data == [10, 15, 30, 55]
``` |
```

[예제 2.13]의 첫 번째 코드 list_data 변수에서 대괄호 안에 for 구문이 들어 있는 것을 알 수 있습니다. 여기서 for x in range(5) 부분은 0, 1, 2, 3, 4의 각각의 값을 수 x에 대입한다는 의미입니다. 즉 List Comprehension이란 이렇게 for 문에 있는 변수에 대입된 값을 최종적으로 맨 앞에 있는 식에 대입하여 리스트list 원소 값을 만드는 것을 말합니다.

그럼 실제 데이터를 어떻게 생성하는지 확인해 보겠습니다.

먼저 0인 경우에 x = 0이며, 이 x 값을 제곱한 값이 list_data 첫 번째 원소인 0을 나타냅니다. 1인 경우에는 x = 1이며, 이 x 값을 제곱한 1이 list_data 두 번째 원소가 되는 것을 알 수 있습니다. 이렇게 숫자 4까지 진행하면 최종적으로 원소가 5개인 데이터 list_data = [0, 1, 4, 9, 16]이 생성되는 것을 확인할 수 있습니다.

[예제 2.13]의 두 번째 코드는 조금 복잡해 보이지만 List Comprehension의 원리만 정확히 이해한다면 전혀 어렵지 않습니다.

먼저 코드의 ① 부분을 보면 all_data 변수 안에 있는 raw_data의 첫 번째 값인 [1, 10]이 x 변수에 저장되어 all_data의 첫 번째 원소가 되고, 반복적으로 [2, 15], [3, 30], [4, 55] 값이 차례대로 x 변수에 저장되어 all_data의 원소가 됩니다. 즉 all_data는 raw_data와 동일하다는 것을 알 수 있습니다.

그러면 이제 x_data, y_data는 어떻게 생성하는지 알아보겠습니다.

코드의 ② ③ 부분을 보면 raw_data의 첫 번째 원소, 즉 raw_data[0] = [1, 10]을 나타

내며, 이 값이 변수 x에 대입되는 것을 알 수 있습니다. 그런데 x에 대입된 값이 리스트, 즉 x = [1, 10]이기 때문에 x[0] = 1, x[1] = 10이 각각 x_data, y_data의 첫 번째 원소 값이 됩니다.

마찬가지로 raw_data[1] = [2, 15]이고 이 값이 x 변수에 대입되어 x = [2, 15]가 되고, x[0] = 2, x[1] = 15가 각각 x_data, y_data의 두 번째 원소 값이 됩니다(raw_data[2], raw_data[3]에 대해서는 직접 확인해 보기 바랍니다).

이러한 List Comprehension 기법은 머신러닝 코드 구현을 위해서 자주 사용되기 때문에 잘 이해해 놓으면 더욱 간결하고 스마트한 코드를 작성하는 데 도움이 될 것입니다.

2.6 파이썬 함수(Function)

2.6.1 함수 정의와 리턴 값

특정 기능을 수행하는 명령어들을 하나로 묶어 함수Function로 정의할 수 있으며, 파이썬 함수는 다음과 같이 def 키워드로 정의할 수 있습니다. 기본 사용법은 [예제 2.14]에 나타냈습니다.

[예제 2.14] 파이썬 함수 정의와 사용법

코드	

```
# 함수(function) sum 정의
def sum(x, y):
    s = x + y
    return s
```

```
result = sum(10, 20)     # sum(…) 함수 호출
print(result)
```

결과	30

또한 파이썬에서는 함수의 리턴return 값으로 1개 이상의 변수를 리턴return할 수 있습니다.

[예제 2.15] 1개 이상의 값을 리턴하는 파이썬 함수 정의와 사용법

| 코드 | ```# 1개 이상의 값을 리턴함
def multi_ret_func(x):
    return x+1, x+2, x+3   # return (x+1, x+2, x+3)   ①
x = 100
y1, y2, y3 = multi_ret_func(x) # (y1, y2, y3) = multi_ret_func(x)   ②
print(y1, y2, y3)``` |
|------|------|
| 결과 | 101   102   103 |

[예제 2.15]와 같이 **multi_ret_func** 함수는 입력으로 x를 받아 x+1, x+2, x+3 3개의 값을 리턴return하고 있습니다. 이처럼 파이썬에서는 1개 이상의 리턴return 값을 반환할 수 있는데, 코드의 ① 부분과 같이 각각의 리턴return 값을 콤마(,)로 분리하거나 또는 튜플tuple 형식으로 소괄호를 씌워서 리턴return할 수 있습니다.

함수가 이렇게 하나 이상의 값을 리턴return하면 받는 쪽 역시 리턴return 값을 코드의 ② 부분처럼 콤마(,)로 분리하거나 튜플tuple로 받을 수 있음을 알 수 있습니다.

2.6.2 디폴트 파라미터(Default Parameter)

디폴트 파라미터Default Parameter는 기본 값을 함수의 입력 파라미터Parameter로 지정하는 것을 말합니다. 이러한 디폴트 파라미터Default Parameter는 함수가 호출되었을 경우에 입력 파라미터Parameter에 명시적인 값이 전달되지 않으면 기본 값을 사용하겠다는 의미입니다.

[예제 2.16]에서 디폴트 파라미터Default Parameter가 무엇이고 어떻게 사용되는지 알아보겠습니다.

[예제 2.16] 디폴트(Default) 파라미터 정의와 사용법

| 코드 | ```python
def print_name(name, count=2):
    for i in range(count):
        print("name ==", name)
print_name("DAVE")              # print_name("DAVE", 5)
``` |
| 결과 | name == DAVE
name == DAVE |

print_name(…) 함수는 입력 파라미터Parameter로 name과 count라는 2개의 변수를 가지며, count 변수가 디폴트 파라미터Default Parameter로서 count=2로 초기화되어 있습니다.

현재는 'DAVE'라는 값 하나만을 주며 print_name 함수를 호출하였는데, print_name 함수의 선언을 보면 원래는 2개의 값이 입력 파라미터로 들어가야 하는 것을 알 수 있습니다.

그렇지만 두 번째 변수 count는 디폴트 파라미터Default Parameter로 설정되어 있으므
```

로 [예제 2.16]과 같이 1개의 변수만 주면 첫 번째 값 'DAVE' 는 name에 들어가고 count 변수는 2로 초기화되어 있기 때문에, count 변수 값만큼 for 문이 2회 반복되는 것을 확인할 수 있습니다.

만약 주석으로 처리된 print_name("DAVE", 5) 구문을 실행한다면 첫 번째 변수 name에 'DAVE'가 들어가고, 5라는 값이 count 변수에 들어가서 총 5번의 for 문이 실행될 것입니다.

2.6.3 mutable, immutable 파라미터(Parameter)

다음으로 서로 혼동하기 쉬운 두 파라미터Parameter mutable과 immutable에 대해 알아보겠습니다.

mutable이란 입력 파라미터Parameter로 들어간 변수의 원본 값을 함수 내에서 바꿀 수 있는 것을 말합니다. 파이썬에서 이러한 mutable 타입으로 리스트list, 딕셔너리 dictionary, 그리고 다음 장에서 학습할 넘파이numpy 등이 있습니다.

이와는 반대로 immutable이란 입력 파라미터Parameter로 들어간 변수의 원본 값이 함수 내에서 바뀌지 않는 데이터 타입을 말하며 immutable 타입으로 숫자, 문자, 튜플tuple 등이 있습니다.

[예제 2.17] mutable, immutable 타입

| 코드 | ```
def mutable_immutable_func(int_x,  input_list):
    int_x  +=  1
    input_list.append(100)
``` |
|---|---|
```

```
x = 1
test_list = [ 1, 2, 3 ]
mutable_immutable_func(x,  test_list)
print("x ==",  x, ", test_list ==",  test_list)
```

결과	x == 1 , test_list == [1, 2, 3, 100]

[예제 2.17]과 같이 mutable_immutable_func 함수는 int_x, input_list와 같이 2개의 입력 파라미터parameter를 가집니다. 정수 변수 int_x에는 1을 더하고, 리스트 변수 input_list에는 100을 추가Append합니다.

그런데 mutable_immutable_func 함수를 호출한 다음, 정수 변수 x는 원래의 값 1에 변화가 없지만, 리스트 변수인 test_list를 보면 함수를 호출하기 전의 값 [1, 2, 3]이 아닌 [1, 2, 3, 100]으로 바뀌어 있는 것을 알 수 있습니다.

이처럼 파이썬에서는 mutable 데이터 타입인 리스트list, 딕셔너리dictionary, 넘파이numpy 등을 함수 인자로 전달하는 경우에는 처음 값이 변경될 수 있습니다.

그래서 파이썬에서 함수를 작성하고 입력 파라미터Parameter로 mutable 데이터 타입 Data Type을 받는 경우에는 함수 내에서 원본 값이 변경되지 않게 보관하고, 함수 내에서 다양한 작업을 수행한 후에 보관되어 있는 값을 다시 복원시키는 과정이 반드시 필요합니다.

2.6.4 람다(lambda) 함수

람다lambda 함수는 함수를 만들 때 def를 사용하지 않고 한 줄Line 형태로 함수를 작성하는 것을 말합니다.

람다lambda 함수는 특히 머신러닝에서 수치 미분Numerical Derivative과 활성화 함수 Activation Function 등을 일반적인 수학에서의 함수 표기법 f(x), f(x, y)로 나타낼 때 사용합니다.

[예제 2.18] 람다(lambda) 정의와 사용법

| 코드 | ```
f = lambda  x  :  x+100      #  f(x) = x+100  형태로  사용할  경우

for  i  in  range(3):
    print(f(i))
``` |
|------|------|
| 결과 | 100
101
102 |

이러한 람다lambda는 [예제 2.18]과 같이 lambda를 대표하는 함수 이름과 입력 변수, 그리고 이들을 대체Substitution할 수 있는 표현식Expression으로 정의할 수 있습니다.

여기서 대체Substitution한다는 의미는 C언어에서 사용되는 #define과 같은 개념입니다. 즉 [예제 2.18]에서 정의한 람다식 f = lambda x : x+100 부분을 C언어 방식으로 나타내 보면 #define f(x) (x+100)이 됩니다.

[예제 2.18]에서 정의한 f = lambda x : x+100을 해석해 보면, 람다lambda 함수 f는 입력으로 x를 받아 최종적으로는 x+100이라는 값으로 대체한다는 것이며, 우리가 알고 있는 수학 식으로 표현해 보면 f(x) = x+100과 같다는 것을 알 수 있습니다.
```

이처럼 람다lambda 함수를 이용하여 [예제 2.18]을 실행하면 f(0) = 0+100, 즉 100이라는 값으로 대체되고, x = 1인 경우에는 f(1) = 1+100, 마지막으로 x가 2인 경우 f(2) = 2+100으로 대체되어 출력됩니다.

관련 유튜브 강의 QR 코드 / 링크
https://youtu.be/oL6Lluw_p94

2.7 파이썬 클래스(class)

class 클래스 이름:

def   __init__(self, 입력1, 입력2,⋯):   # 생성자
def   method1(self, 입력1, 입력2,⋯):   # method 1
def   method2(self, 입력1, 입력2,⋯):   # method 2

파이썬에서 클래스class는 위와 같이 클래스class 키워드를 사용하며 앞에서 함수를 만들 때 사용한 def를 통해 클래스class 메서드Method를 정의할 수 있습니다.

[예제 2.19]에서 정의한 클래스class Person을 보면 __init__, work, sleep이라는 3개의 메서드Method가 있습니다.

먼저 __init__ 메서드Method는 파이썬 클래스class가 반드시 가져야 하는 메서드

Method로서 생성자Constructor 역할을 수행하며 객체Object가 만들어질 때 자동으로 한 번만 호출됩니다.

[예제 2.19] 파이썬 클래스(class) 정의 및 기본 예제

| 코드 | ```python
class Person:
    def __init__(self, name):
        self.name = name
        print(self.name + " is initialized")
    def work(self, company):
        print(self.name + " is working in " + company)
    def sleep(self):
        print(self.name + " is sleeping")
``` |
|---|---|
| 코드 | ```python
obj = Person("PARK")       # Person 객체 obj 생성            ①
obj.work("ABCDEF")         # work() method call
obj.sleep()                      # sleep() method call

# 속성에 직접 접근. 기본적으로 파이썬에서는 모두 public
print("current person object is ", obj.name)              ②
``` |
| 결과 | ```
PARK is initialized
PARK is working in ABCDEF
PARK is sleeping
current person object is  PARK
``` |

또한 파이썬에서는 메서드Method의 첫 번째 입력 파라미터Parameter로써 자기 자신을 나타내는 self를 반드시 써 주어야 합니다. self는 C++, java 언어의 this처럼 자기 자신을 가리키고 있는 것입니다.

이제 [예제 2.19]의 ① 부분을 보면, 객체 obj를 생성하면 Person 클래스 생성자인 __
```

init__ 내에서 self.name = name이 실행됩니다. 여기서 self.name은 클래스class의 멤버member 변수를 가리키며 C++이나 java와 달리 파이썬에서는 클래스class 내에서 멤버member 변수 선언을 별도로 하지 않아도 바로 사용할 수 있습니다.

그리고 생성된 객체 obj를 이용하여 work와 sleep 메서드Method를 호출하는 것은 일반 객체지향 프로그램처럼 보이지만, 주의할 것은 코드의 ② 부분에서 print 구문의 obj.name입니다.

name은 Person 클래스class가 가지고 있는 인스턴스Instance 변수인데, 보다시피 객체 obj를 이용하여 바로 접근해서 값을 가져올 수 있습니다. 이처럼 파이썬에서는 메서드method와 멤버member 변수 모두가 기본적으로 public으로 선언되기 때문에 외부에서 생성한 객체를 통하여 바로 접근해서 사용할 수 있습니다.

관련 유튜브 강의 QR 코드 / 링크
https://youtu.be/5Xy5Ju7hYo4

2.8 정리

이번 장에서는 파이썬의 기본 데이터 타입, 조건문, 반복문, 함수 그리고 클래스 등을 알아보았습니다. 무엇보다 파이썬 리스트list 변수에는 음수 인덱스Minus Index와 슬라이스slice 기능이 있다는 것을 반드시 기억해 두기 바랍니다.

또한 학습 데이터 생성을 위해 자주 사용되는 List Comprehension을 잘 숙지해 놓으면 차후에 코드를 간결하게 구현할 수 있습니다.

넘파이
(numpy)

머신러닝과 딥러닝을 구현하다 보면 1차원 벡터Vector 또는 행렬Matrix 계산을 해야 하는 경우가 많습니다.

[그림 3.1]에서 색Color이 있으면 1, 색이 없으면 0의 값을 가지게 하여 흑백 이미지로 숫자 2를 나타내 보았습니다. 이처럼 2차원 이미지Image는 행렬Matrix로 표현할 수 있습니다.

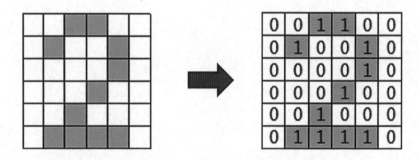

[그림 3.1] 숫자 2를 행렬(Matrix)로 표현한 예

즉 딥러닝으로 이미지Image 인식을 하기 위해서는 행렬을 만들고 동시에 연산이 필요하다는 것을 알 수 있습니다. 따라서 이번 3장에서는 머신러닝과 딥러닝 행렬 연산에 필요한 파이썬의 넘파이numpy 라이브러리에 대해 알아보겠습니다.

관련 유튜브 강의 QR 코드 / 링크
https://youtu.be/ku9-AxaznSA

3.1 넘파이 라이브러리 가져오기(import)

넘파이는 파이썬 기본 라이브러리에 포함되지 않는 외부 라이브러리이기 때문에 넘
파이를 사용하기 위해서는 다음과 같이 넘파이 라이브러리를 가져와야import 합니다.

```
import numpy as np
```

파이썬에서는 라이브러리를 사용하기 위해 import 문을 이용합니다. 이 경우 import
numpy as np라고 기술했는데, numpy 라이브러리를 가져와서 np라는 별명으로 사
용하겠다는 의미입니다.

3.2 넘파이와 리스트(numpy vs list)

넘파이numpy는 리스트list 변수와 외형적으로는 비슷해 보이기도 합니다. [예제 3.1]
의 첫 번째 코드와 같이 행렬을 나타내기 위해서 2차원 리스트 변수 A, B를 정의하면
두 변수는 덧셈이 가능하다고 생각할 수 있습니다.

행렬 및 연산

$$A = \begin{pmatrix} 1 & 0 \\ 0 & 1 \end{pmatrix} \quad B = \begin{pmatrix} 1 & 1 \\ 1 & 1 \end{pmatrix} \quad A + B = \begin{pmatrix} 2 & 1 \\ 1 & 2 \end{pmatrix}$$

| 코드 | ```# 리스트 연산
A = [[1, 0], [0, 1]]
B = [[1, 1], [1, 1]]
A + B``` |
|---|---|
| 결과 | `[[1, 0], [0, 1], [1, 1], [1, 1]]` |
| 코드 | ```# 행렬 연산
import numpy as np
A = np.array([[1, 0], [0, 1]])
B = np.array([[1, 1], [1, 1]])
A + B``` |
| 결과 | ```array([[2, 1],
       [1, 2]])``` |

하지만 리스트 변수 A , B의 덧셈 결과는 우리가 원하던 행렬의 덧셈 결과가 아니라, 리스트 변수 A 마지막에 리스트 변수 B의 원소 값들이 추가Append된 것이 나왔습니다.

반면 [예제 3.1]의 두 번째 코드와 같이 넘파이numpy로 정의된 행렬 A와 행렬 B를 보면, 우리가 알고 있는 일반적인 행렬의 연산과 같은 결과가 나온다는 것을 알 수 있습니다.

이처럼 행렬을 표현하고 연산하기 위해서는 우선 넘파이numpy로 행렬을 만들어야 합니다. 머신러닝과 딥러닝을 구현할 때 다양한 행렬 연산을 하려면 이 점이 무엇보다 중요합니다.

3.3 넘파이 벡터(Vector, 1차원 배열) 생성

넘파이를 이용하여 1차원 배열, 즉 벡터vector를 만들 때는 np.array() 메서드를 이용합니다.

np.array()는 파이썬의 리스트list를 인수로 받아서 넘파이가 제공하는 특수한 배열 형태인 numpy.ndarray 타입을 리턴합니다.

[예제 3.2]를 보면 넘파이의 np.array()를 이용하여 벡터 A, B를 생성하였으며, 벡터의 형상Shape과 차원Dimension은 넘파이의 shape와 ndim 속성을 이용하여 알아낼 수 있습니다.

[예제 3.2] 넘파이 벡터(Vector) 생성, 형상 및 차원 확인

코드	```python
	import numpy as np
	
	A = np.array([1, 2, 3])
	B = np.array([4, 5, 6])
	print("A ==", A, ", B == ", B)
	print("vector A shape ==", A.shape, ", vector B shape ==", B.shape)
	print("vector A dimension ==", A.ndim, ", vector B dimension ==", B.ndim)
	``

결과	``` A == [1 2 3] , B == [4 5 6] vector A shape == (3,) , vector B shape == (3,) vector A dimension == 1 , vector B dimension == 1 ```

3.4 넘파이 행렬(Matrix, 2차원 배열) 생성

넘파이에서 2차원 배열, 즉 행렬Matrix을 만들기 위해서는 벡터를 생성할 때와 마찬가지로 np.array() 메서드를 사용합니다.

그러나 벡터를 만들 때와는 다르게 행렬에서 1개 행Row을 정의하려면 np.array() 메서드 안에서 다시 대괄호를 사용해야 합니다. [예제 3.3]을 통해 넘파이 행렬을 만드는 방법을 알아보겠습니다.

[예제 3.3] 넘파이 행렬(Matrix) 생성, 형상 및 차원 확인

| 코드 | ```
import numpy as np

A = np.array([ [1, 2 ,3], [4, 5, 6] ])
B = np.array([ [-1, -2, -3], [-4, -5, -6] ])

print('matrix A = ', A)
print('matrix B = ', B)
print("matrix A shape ==", A.shape, ", matrix B shape ==", B.shape)
print("matrix A dimension ==", A.ndim, ", matrix B dimension ==", B.ndim)
``` |
|---|---|
| 결과 | ```
matrix A =  [[1 2 3]
 [4 5 6]]
matrix B =  [[-1 -2 -3]
 [-4 -5 -6]]
matrix A shape == (2, 3) , matrix B shape == (2, 3)
matrix A dimension == 2 , matrix B dimension == 2
``` |

[예제 3.3]과 같이 행렬 A, B는 np.array() 메서드에서 대괄호 2개를 사용하여 2행Row을 나타내고 있으며 각각의 대괄호 안에는 3개의 원소가 있으므로 3열Column

을 나타냅니다. 즉 변수 A, B는 2 × 3 행렬임을 알 수 있으며, 넘파이 shape 속성과 ndim 속성을 이용하면 벡터와 마찬가지로 행렬의 형상과 차원을 확인할 수 있습니다.

3.5 넘파이 산술연산

[예제 3.4]는 넘파이 벡터 A, B에 대한 산술연산을 나타내고 있습니다.

	[예제 3.4] 넘파이 벡터(Vector) 산술연산
코드	``` import numpy as np A = np.array([1, 2, 3]) B = np.array([4, 5, 6]) print("A ==", A, ", B == ", B) print("A + B ==", A + B) print("A - B ==", A - B) print("A * B ==", A * B) print("A / B ==", A / B) ```
결과	``` A == [1 2 3] , B == [4 5 6] A + B == [5 7 9] A - B == [-3 -3 -3] A * B == [4 10 18] A / B == [0.25 0.4 0.5] ```

여기서 주의해야 하는 것은 벡터 또는 행렬의 산술연산을 하려면 대응되는 원소의 개수가 반드시 같아야 된다는 것입니다. 즉 [예제 3.4]와 같이 벡터 A와 벡터 B의 원소

가 3개로 같아야만 산술연산이 가능합니다. 만약 원소의 개수가 다르면 오류Error가 발생하므로 벡터 또는 행렬의 산술연산을 할 경우에는 반드시 대응되는 원소의 개수를 확인해야 합니다.

3.6 넘파이 형 변환(reshape)

머신러닝 코드를 구현할 때 넘파이 벡터Vector를 행렬Matrix로 변경하거나 행렬을 다른 형상shape의 행렬로 변경해야 하는 경우가 많은데, 넘파이의 reshape() 메서드를 사용하면 형상shape을 손쉽게 변경할 수 있습니다.

[예제 3.5]를 보면 벡터 C는 reshape(1,3) 메서드를 통해 1 × 3(1행 3열) 형상의 행렬 Matrix로 바뀝니다. 또한 행렬 D는 처음에는 2 × 3(2행 3열) 행렬이지만, reshape(3,2) 메서드를 통해서 3 × 2(3행 2열) 행렬로 형상이 바뀝니다.

[예제 3.5] 넘파이 형(shape) 변환 메서드 reshape() 예시

코드	```import numpy as np

C = np.array([1, 2, 3])
print("C.shape ==", C.shape)

C = C.reshape(1, 3)
print("C.shape ==", C.shape)``` |
| 결과 | ```C.shape == (3,)
C.shape == (1, 3)``` |

| 코드 | ```
D = np.array([ [1, 2, 3], [4, 5, 6] ])
print("D.shape ==", D.shape)

D = D.reshape(3, 2)
print("D.shape ==", D.shape)
``` |
| 결과 | ```
D.shape == (2, 3)
D.shape == (3, 2)
``` |

그런데 파이썬으로 구현된 머신러닝 코드를 보면 reshape() 메서드의 첫 번째 인수로 -1이 오는 것을 자주 볼 수 있습니다.

예를 들어 reshape(-1, XXX)는 reshape(-1, XXX) 메서드의 두 번째 인수 XXX 값으로 주어지는 열Column을 가지는 행렬Matrix로 형 변환하라는 의미입니다.

[예제 3.6]을 보면 넘파이 행렬 A는 3 × 4(3행 4열) 형상shape을 가지고 있지만 B = A.reshape(-1, 3) 코드를 통해서 행렬 A는 3열Column을 가지는 4 × 3(4행 3열) 행렬 B가 됩니다.

마찬가지로 C = A.reshape(-1, 6) 코드를 보면 6열Column을 가지는 2 × 6(2행 6열) 행렬 C가 생성된다는 것을 확인할 수 있습니다.

[예제 3.6] 넘파이 행렬 형 변환 reshape(-1, ···) 사용 예시

코드	import numpy as np
	
	A = np.array([[1, 2, 3, 4],
	                [10, 20, 30, 40],
	                [100, 200, 300, 400]])
	
	print(A.shape)

결과	(3, 4)
코드	# np.reshape(-1, 3) 으로 형 변환 예제 B = A.reshape(-1, 3) print('B.shape = ', B.shape) print(B)
결과	B.shape = (4, 3) [[1 2 3] [4 10 20] [30 40 100] [200 300 400]]
코드	# np.reshape(-1, 6) 으로 형 변환 예제 C = A.reshape(-1, 6) print('C.shape = ', C.shape) print(C)
결과	C.shape = (2, 6) [[1 2 3 4 10 20] [30 40 100 200 300 400]]

3.7 넘파이 브로드캐스트(Broadcast)

행렬의 사칙연산은 기본적으로 두 행렬의 크기가 서로 같은 경우에만 할 수 있습니다. 그러나 넘파이numpy에는 크기가 다른 두 행렬도 사칙연산이 가능하도록 확장하는 기능이 있는데 이러한 기능을 브로드캐스트Broadcast라고 합니다. 즉, 차원이 작은 쪽이 큰 쪽에 맞추어 행 단위로, 반복적으로 크기를 확장하는 기능입니다.

[예제 3.7]을 통해 넘파이 브로드캐스트Broadcast가 무엇인지 알아보겠습니다.

[예제 3.7] 넘파이 브로드캐스트(Broadcast)	
일반 수식	$A = \begin{pmatrix} 1 & 2 \\ 3 & 4 \end{pmatrix}$, B = 5 인 경우 $A + B = \begin{pmatrix} 1 & 2 \\ 3 & 4 \end{pmatrix} + 5 = \begin{pmatrix} 1 & 2 \\ 3 & 4 \end{pmatrix} + \begin{pmatrix} 5 & 5 \\ 5 & 5 \end{pmatrix} = \begin{pmatrix} 6 & 7 \\ 8 & 9 \end{pmatrix}$
코드	```import numpy as np`  `A = np.array([[1, 2], [3, 4]])` `B = 5` `print(A + B)```
결과	```[[6 7]` ` [8 9]]```
일반 수식	$C = \begin{pmatrix} 1 & 2 \\ 3 & 4 \end{pmatrix}$, D = (4 5) 인 경우 $C + D = \begin{pmatrix} 1 & 2 \\ 3 & 4 \end{pmatrix} + (4 \ 5) = \begin{pmatrix} 1 & 2 \\ 3 & 4 \end{pmatrix} + \begin{pmatrix} 4 & 5 \\ 4 & 5 \end{pmatrix} = \begin{pmatrix} 5 & 7 \\ 7 & 9 \end{pmatrix}$
코드	```import numpy as np`  `C = np.array([[1, 2], [3, 4]])` `D = np.array([4, 5])` `print(C + D)```

결과	[[5 7] 　[7 9]]

A는 2 × 2 행렬, B는 숫자 5의 스칼라Scalar입니다. 일반 수학에서는 A + B, 즉 행렬과 스칼라Scalar의 연산은 할 수 없지만, 넘파이numpy에서는 숫자 5인 스칼라를 행렬 A의 크기와 동일하게 확장해서 연산이 가능하도록 해 줍니다. 이렇게 차원이 낮은 스칼라Scalar를 차원이 더 높은 행렬과 동일한 크기로 확장해 주는 기능을 넘파이 브로드캐스트Broadcast라고 합니다.

마찬가지로 두 번째 코드에서 C는 2 × 2 행렬이고, D는 1 × 2 행렬입니다. 즉, C와 D는 행렬의 크기가 다릅니다. 이렇게 크기가 다른 경우 수학적으로는 사칙연산이 불가능합니다. 그러나 넘파이numpy에서는 크기가 작은 행렬 D를 행렬 C와 동일한 크기로 확장시키는 브로드캐스트를 통해 연산이 가능해집니다.

이러한 브로드캐스트Broadcast 기능은 개발자에게 많은 편의성을 제공해 주고 있지만 간혹 혼동을 유발하기도 합니다. 특히 브로드캐스트Broadcast가 사칙연산뿐 아니라 다음에 학습할 행렬 곱Matrix Multiplication 연산에도 사용할 수 있다고 혼동하는 경우가 매우 많습니다.

그러나 브로드캐스트Broadcast는 행렬 곱 연산에는 적용되지 않고 오로지 사칙연산에만 가능하다는 것을 반드시 기억하기 바랍니다.

3.8 넘파이 전치행렬(Transpose)

행렬의 행Row과 열Column이 바뀌는 전치Transpose행렬에 대해 알아보겠습니다. 전치행렬은 [그림 3.2]와 같이 원본 행렬의 열을 행으로, 행을 열로 바꾸면 쉽게 만들 수 있으며, 원본 행렬이 A이면 전치행렬은 A^T로 표시합니다.

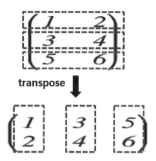

[그림 3.2] 전치행렬(transpose)

임의의 행렬에 대한 전치행렬을 구하기 위해서는 넘파이를 이용해야 하는데, [예제 3.8]을 보면 행렬 A는 3 × 2(3행 2열) 크기이나, A의 전치행렬 B는 2 × 3(2행 3열) 크기로 바뀐 것을 알 수 있습니다. 즉 3 × 2 전치행렬의 1행은 1열로 바뀌고, 2행은 2열로, 그리고 마지막 3행은 3열로 바뀝니다.

이렇듯 원본 행렬의 열은 행으로, 행은 열로 바꾼 것을 전치행렬Transpose Matrix이라고 하며, 넘파이numpy에서는 T연산자를 이용하여 전치행렬을 구할 수 있습니다.

[예제 3.8] 넘파이에서 전치행렬 구하기

코드	
| | ```python
import numpy as np

A = np.array([ [1, 2], [3, 4], [5, 6] ])
B = A.T                 # 행렬 A에 대한 전치행렬 만들기

print('A.shape = ', A.shape)
print('B.shape = ', B.shape)
print(A)
print(B)
``` |
```

	A.shape = (3, 2) B.shape = (2, 3) [[1 2] [3 4] [5 6]] [[1 3 5] [2 4 6]]
결과	

주의해야 하는 것은 [예제 3.9]의 첫 번째 코드에서 보듯이 벡터Vector를 전치행렬로 만들 경우 결과도 계속 벡터Vector로 남는다는 것입니다.

즉 벡터 C는 5개 원소를 가지는 벡터Vector이고 이 벡터에 D = C.T 연산을 통해 전치행렬을 만들고자 했지만, 벡터 C의 전치행렬이 아니라 원본 벡터 C의 원소 값이 그대로 D에 대입된 것을 볼 수 있습니다.

[예제 3.9] 넘파이 벡터를 전치(Transpose)행렬로 만드는 예시

| 코드 | ```
import numpy as np

C = np.array([1, 2, 3, 4, 5])      # 벡터에 대해 전치행렬 수행

D = C.T
``` |
| 결과 | C.shape = (5,) , D.shape = (5,) |
```

| 코드 | ```python
import numpy as np

# reshape 메서드를 통해 행렬로 형 변환시킨 후 전치행렬 수행
E = C.reshape(1, 5)
F = E.T

print('E.shape = ', E.shape, ', F.shape = ', F.shape)
``` |
| 결과 | E.shape = (1, 5) , F.shape = (5, 1) |

왜냐하면 벡터Vector는 열과 행을 구별하지 않는 1차원이기 때문에 전치행렬을 만들려고 하더라도 열과 행을 구별할 수 없기 때문입니다.

벡터Vector를 행렬로 전치하고자 한다면 reshape() 메서드를 이용해서 강제로 행렬로 변환해 줘야 합니다. 즉 [예제 3.9]의 코드에서 벡터 E = C.reshape(1, 5)를 이용하여 벡터 C를 1 × 5(1행 5 열) 행렬로 만들어 주고, 이렇게 변환된 행렬 E를 전치행렬로 만들면 [예제 3.9]의 두 번째 코드처럼 5 × 1(5행 1열) 크기로 전치된 행렬 F를 얻습니다.

3.9 넘파이 행렬 곱(Matrix Multiplication)

넘파이numpy에서 행렬 A와 B의 행렬 곱Matrix Multiplication은 np.dot(A, B)와 같이 나타내며, 앞의 행렬 A의 열Column과 뒤에 오는 행렬 B의 행Row이 같아야만 행렬 곱을 계산할 수 있습니다.
```

$$A = \begin{pmatrix} 1 & 2 & 3 \\ 4 & 5 & 6 \end{pmatrix} \quad B = \begin{pmatrix} -1 & -2 \\ -3 & -4 \\ -5 & -6 \end{pmatrix}$$

$$A \cdot B = \begin{pmatrix} -22 & -28 \\ -49 & -64 \end{pmatrix}$$

$$(2 \times 3) \cdot (3 \times 2) = (2 \times 2)$$

[그림 3.3] 행렬 곱(Matrix Multiplication) 예시

[예제 3.10] 넘파이 행렬 곱 예시

| 코드 | ```python
import numpy as np

A = np.array([ [1, 2, 3], [4, 5, 6] ])
B = np.array([ [-1, -2], [-3, -4], [-5, -6] ])

C = np.dot(A, B)      # 행렬 곱 수행

print('A.shape = ', A.shape, ', B.shape = ', B.shape)
print('C.shape = ', C.shape)
print(C)
``` |
| 결과 | ```
A.shape =  (2, 3) , B.shape =  (3, 2)
C.shape =  (2, 2)

[[-22 -28]
 [-49 -64]]
``` |

[그림 3.3]에 나온 두 행렬 A, B의 행렬 곱Matrix Multiplication 연산 과정을 [예제 3.10]
에 나타냈습니다. 코드를 보면 행렬 A는 2 × 3(2행 3열) 행렬이고, 행렬 B는 3 × 2(3
행 2열) 행렬입니다. C = np.dot(A, B)와 같이 행렬 곱 연산을 수행하면 C는 2 × 2(2
행 2열) 행렬이 됩니다.

좀 더 자세히 알아보겠습니다. [예제 3.10]에서 행렬 A는 2행 3열의 행렬이고, B는 3행 2열의 행렬입니다. 행렬 A와 B의 행렬 곱Matrix Multiplication을 수행하면 결과와 같이 행렬 A의 열Column과 행렬 B의 행Row 부분이 3으로 같음을 볼 수 있습니다. 이렇게 열과 행이 같아야만 우리가 원하는 2 × 2 행렬을 얻을 수 있습니다.

이처럼 행렬 곱Matrix Multiplication 연산을 하기 위해서는 앞 행렬의 열Column과 뒷 행렬의 행Row이 같아야 한다는 것을 반드시 알아 두기 바랍니다.

	관련 유튜브 강의 QR 코드 / 링크
	https://youtu.be/dnJ3JESmBkE

3.10 행렬 원소 접근(Indexing, Slicing)

[예제 3.11] 넘파이 행렬(Matrix) 원소 접근(Indexing, Slicing) 예시

| 코드 | ```python
import numpy as np

A = np.array([ [10, 20], [30, 40], [50, 60] ])

print('A.shape = ', A.shape)
print(A)

print("A[0, 0] ==", A[0, 0])
print("A[2, 1] ==", A[2, 1])
print("A[ : , 0 ] ==", A[ : , 0 ])
print("A[0 : -1 , 1 : 2] ==", A[ 0 : -1 , 1 : 2 ])
print("A[ : , : ] ==", A[ : , : ])
``` |
|---|---|
```

| 결과 | ```
A.shape =  (3, 2)

[[10 20]
 [30 40]
 [50 60]]

A[0, 0] == 10
A[2, 1] == 60

A[ : , 0 ] == [10 30 50]
A[ 0 : -1 , 1 : 2 ] == [[20]
 [40]]

A[ : , : ] == [[10 20]
 [30 40]
 [50 60]]
``` |

[예제 3.11]을 보면서 행렬의 원소를 가져오는 인덱싱Indexing과 슬라이싱Slicing 기능을 알아보겠습니다.

첫 번째 A[0, 0]은 인덱스가 0인 1행Row과 인덱스가 0인 1열Column의 원소 값 10을 가져옵니다.

두 번째 A[2, 1]은 인덱스가 2인 3행Row, 인덱스가 1인 2열Column의 원소 값 60을 나타냅니다. 이처럼 행렬의 원소에 접근할 경우 대괄호 안에서 콤마(,)를 기준으로 왼쪽은 행Row, 오른쪽은 열Column을 나타낸다는 것을 알 수 있습니다.

다음은 슬라이싱Slicing 기능을 이용하여 행렬의 원소에 접근해 보겠습니다.
```

[예제 3.11]에서 A[: , 0]은 모든 행Row에 대해서 인덱스가 0인 열Column, 즉 1열인 원소 [10 30 50]을 가져오라는 의미입니다.

이와 유사하게 A[0 : -1 , 1 : 2]는 먼저 행Row 부분인 0 : -1은 인덱스가 0인 1행 Row부터 인덱스가 -1 -1 = -2인 2행Row까지의 모든 원소를 가져오라는 의미이며, 열 Column 부분의 1 : 2는 인덱스가 1인 2열column부터 인덱스가 2-1 = 1, 즉 2열까지의 모든 원소 값을 가져오라는 의미입니다. 그래서 A[0 : -1 , 1 : 2]의 결과로 [[20] [40]]이 출력됨을 알 수 있습니다. 여기서 [20 40]이 아닌 [[20] [40]]이 출력되는 이유는 단 하나의 원소가 추출되더라도 범위Range를 지정한 슬라이싱으로 추출되었다는 것을 나타내기 위한 넘파이 방식 때문입니다.

행렬의 슬라이싱에 대한 마지막 코드로 행이나 열 부분에 콜론(:)만 있는 경우는 리스트list 타입에서 알아본 것처럼 모든 데이터를 가져오는 것입니다. 그래서 A[: , :]는 모든 행Row, 모든 열Column의 원소 값을 가져오라는 의미입니다.

이러한 인덱싱Indexing과 슬라이싱Slicing 기능은 리스트list 타입에서 알아본 것과 동일한 개념이기 때문에 이해하는 데 어렵지는 않을 것입니다.

3.11 넘파이 이터레이터(Iterator)

3.10절에서 학습한 것처럼 행렬의 원소를 하나씩 가져오는 인덱싱Indexing과 특정 범위를 지정하는 슬라이싱Slicing 방법을 통해 여러 행렬 값을 불러올 수 있었습니다.

하지만 행렬의 모든 원소를 처음부터 끝까지 하나씩 가져오기 위해서는 이번에 학습할 이터레이터Iterator 방법을 가장 많이 사용합니다. 넘파이numpy에서의 이터레이터 Iterator는 C++, Java에서의 이터레이터Iterator처럼 next 메서드를 통해서 데이터의 처음부터 끝까지 순차적으로 읽어 들이는 방법을 제공하고 있습니다.

[예제 3.12] 넘파이 이터레이터(Iterator) 사용법

| 코드 | ```
import numpy as np

A = np.array([ [10, 20, 30, 40], [50, 60, 70, 80] ])
it = np.nditer(A, flags=['multi_index'], op_flags=['readwrite'])    ①

while not it.finished:                                              ②
        idx = it.multi_index                                       ③
        print('index => ', idx, ' , value => ', A[idx])
        it.iternext()                                              ④
``` |
|---|---|
| 결과 | ```
index =>  (0, 0)  , value =>  10
index =>  (0, 1)  , value =>  20
index =>  (0, 2)  , value =>  30
index =>  (0, 3)  , value =>  40
index =>  (1, 0)  , value =>  50
index =>  (1, 1)  , value =>  60
index =>  (1, 2)  , value =>  70
index =>  (1, 3)  , value =>  80
``` |

[예제 3.12]를 보면 2 × 4(2행 4열) 행렬 A에 대해서 1행 1열 ~ 2행 4열까지의 모든 원소 값을 순차적으로 가져오기 위해서 이터레이터Iterator를 사용하고 있는데, 단계 별로 코드를 분석해 보면 다음과 같습니다.

① 행렬 A에 대한 이터레이터를 it 변수에 저장하고 있으며, 이터레이터 it는 행렬의 첫 번째 원소를 가리키고 있습니다. 즉 행렬 A의 원소를 처음부터 끝까지 순차적으로 가리키는 포인터 역할을 수행합니다. 여기서 flags=['multi_index']는 이터레이터를 생성 후 반복할 때 행렬처럼 (행, 열) 형태를 가지는 multi_index 형태로 동작하라는 의미이고, op_flags=['readwrite'] 코드는 이터레이터를 Read/Write 형태로 생성시킨다는 것입니다.

② 이터레이터 it를 이용해서 행렬 A의 모든 원소 값을 가져오기 위한 반복문이며, 넘파이에서 이터레이터를 사용할 때 쓰는 일반적인 코드입니다.

③ 이터레이터 it를 통해서 행렬의 인덱스, 즉 (행, 열)로 구성된 인덱스를 가져오는 코드입니다.

④ 이터레이터를 증가시켜 행렬의 다음 원소 값을 가리키는 코드입니다.

이 경우 A는 2×4 행렬이기 때문에 이터레이터를 이용한 인덱스 값의 변화는 $(0, 0) \Rightarrow (0, 1) \Rightarrow (0, 2) \Rightarrow (0, 3) \Rightarrow (1, 0) \Rightarrow (1, 1) \Rightarrow (1, 2) \Rightarrow (1, 3)$이 되어 순서대로 행렬의 원소 값을 가져옵니다.

3.12 넘파이 유용한 함수(Useful Function)

3.12절은 머신러닝을 구현할 때 자주 사용하는 넘파이numpy 함수인 np.random.rand(), np.loadtxt(), np.max(), np.argmax()에 대해 알아보겠습니다.

3.12.1 np.random.rand()

[예제 3.13] 넘파이 random.rand() 함수 사용법

코드	``` import numpy as np number1 = np.random.rand(3) number2 = np.random.rand(1, 3) number3 = np.random.rand(3, 1) ```
코드	``` print("random_number1 ==", random_number1) print("random_number2 ==", random_number2) print("random_number3 ==", random_number3) ```
결과	``` random_number1 == [0.60760769 0.01061867 0.74936832] random_number2 == [[0.50776412 0.93259623 0.42195713]] random_number3 == [[0.77504701] [0.19814273] [0.68257176]] ```

np.random.rand() 함수는 0과 1 사이의 임의의 실수 값을 얻고자 할 때 사용하는 넘파이 함수입니다. [예제 3.13]을 보면 0과 1 사이의 임의의 실수 값이 벡터 또는 행렬로 생성되는 것을 알 수 있습니다.

3.12.2 np.max(), np.argmax() 함수

[예제 3.14] 넘파이 np.max(), np.argmax() 함수 사용법

코드	``` import numpy as np A = np.array([2, 6, 3, 1]) print("np.max(A) ==", np.max(A)) print("np.argmax(A) ==", np.argmax(A)) ```

결과	np.max(A) == 6 np.argmax(A) == 1

[예제 3.14]에서 벡터 A = [2, 6, 3, 1]의 원소는 4개이며, 4개의 원소 가운데 가장 큰 값은 6입니다. 이렇게 벡터나 행렬의 최댓값을 알기 위해서는 다른 프로그래밍 언어의 max()처럼, 넘파이에선 np.max() 함수를 사용하면 됩니다.

넘파이에서는 최댓값뿐 아니라 최댓값을 가지고 있는 벡터 또는 행렬의 인덱스Index 값을 알려 주는 np.argmax() 함수도 제공하고 있습니다.

[예제 3.14]를 보면 np.argmax(A) 함수는 벡터 A의 최댓값을 가지는 인덱스Index 값이 1임을 보여 주고 있습니다. 이처럼 최댓값을 가지는 인덱스를 찾아 주는 함수가 np.argmax()이며, 차후에 딥러닝 구조에서 원핫 인코딩One-Hot Encoding 방식을 적용할 때 필요한 함수이므로 반드시 기억해 두기 바랍니다.

3.12.3 np.loadtxt() 함수

np.loadtxt() 함수는 분리자로 구분된 파일에서 데이터를 읽어와서 행렬로 리턴해 주는 함수입니다.

```
10, 20, 30, 40
50, 60, 70, 80
10, 30, 50, 90
```

[그림 3.4]
ch03_test.csv 파일

[그림 3.4]를 보면 ch03_test.csv 파일은 콤마(,)로 분리되어 있는데, [예제 3.15]에서 이러한 ch03_test.csv 파일을 np.loadtxt() 함수로 읽어 들이는 방법을 보여 주고 있습니다.

먼저 np.loadtxt()의 첫 번째 인수는 읽어 들이는 파일의 경로Path이며, 두 번째 인수는 분리자Delimiter, 즉 파일이 어떤 분리자로 분리되어 있는지를 나타내고 있습니다.
[예제 3.14]에서는 파일이 콤마(,)로 분리되어 있습니다. 세 번째 인수는 읽어 들일 데
이터 타입을 나타내는데, 일반적으로 실수(np.float32)입니다.

[예제 3.14] 넘파이 np.loadtxt() 함수 사용법	
코드	``` import numpy as np loaded_data = np.loadtxt('./ch03_test.csv', delimiter=',', dtype=np. float32) print('loaded_data.shape = ', loaded_data.shape) print(loaded_data) ```
결과	``` loaded_data.shape = (3, 4) [[10. 20. 30. 40.] [50. 60. 70. 80.] [10. 30. 50. 90.]] ```

이렇게 ch03_test.csv 파일을 읽어서 리턴한 loaded_data의 크기를 확인해 보면, 결
과에서 보듯이 loaded_data 변수는 3 × 4(3행 4열) 행렬이고, ch03_test.csv 파일의
각 값과 행렬 A의 원소 값이 일치한다는 것을 알 수 있습니다.

관련 유튜브 강의 QR 코드 / 링크
https://youtu.be/8nX9C8EjYkw

3.13 정리

3장에서는 벡터와 행렬을 나타내고 계산할 수 있는 넘파이numpy 라이브러리에 대해
알아보았습니다. 넘파이는 파이썬을 이용하여 머신러닝을 구현할 때 반드시 사용해
야 하므로 개념과 사용법 등을 숙지해 두는 것이 중요합니다.

미분
(Derivative)

우리가 고등학교 때 배운 미분Derivative은 머신러닝에서 가중치Weight와 바이어스Bias 를 계산하고 업데이트할 때 반드시 필요한 개념입니다.

이번 4장에서는 미분Derivative, 편미분Partial Derivative 그리고 체인 룰Chain Rule 등의 개념을 알아보고 미분을 수행하는 코드를 파이썬으로 직접 구현하겠습니다.

관련 유튜브 강의 QR 코드 / 링크
https://youtu.be/PnQe3-6812k

4.1 미분 개념과 인사이트(Insight)

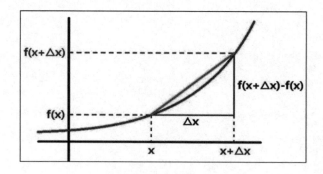

[그림 4.1] 미분(Derivative) 공식과 미분 개념

$$f'(x) = \frac{df(x)}{dx} = \lim_{\Delta x \to 0} \frac{f(x + \Delta x) - f(x)}{\Delta x}$$

고등학교 때 [그림 4.1]의 공식으로 미분을 정의하였고, 미분이라는 것은 순간 변화율 또는 한 점에서 접선의 기울기Slope라고 배웠습니다. 그런데 순간 변화율이나 접선의 기울기라는 개념만으로는 미분을 왜 해야 하는지, 미분을 통해 어떤 인사이트Insight를 얻을 수 있는지 등에 대해선 알기 어렵습니다.

그래서 4.1절에서는 미분이 무엇이고, 미분은 왜 필요한지 그리고 미분을 통해 우리가 알 수 있는 것은 무엇인지에 대해 알아보겠습니다.

먼저 [그림 4.1]의 그래프를 보면 가로 축의 Δx는 입력 값이 변한 양을 나타내며 미분 공식에서는 분모Denominator에 해당합니다. 그리고 세로 축의 $f(x + \Delta x) - f(x)$는 미분 공식에서 분자Numerator에 해당하는 부분입니다.

여기서 함수 $f(x)$의 그래프를 보면 x에 대한 함수 값은 $f(x)$이고, $(x + \Delta x)$에 대한 함수 값은 $f(x + \Delta x)$인데, 이 두 값의 차인 $f(x + \Delta x) - f(x)$는 미분 공식의 분자Numerator인 함수 값의 변화량을 나타내고 있습니다. 즉 [그림 4.1]의 그래프는 입력 x가 변할 때 출력 $f(x)$는 얼마나 변하는가를 보여 주고 있습니다.

그런데 미분 공식을 보면 극한Limit에서 Δx는 0에 근접한다고 되어 있습니다. 즉 입력 값 x의 변화량은 거의 없다는 의미이고, 변화가 있더라도 무시할 수 있을 만큼 작다는 의미입니다. 이처럼 미분 공식에서 극한Limit과 분모Denominator, 분자Numerator 부분을 재정의해서 미분 개념을 해석해 보면 다음과 같습니다.

① 입력 변수 x가 (아주 미세하게)변할 때, 함수 f(x)의 변화량을 나타내는 식이거나

② 함수 f(x)가 입력 값 x의 미세한 변화에 얼마나 민감하게 반응하는지 나타내는 식이 바로 f(x)를 미분한 것임을 알 수 있습니다.

그래서 우리가 미분을 통해 얻을 수 있는 인사이트Insight는 입력 x를 현재 값에서 아주 조금 변화시키면 f(x)는 과연 얼마나 변하는지 또는 입력 x가 아주 미세하게 변할 때 함수 f(x)는 얼마나 민감하게 반응하는지 등이라고 해석할 수 있습니다.

머신러닝에서는 이러한 미분 개념으로 가중치Weight와 바이어스Bias를 계산하면서 최적의 값을 찾는 것이 최종 목표입니다. 따라서 미분 공식을 많이 알고 있으면 도움이 되기는 하지만, 그렇다고 굳이 모든 함수의 미분 공식을 알 필요는 없습니다.

단지 머신러닝에서 자주 사용하는 기본 공식을 알고 이를 응용하면 됩니다. [표 4.1]에 기본 함수와 이에 대응되는 미분 공식을 정리해 두었습니다.

[표 4.1] 기본 함수 미분 공식

기본 함수 f(x)	도함수 f´(x)	미분 예시
f(x) = 상수	f´(x) = 0	
f(x) = ax^n	f´(x) = anx^{n-1}	$f(x) = 3x^2 + e^x + 7 \Rightarrow f´(x) = 6x + e^x$
f(x) = e^x	f´(x) = e^x	
f(x) = lnx	f(x) = $\dfrac{1}{x}$	$f(x) = \ln x + \dfrac{1}{x} \Rightarrow f´(x) = \dfrac{1}{x} - \dfrac{1}{x^2}$

4.2 편미분(Partial Derivative)

편미분Partial Derivative은 입력 변수가 2개 이상인 다변수 함수에서 미분하고자 하는 변수 1개를 제외한 나머지 변수들은 상수로 취급하고, 특정한 한 변수에 대해서만 미분하는 것을 말합니다.

$$\frac{\partial f(x,y)}{\partial x} = \frac{\partial(2x + 3xy + y^3)}{\partial x} = 2 + 3y$$

[식 4.1] f(x, y) = 2x + 3xy + y³, 변수 x에 대한 f(x, y) 편미분

[식 4.1]과 같이 f(x, y) = 2x + 3xy + y³은 2변수 함수입니다. f(x, y)를 변수 x에 대해서 편미분한다는 것은 편미분을 나타내는 수학 기호 라운드(∂)를 이용하여 $\frac{\partial f(x,y)}{\partial x}$로 나타내며, x를 제외한 나머지 변수 y는 상수로 취급하겠다는 의미입니다. 그래서 $\frac{\partial f(x,y)}{\partial x}$에서 f(x, y) 부분에 2x + 3xy + y³ 함수 식을 넣어 주고, 변수 x를 제외한 다른 변수 값들은 상수로 취급해서 첫 번째 항을 변수 x에 대해서 미분하면 2, 두 번째 항 3xy를 x에 대해서 미분하면 3y이고, 세 번째 항 y³은 상수와 동일하게 취급되기 때문에 미분하면 0이 됩니다. 따라서 $\frac{\partial f(x,y)}{\partial x}$ = 2+3y임을 알 수 있습니다.

$$\frac{\partial f(x,y)}{\partial y} = \frac{\partial(2x + 3xy + y^3)}{\partial y} = 3x + 3y^2$$

[식 4.2] f(x, y) = 2x + 3xy + y³, 변수 y 에 대한 f(x, y) 편미분

[식 4.2]는 동일한 함수 f(x, y)에 대해 y에 대해서 편미분하라는 의미입니다. 즉 변수 y를 제외한 나머지 x는 상수 취급하겠다는 것이므로 $\frac{\partial(2x + 3xy + y^3)}{\partial y}$ 에서 y가 없는

항은 상수입니다. 그래서 첫 번째 2x는 상수항이므로 y에 대해서 미분하면 0, 두 번째 3xy를 y에 대해서 미분하면 3x, 마지막 y^3을 y에 대해서 미분하면 $3y^2$으로 계산됩니다. 따라서 $\dfrac{\partial f(x,y)}{\partial y} = 3x + 3y^2$임을 알 수 있습니다.

[식 4.3]에서는 편미분이 실생활에서 쓰이는 예입니다. 작성된 것처럼 몸무게(체중)를 나타내는 함수가 야식과 운동에 영향을 받는다고 가정해 보겠습니다. 즉 체중 함수는 야식과 운동을 입력 변수로 가지고 있으며, 이 두 변수에 의해서만 변화되는 함수로 정의한 것입니다.

체중 함수를 '체중(야식, 운동)'처럼 야식, 운동에 영향을 받는 2변수 함수로 가정할 경우, 편미분을 이용하면 각 변수의 변화에 따른 체중 변화량을 구할 수 있음

| 현재 먹는 야식의 양에서 조금 변화를 줄 경우 체중은 얼마나 변하는가? | $\Rightarrow \dfrac{\partial 체중}{\partial 야식}$ | 현재 하고 있는 운동량에 조금 변화를 줄 경우 체중은 얼마나 변하는가? | $\Rightarrow \dfrac{\partial 체중}{\partial 운동}$ |

[식 4.3] 체중에 대한 운동과 야식의 편미분

이러한 체중 함수는 야식과 운동이라는 2개의 변수를 가지므로, 편미분을 이용하면 각각의 변수의 변화에 따라 체중 변화량을 예측할 수 있습니다.

먼저 현재 먹던 야식보다 조금 더 먹거나(+) 또는 덜 먹는(-) 등 야식의 양에 변화를 줄 경우 체중이 얼마나 변하는지 알고 싶다면 편미분을 이용하면 됩니다.

즉 현재 먹는 야식의 양을 조금 변화시킬 때 체중이 얼마나 변하는지 알고 싶다면 $\dfrac{\partial 체중}{\partial 야식}$ 으로 구할 수 있고, 현재 하고 있는 운동량에 조금 변화를 줄 경우 체중이 얼마나 변하는지 알기 위해서는 $\dfrac{\partial 체중}{\partial 운동}$ 을 계산하면 됩니다.

이처럼 미분은 우리 생활의 많은 부분에서 활용되고 있습니다. 특히 편미분은 머신러닝 분야만이 아닌 기상 관측, 지진, 일기 예보 등 다양한 분야에서 쓰이고 있으므로 편미분 개념과 계산 방법 등을 반드시 알아 두기 바랍니다.

4.3 체인 룰(Chain Rule)

체인 룰Chain Rule이란 합성함수를 미분하기 위해 사용하는 방식인데, 여기서 합성함수란 여러 개의 함수로 구성된 함수를 말합니다. [식 4.4]를 보면서 합성함수가 무엇인지 알아보겠습니다.

[합성함수 예 1] $f(x) = e^{3x^2}$ ⇒ 함수 e^t, 함수 $t = 3x^2$ 조합

[합성함수 예 2] $f(x) = e^{-x}$ ⇒ 함수 e^t, 함수 $t = -x$ 조합

[식 4.4] 합성함수 예

[식 4.4]의 함수 $f(x) = e^{3x^2}$에서 $t = 3x^2$이라고 가정할 경우 함수 $f(x)$는 e^t 함수와 $t = 3x^2$이라는 2개의 함수가 조합되어 있는 형태입니다.

마찬가지로 $f(x) = e^{-x}$의 경우도 e^t 함수와 $t = -x$라는 2개의 함수가 조합된 것입니다.

이처럼 다양한 함수로 결합되어 있는 함수를 합성함수라고 하며, 합성함수를 미분하기 위해 필요한 방식이 바로 체인 룰Chain Rule입니다.

그러면 [식 4.5]를 통해 체인 룰Chain Rule을 어떻게 쓰는지 알아보겠습니다.

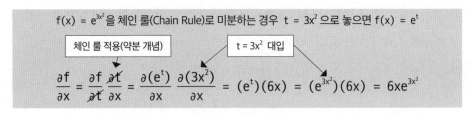

[식 4.5] 체인 룰 예제

[식 4.5]에서 f(x)는 합성함수이므로 이 함수를 미분하려면 체인 룰Chain Rule을 이용해야 합니다. 우선 f(x)를 상대적으로 미분하기 쉬운 기본 함수로 나타내기 위해 t = $3x^2$으로 치환하면 f(x)는 e^t 함수와 $3x^2$이라는 2개의 함수가 합쳐져 있는 형태로 나타낼 수 있습니다.

여기서 우리의 최종 목표는 $\frac{\partial f(x)}{\partial x}$ 를 구하는 것이지만, [식 4.5]처럼 ∂t를 분모와 분자에 곱해 주어도 약분에 의해 동일한 식이 되므로 $\frac{\partial f(x)}{\partial x} = \frac{\partial f(t)}{\partial t} \frac{\partial t}{\partial x}$와 같은 형태로 나타낼 수 있습니다.

이처럼 분모와 분자에 ∂t를 곱해서 각각의 변수에 대한 미분의 곱으로 나타내는 것이 바로 체인 룰Chain Rule입니다.

체인 룰Chain Rule을 적용하면 첫 번째 항 $\frac{\partial f(t)}{\partial t}$는 $\frac{\partial e^t}{\partial t}$으로 나타낼 수 있고, 두 번째 항 $\frac{\partial t}{\partial x}$에서 t = $3x^2$이므로 $\frac{\partial (3x^2)}{\partial x}$을 계산하면 각각의 항에 대해서 미분이 가능합니다. 첫 번째 항은 $\frac{\partial e^t}{\partial t} = e^t$이고, 두 번째 항은 $\frac{\partial (3x^2)}{\partial x} = 6x$가 나옵니다. 즉 $\frac{\partial f(x)}{\partial x} = \frac{\partial f(t)}{\partial t} \cdot \frac{\partial t}{\partial x}$ = $e^t \cdot 6x$입니다.

그런데 최종적으로 우리가 원하는 것은 x에 대해서 f를 미분하는 것이므로 변수 t를 원래의 x 변수 형태로 다시 바꿔 줘야 합니다. 그래서 $\dfrac{\partial f(x)}{\partial x} = \dfrac{\partial f(t)}{\partial t} \cdot \dfrac{\partial t}{\partial x} = e^t \cdot 6x$에서 t = $3x^2$을 대입하면 $\dfrac{\partial f(x)}{\partial x} = \dfrac{\partial f(t)}{\partial t} \cdot \dfrac{\partial t}{\partial x} = e^t \cdot 6x = e^{3x^2} \cdot 6x$가 됩니다.

이처럼 체인 룰Chain Rule은 합성함수를 미분할 때 분모와 분자에 동일한 값(위 예제에서는 ∂t)을 곱해 주어 개별적인 항의 곱으로 분리합니다. 그 후, 각각의 항에 대해 미분을 수행하면 됩니다.

체인 룰Chain Rule은 딥러닝의 꽃으로 불리는 오차역전파Back Propagation를 구현할 때 반드시 필요한 기법이므로 많은 연습을 통해 반드시 익숙해져야 합니다.

4.4 수치 미분(Numerical Derivative)

수치 미분Numerical Derivative이란 C언어나 파이썬 등의 프로그래밍 언어를 이용하여 미분 값, 즉 입력 값이 아주 미세하게 변할 때 함수 f는 얼마나 변하는지 계산하는 것을 말합니다.

먼저 입력 변수가 1개인 간단한 함수의 미분을 파이썬으로 구현해 보면서 미분 공식을 어떻게 코드로 나타낼 수 있는지 알아본 다음, 변수가 2개 이상인 다변수 함수를 편미분해 주는 코드까지 구현하겠습니다.

4.4.1 변수가 1개인 함수의 수치 미분

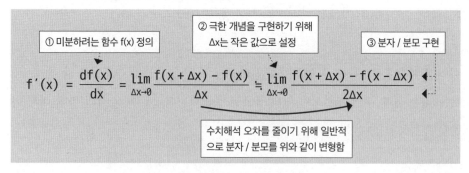

[식 4.6] 1변수 함수에 대한 미분 공식

먼저 미분 공식을 코드로 구현하기 위해서는 [식 4.6]처럼 일반적으로 3단계를 거치게 됩니다.

① 미분하려는 함수를 정의하는 부분, ② 극한 개념을 구현하기 위해 Δx를 작은 값으로 설정하는 부분, ③ 정의된 함수를 이용하여 분자와 분모를 구현하는 부분으로 나눌 수 있으며, 이러한 과정을 파이썬으로 구현한 코드를 [예제 4.1]에 나타냈습니다.

[예제 4.1] 함수 $f(x) = x^2$ 미분계수 $f'(3.0)$ 계산

코드
```python
import numpy as np

# 미분 공식 구현
def simple_derivative(f, var):              # ① f는 외부에서 lambda로 정의
    delta = 1e-5                            # ② 극한 구현

    diff_val = ( f(var+delta) - f(var-delta) ) / (2*delta)    # ③ 미분
값 계산
    return diff_val
```

| 코드 | ```python
# 미분 대상 함수
def func1(x):
    return x**2

# ① lambda function을 이용하여 함수 f로 정의
f = lambda x : func1(x)
ret_val = simple_derivative(f, 3.0)
print(ret_val)
``` |
| 결과 | `6.000000000039306` |

[예제 4.1]에서 미분 공식을 그대로 구현한 함수는 simple_derivative이며(①), 첫 번째 파라미터Parameter f는 def 또는 람다lambda 등으로 정의된 미분 대상 함수입니다(②). 그리고 마지막에 있는 diff_val = (f(var+delta) - f(var-delta)) / (2*delta) 부분은 미분 공식에 정의된 분자와 분모를 계산해서 리턴return하는 코드입니다(③).

미분 공식에 있는 극한 $\lim\limits_{\Delta x \to 0}$ 은 이론적으로는 거의 0인 값을 대입해야 하지만 프로그래밍 언어에서는 변수 크기가 32bit 또는 64bit로 제한되어 있고, 10^{-100} 같이 너무 작은 값을 사용하면 실제로는 0.0으로 인식하는 경우가 많습니다. 그래서 수치 미분 코드를 구현할 때에는 [예제 4.1]과 같이 10^{-5} 정도의 수를 사용하여 $\lim\limits_{\Delta x \to 0}$ 을 표현합니다.

이제 [예제 4.1]에 나타낸 함수 f(x) = x^{2}에 대해서 x = 3.0에서의 미분 값이 6.0이 되는 과정을 코드가 실행되는 순서로 알아보겠습니다. 다음과 같이 [1] 수치 미분을 수행하는 simple_derivative() 함수를 만들고 [2] 미분하고자 하는 func1 함수를 정의한 후에 람다lambda를 이용하여 함수 f가 func1을 대체할 수 있게 정의한 다음 [3] ret_val = simple_derivative(f, 3.0)을 실행하면 우리가 원하는 x = 3.0에서의 미분
```

값이 나옵니다. 전체 소스 코드는 CH04_Example1.ipynb에서 확인하고 실행해 볼 수 있습니다.

4.4.2 다변수 함수의 수치 미분

지금까지 입력 변수가 1개인 간단한 함수의 수치 미분을 구현하고 어떻게 사용하는지 알아봤지만, 실무에서는 입력 변수가 2개 이상으로 구성되는 다변수 함수가 일반적입니다.

$f(x,y) = 2x + 3xy + y^3$일 때, 입력 변수 x, y는 2개이므로 $\frac{\partial y}{\partial x}, \frac{\partial y}{\partial x}$ 각각 수치 미분 수행

$f'(1.0, 2.0)$ 값을 계산하기 위해서는

⇒ x = 1.0에서의 미분계수는 변수 y = 2.0을 상수로 대입하여 $\frac{\partial f(x, 2.0)}{\partial x}$ 수행

⇒ y = 2.0에서의 미분계수는 변수 x = 1.0을 상수로 대입하여 $\frac{\partial f(1.0, y)}{\partial y}$ 수행

[식 4.7] 다변수 함수의 편미분 과정(변수의 개수만큼 독립적으로 수행)

입력 변수가 2개 이상인 다변수 함수의 경우에 각각의 입력 변수는 서로 독립적이기 때문에 수치 미분 또한 각각의 변수만큼 개별적으로 계산해야 합니다.

[식 4.7]과 같이 2변수 함수 f(x, y)는 입력 변수가 x, y의 2개이므로 x에 대한 편미분과 y에 대한 편미분을 각각 실행해야 됩니다. 이때 주의해야 할 것은 x에 대한 편미분을 수행할 경우 x와 독립적인 y 값은 상수Constant로 놓은 채 x에 대해서만 편미분을 해야 하고, 마찬가지로 y에 대한 편미분도 y와는 독립적인 x 값은 상수로 놓고 y에 대해서만 편미분을 수행해야 한다는 것입니다. [예제 4.2]를 통해 다변수 함수를 편미분해 주는 파이썬 코드를 보겠습니다.

코드

```python
import numpy as np

def derivative(f, var):

  if var.ndim == 1:  # ①  vector
    temp_var = var        # ② 원본 값 저장
    delta = 1e-5
    diff_val = np.zeros(var.shape)   # ③ 미분계수 보관 변수

    for index in range(len(var)):    # ④ 벡터의 모든 열(Column) 반복
      target_var = float(temp_var[index])
      temp_var[index] = target_var + delta
      func_val_plust_delta = f(temp_var) # x+delta에 대한 함수 값 계산

      temp_var[index] = target_var - delta
      func_val_minus_delta = f(temp_var) # x-delta에 대한 함수 값 계산

      # ⑤ 미분계수 ( f(x+Δx) - f(x-Δx) ) / (2Δx)  계산
      diff_val[index] = (func_val_plust_delta - func_val_minus_
      delta) / (2*delta)
      temp_var[index] = target_var
    return diff_val

  elif var.ndim == 2:  # ①  matrix
    temp_var = var        # ② 원본 값 저장
    delta = 1e-5
    diff_val = np.zeros(var.shape)    # ③ 미분계수 보관 변수

    rows = var.shape[0]
    columns = var.shape[1]

    for row in range(rows): # ④ 행렬의 모든 행(Row)과 열(Column) 반복
```

```
            for column in range(columns):    #  ④  행렬의 모든 행(Row)과
        열(Column) 반복
                target_var = float(temp_var[row,column])

                temp_var[row,column] = target_var + delta
                func_val_plus_delta = f(temp_var)   # x+delta 에 대한 함수
            값 계산

                temp_var[row,column] = target_var - delta
                func_val_minus_delta = f(temp_var)   # x-delta 에 대한 함
            수 값 계산

                #  ⑤  미분계수 ( f(x+Δx) - f(x-Δx) ) / (2Δx)  계산
                diff_val[row,column] = (func_val_plus_delta - func_val_
            minus_delta) / (2*delta)
                temp_var[row,column] = target_var
        return diff_val
```

[예제 4.2]의 코드는 파이썬으로 구현된 수치 미분의 최종 버전이며, 2개 이상의 변수로 구성된 다변수 함수에 대해서 수치 미분을 수행할 수 있습니다.

코드를 보면 수치 미분 함수 derivative()는 입력 파라미터로 f와 var 2개를 받습니다. 먼저 첫 번째 파라미터Parameter f는 우리가 미분하고자 하는 다변수 함수이고, 두 번째 파라미터 var는 다변수 함수의 입력 변수 모두를 가지고 있는 넘파이 벡터Vector 또는 행렬Matrix을 나타냅니다.

앞에서 다룬 [예제 4.1]에서는 변수가 var 하나인 함수이고 특정 숫자(예를 들어 3.0) 하나였지만 이제는 다변수 함수이기 때문에 둘 이상의 변수를 가지고 있습니다. 그래

서 이러한 다변수를 나타내기 위하여 넘파이 벡터나 행렬이 입력파라미터 var로 들어오게 됩니다.

이제 코드의 ① 부분을 보면, 넘파이 ndim 속성을 이용하여 입력 파라미터 var가 벡터(ndim==1)인지 아니면 행렬(ndim==2)인지를 구분하고 있습니다.

코드의 ② 부분에서 입력 파라미터 var는 넘파이이고, 넘파이는 이전 데이터 타입 Data Type에서 알아본 것처럼 원본 값이 함수 안에서 변경될 수 있는 mutable 변수입니다. 그래서 ② 부분은 원본 값이 변경되는 것을 막고자 임시 변수 temp_var에 원본 값 var을 저장해 두고 있습니다.

코드의 ③ 부분에서 초기화하는 diff_val 변수는 우리가 계산할 미분계수를 저장하는 변수입니다. diff_val는 np.zeros(…)를 이용하여 입력 파라미터로 들어온 var 형상 shape과 동일하게 설정하고, 0.0으로 초기화되었습니다. 즉 미분계수를 저장할 변수 이름이 diff_val이고 현재는 0.0으로 초기화된 것을 알 수 있습니다.

코드의 ④ 부분은 벡터 (ndim==1)의 경우에 모든 열에 대해서 미분 값을 계산하며, 행렬의 경우에는 모든 행과 열에 대해서 미분 값을 계산합니다.

코드의 ⑤ 부분은 미분 공식을 코드로 구현한 것이며, 앞에서 구현한 1개의 변수를 미분하는 코드와 동일합니다. 즉 각각의 변수에 대해서 미분을 수행하고 그 미분된 결과값을 diff_val이라는 변수에 저장하는 것입니다. 전체 소스 코드는 CH04_Example2.ipynb에서 확인하고 실행해 볼 수 있습니다.

이상으로 파이썬을 이용하여 수치 미분 최종 코드를 구현해 보았으며 [예제 4.3]과 같이 2변수 함수 $f(x,y) = 2x + 3xy + y^3$에서 미분계수 $f'(1.0, 2.0)$의 값을 실제로 구했습니다.

[예제 4.3] 함수 $f(x,y) = 2x + 3xy + y^3$ 미분계수 $f'(1.0, 2.0)$ 계산

| 코드 | ```python
import numpy as np

def func2(W):          #  ①
    x = W[0]
    y = W[1]
    return  ( 2*x + 3*x*y + np.power(y,3) )

f = lambda W : func2(W)     # ②
``` |
| 코드 | ```python
ret_val = derivative( f,  np.array([1.0, 2.0]) )     #  ③
print(ret_val)
``` |
| 결과 | [8. 15.] |

우선 수치 미분을 위해 가장 먼저 해야 하는 것은 함수 f를 정의하는 것입니다.

[예제 4.3]의 코드를 보면, ①에서 미분하려는 함수는 func2(W)로서 코드의 ②와 같이 lambda 함수를 이용하여 f로 정의했습니다.

여기서 주의해야 할 것은 func2(W)의 입력 파라미터가 W인데, W는 벡터나 행렬을 나타내는 넘파이라는 것입니다. 이처럼 넘파이 객체가 입력 파라미터인 이유는 수치 미분 함수 derivative(⋯)의 두 번째 입력 파라미터인 var이 넘파이 객체이기 때문입니다. 그래서 ③에서 수치 미분 함수를 호출할 때 1.0, 3.0 등의 숫자를 사용하는 것

이 아니라 np.array([1.0, 3.0])처럼 넘파이 벡터를 만들어서 인자로 넘겨 주며, 최종적으로 미분계수 f'(1.0, 2.0)은 [8.0, 15.0]이 되는 것을 알 수 있습니다.

전체 소스 코드는 CH04_Example3.ipynb에서 확인하고 실행해 볼 수 있습니다.

4.5 정리

이번 장에서는 미분, 편미분 그리고 체인 룰Chain Rule에 대해 알아보았고, [예제 4.2]에서 수치 미분을 파이썬 코드로 구현하였습니다.

이러한 수치 미분은 머신러닝의 기본 알고리즘인 경사하강법Gradient Descent Algorithm을 이용하여 가중치Weight와 바이어스Bias를 계산할 때 반드시 필요한 방법이며, 다음 장부터는 수치 미분을 수행하는 derivative() 함수를 계속해서 사용할 예정이니 동작 과정을 완벽히 이해해 두어야 합니다.

지금까지 머신러닝과 딥러닝을 위해 반드시 알고 있어야 하는 파이썬, 넘파이 그리고 수치 미분 등의 기본 과정을 알아보았습니다. 5장부터는 본격적인 머신러닝의 세계로 들어가 보겠습니다.

선형 회귀와 분류
(Linear Regression
and Classification)

이번 장에서는 머신러닝의 두 가지 타입인 지도 학습Supervised Learning과 비지도 학습 Unsupervised Learning이 무엇인지 알아본 다음, 대표적인 지도 학습인 선형 회귀Linear Regression와 분류Classification 알고리즘을 파이썬 코드로 구현해 보겠습니다.

5.1 인공지능 머신러닝 딥러닝 리뷰(Review)

우선 1장에서 알아본 인공지능과 머신러닝, 그리고 딥러닝의 관계도를 통해 머신러닝이 무엇인지 리뷰해 보겠습니다.

[그림 5.1]과 같이 머신러닝은 인공지능을 구현하는 하나의 방법으로서 데이터의 특성과 패턴을 학습한 후, 학습 결과를 바탕으로 테스트 데이터에 대한 미래 값을 예측해 주는 알고리즘으로 정의할 수 있습니다.

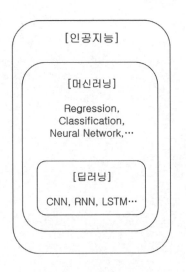

[그림 5.1] 인공지능, 머신러닝, 딥러닝 관계도

이러한 머신러닝은 [그림 5.2]와 같이 학습하는 방법에 따라 지도 학습Supervised Learning과 비지도 학습Unsupervised Learning으로 나눌 수 있습니다.

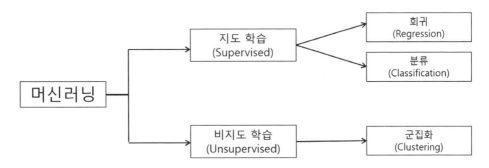

[그림 5.2] 머신러닝 타입(Machine Learning Type)

먼저 지도 학습Supervised Learning은 정답이 주어진 데이터를 이용하여 학습한 후에 테스트 데이터에 대한 미래 결과를 예측하는 방법을 말합니다. 이러한 지도 학습은 [그림 5.2]와 같이 결과를 예측하는 방법에 따라 회귀Regression와 분류Classification로 나눌 수 있습니다.

비지도 학습Unsupervised Learning은 학습할 데이터에 정답은 없고 입력 값만 있는데, 이것이 바로 지도 학습과의 가장 큰 차이점입니다. 그래서 이런 비지도 학습은 입력 값 자체의 특성과 분포를 파악해서 그룹화 하는 군집화Clustering 등에 주로 쓰이고 있습니다.

그럼 우리가 주로 다루게 될 지도 학습에 대해 좀 더 알아보겠습니다.

5.1.1 지도 학습(Supervised Learning)

먼저 [그림 5.3]과 같이 공부 시간과 시험 성적의 관계를 나타내는 데이터를 보겠습니다.

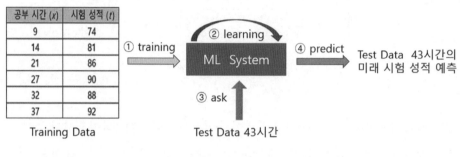

[그림 5.3] 지도 학습 예시

공부 시간이 9시간이면 성적은 74점, 공부 시간이 14시간이면 성적은 81점인 것처럼 공부 시간에 대응되는 성적, 즉 정답을 가지고 있는 데이터를 머신러닝에서는 학습 데이터 또는 트레이닝 데이터Training Data라고 합니다.

이처럼 지도 학습에서는 [그림 5.3]과 같이 ① 정답을 포함하고 있는 트레이닝 데이터를 입력으로 주고 ② 트레이닝 데이터를 이용하여 학습한 후에 ③ 학습된 결과를 바탕으로 Test Data와 같은 미지의 데이터가 주어졌을 경우에 ④ 그 데이터의 미래 값을 예측하는 방법을 제공합니다. 이러한 지도 학습은 머신러닝 문제를 해결하는 데 가장 많이 이용되고 있습니다.

다음 절에서 지도 학습Supervised Learning의 두 가지 타입인 회귀Regression와 분류 Classification에 대해 알아보겠습니다.

5.1.2 회귀(Regression)와 분류(Classification)

지도 학습은 학습 결과를 바탕으로 미래에 무엇을 예측하느냐에 따라서 회귀 Regression와 분류Classification로 나눌 수 있습니다.

Regression

공부 시간 (x)	시험 성적 (t)	집 평수 (x)	가격 (t)
9	74	20	98
14	81	25	119
21	86	30	131
27	90	40	133
32	88	50	140
37	92	55	196

Classification

공부 시간 (x)	시험 성적 (t)	집 평수 (x)	가격 (t)
9	Fail	20	Low
14	Fail	25	Low
21	Pass	30	Medium
27	Pass	40	Medium
32	Pass	50	Medium
37	Pass	55	High

[그림 5.4] 회귀(Regression), 분류(Classification)에서의 트레이닝 데이터

[그림 5.4]에 나타낸 것처럼 회귀Regression라는 것은 트레이닝 데이터로 학습하여 연속적인 값을 예측하는 것을 말합니다. [그림 5.4]에서 회귀Regression 데이터인 공부 시간과 시험 성적, 집 평수와 집 가격 등은 연속적인 값Continuous Value을 가지고 있음을 알 수 있습니다.

반면에 [그림 5.4]의 분류Classification 데이터는 회귀Regression 데이터와 동일하지만 정답 부분을 보면 연속적인 값이 아닌 Fail, Pass 또는 Low, Medium, High 등의 이산적인 값Discrete Value만을 가지는 것을 알 수 있습니다.

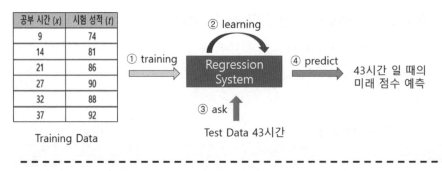

공부 시간 (x)	시험 성적 (t)
9	74
14	81
21	86
27	90
32	88
37	92

Training Data

② learning
① training
Regression System
③ ask
④ predict
Test Data 43시간
43시간 일 때의 미래 점수 예측

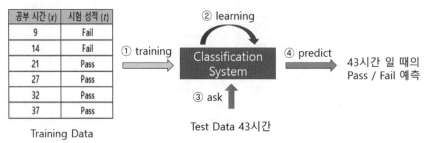

공부 시간 (x)	시험 성적 (t)
9	Fail
14	Fail
21	Pass
27	Pass
32	Pass
37	Pass

Training Data

② learning
① training
Classification System
③ ask
④ predict
Test Data 43시간
43시간 일 때의 Pass / Fail 예측

[그림 5.5] 회귀(Regression), 분류(Classification)에서의 학습 과정

이러한 트레이닝 데이터를 학습한 다음, [그림 5.5]와 같은 회귀Regression 시스템은 Test Data 43시간에 대한 미래 값을 연속적인 값으로 예측해 줍니다.

반면에 분류Classification 시스템은 트레이닝 데이터를 학습한 다음, Test Data 43시간이 주어지면 그 결과를 Pass나 Fail 등의 이산적인 값으로 분류해 줍니다.

5.1.3 비지도 학습(Unsupervised Learning)

비지도 학습Unsupervised Learning은 학습 데이터에 정답은 없고 입력 값만 있으며 이것이 지도 학습과의 가장 큰 차이점입니다. 그래서 비지도 학습은 주로 군집화 Clustering 알고리즘을 이용하여 뉴스를 주제별로 묶어 주거나Grouping 백화점에서 고객의 구매 이력을 바탕으로 상품을 추천해 주는 상품 추천 시스템 등에 쓰이고 있습니다.

그럼 비지도 학습의 군집화Clustering가 지도 학습의 분류Classification 알고리즘과 어떤 점이 다른지 알아보겠습니다.

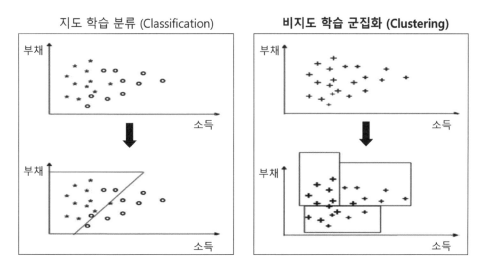

[그림 5.6] 비지도 학습의 군집화(Clustering) 개념

[그림 5.6]에서 지도 학습 분류Classification를 보면, 입력 데이터 소득income과 정답인 부채Debt를 이미 알고 있기 때문에 이 둘의 관계를 가장 잘 나타낼 수 있는 임의의 직선을 먼저 찾고, 그 직선을 기준으로 해서 데이터를 상하좌우로 분류하고 있습니다.

반면 [그림 5.6]의 비지도 학습에서는 트레이닝 데이터에 정답이 없고 오로지 입력 데이터인 소득 값만 있기 때문에 이러한 소득 값의 분포나 특성을 파악해서 부채 값의 범위를 알아내고 이를 그룹화 시킨다는 것을 알 수 있습니다.

5.2 선형 회귀(Linear Regression)

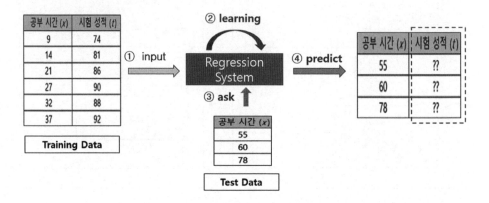

[그림 5.7] 머신러닝 선형 회귀(Linear Regression) 예시

우리는 [그림 5.7]과 같은 트레이닝 데이터를 이용하여 데이터의 특성과 상관관계 등을 학습Learning하고, 학습 결과를 바탕으로 트레이닝 데이터에 없는 55시간, 60시간, 78시간 등의 데이터에 대한 미래의 성적을 예측해 주는 회귀Regression 시스템을 구현하고자 합니다.

그런데 트레이닝 데이터의 특성과 상관관계 등을 파악하기 위해서는 먼저 학습을 해야 합니다. 이러한 학습Learning은 무엇을 의미하고 우리가 구현할 선형 회귀Linear Regression와는 어떤 관계가 있는지 하나씩 알아보겠습니다.

5.2.1 학습(Learning) 개념

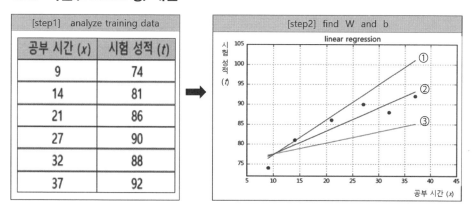

[그림 5.8] 학습(Learning) 개념

머신러닝에서 학습이라는 것은 [그림 5.8]과 같이 트레이닝 데이터를 먼저 분석하고 그 데이터의 분포를 가장 잘 나타내는 일차함수의 기울기 W, y절편 b를 찾는 과정이라고 할 수 있습니다.

우선 [그림 5.8]과 같은 트레이닝 데이터는 공부 시간(x)에 비례해서 시험 성적(t)도 대체로 증가하고 있습니다. 이렇게 선형 관계를 이루는 트레이닝 데이터는 일차함수를 이용하여 나타낼 수 있는데, 만약 일차함수 기울기 W가 양수라면 [그림 5.8]의 오른쪽 그래프와 같이 y = Wx + b 형태로 트레이닝 데이터를 표현할 수 있습니다.

그런데 기울기가 양수인 일차함수도 기울기 W와 y절편 b 값에 따라서 [그림 5.8]의 ①, ②, ③과 같이 다양한 형태의 직선이 존재하는 것을 알 수 있습니다.

다양한 직선 y = Wx + b 중에서 트레이닝 데이터의 특성을 가장 잘 표현할 수 있는 기울기(가중치) W와 y절편(바이어스) b를 찾는 과정이 필요한데, 이렇게 W와 b를 찾는 과정을 머신러닝 시스템에선 학습Learning이라고 합니다.

다음 절에서는 y = Wx + b 함수의 계산 값과 정답의 차이를 나타내는 오차가 머신러닝 시스템에서 어떻게 중요하게 작용하는지 알아보겠습니다.

5.2.2 오차(error), 가중치(weight), 바이어스(bias)

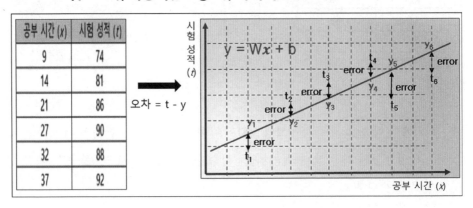

[그림 5.9] 선형 회귀에서 오차(Error 또는 Loss) 개념

[그림 5.9]와 같이 트레이닝 데이터의 특성과 상관관계를 분석하기 위해서 임의의 직선 y = Wx + b를 가정해 보겠습니다.

직선 y = Wx +b를 나타내는 [그림 5.9]의 오른쪽 그래프에서 정답 t_1, t_2, t_3, t_4, t_5, t_6 등과 입력 x에 대한 y = Wx + b 함수의 계산 값 y_1, y_2, y_3, y_4, y_5, y_6 등과의 차이를 볼 수 있는데, 이러한 정답 t와 계산 값 y의 차이를 오차Error 또는 Loss라고 정의합니다.

여기서 오차 값이 크다는 것은 y = Wx + b 함수의 가중치 W와 바이어스 b 값이 잘못된 것이고, 만약에 오차 값이 작다면 우리가 가정한 y = Wx + b 함수의 가중치 W

와 바이어스 b 값이 최적화되었기 때문에 t - y 값인 오차가 최소라고 판단할 수 있습니다.

이처럼 선형 회귀Linear Regression 시스템에서는 트레이닝 데이터의 오차 t - y의 총합을 최소로 하여 미지의 데이터에 대한 미래 값을 잘 예측할 수 있도록 y = Wx + b 함수의 가중치 W와 바이어스 b 값을 찾는 과정이 필요합니다.

다음 절에서 이러한 가중치 W와 바이어스 b 값을 찾도록 해 주는 손실 함수Loss Function 또는 Cost Function가 무엇이고 이 함수가 왜 필요한지에 대해 알아보겠습니다.

5.2.3 손실 함수(Loss Function 또는 Cost Function)

머신러닝에서 Loss Function 또는 Cost Function이라고 부르는 손실 함수는 직선 y = Wx + b 함수의 계산 값 y와 정답 t의 차이를 모두 더해서 수식으로 나타낸 것입니다.

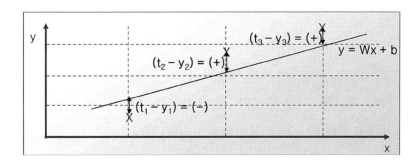

[그림 5.10] 손실 함수(Loss Function 또는 Cost Function)

[그림 5.10]을 보면 y = Wx + b 함수로 y 값을 계산하고, 정답 t와 계산 값 y의 차로 오차를 나타내고 있습니다.

각각의 오차인 t - y를 모두 더해서 손실 함수Loss Function 또는 Cost Function를 구할 수도 있는데 이렇게 되면 t - y, 즉 오차의 부호가 플러스(+)와 마이너스(-) 등으로 혼재하기 때문에 오차의 총합이 0으로 나올 수도 있습니다. 오차의 총합이 0으로 나오면 그 값이 최소 오차 값인지 아닌지를 판단하기가 어려워집니다.

그래서 손실 함수에서 오차를 계산할 때는 다음과 같이 $(t - y)^2$을 사용합니다. 즉 제곱을 했기 때문에 오차는 언제나 양수이며 정답 t와 계산 값 y의 차가 크다면 제곱에 의한 오차는 더 큰 값을 가지게 되고, 이로써 머신러닝을 학습하기 훨씬 수월해집니다.

$$
\begin{aligned}
\text{Loss Function} &= \frac{(t_1 - y_1)^2 + (t_2 - y_2)^2 + \cdots + (t_n - y_n)^2}{n} \\
&= \frac{[t_1 - (Wx_1 + b)]^2 + [t_2 - (Wx_2 + b)]^2 + \cdots + [t_n - (Wx_n + b)]^2}{n} \\
&= \frac{1}{n} \sum_{i=1}^{n} [t_i - (Wx_i + b)]^2
\end{aligned}
$$

[식 5.1] 선형 회귀 손실 함수 공식(평균제곱오차, MSE)

이러한 오차의 제곱을 이용한 손실 함수를 평균제곱오차MSE, Mean Square Error라고 하며 [식 5.1]과 같이 간단한 수식으로 나타낼 수 있습니다.

여기서 [식 5.1]의 손실 함수는 네 변수 t, W, x, b로 이루어졌습니다. 그런데 x와 t는 트레이닝 데이터에서 입력과 정답으로 주어지는 값, 즉 상수이므로 손실 함수는 [식 5.2]와 같이 가중치 W와 바이어스 b에만 영향을 받는다는 것을 알 수 있습니다.

```
y = Wx + b

Loss Function = E(W,b) = $\frac{1}{n}\sum_{i=1}^{n}[t_i - y_i]^2 = \frac{1}{n}\sum_{i=1}^{n}[t_i - (Wx_i + b)]^2$
```

[식 5.2] 선형 회귀에서의 손실 함수 해석

머신러닝에서는 이러한 손실 함수 값을 최소로 하는 것이 가장 중요합니다.

왜냐하면 손실 함수 값이 작다는 것은 정답 t와 직선 y = Wx +b 함수의 계산 값 y의 평균 오차가 작다는 의미이며, 평균 오차가 작다는 것은 가중치 W와 바이어스 b가 트레이닝 데이터의 특성과 상관관계를 가장 잘 나타낸다고 볼 수 있기 때문입니다.

즉 트레이닝 데이터의 특성과 상관관계를 가장 잘 나타내는 가중치 W, 바이어스 b를 갖는 시스템이라면 미지의 데이터에 대해서도 최소의 오차만으로 결과 값을 예측할 수 있습니다.

이로써 주어진 트레이닝 데이터를 바탕으로 손실 함수의 값이 최소가 되도록 가중치 W와 바이어스 b를 구하는 것이 머신러닝 시스템의 최종 목적임을 알 수 있습니다.

다음 절에서 이러한 손실 함수의 최솟값을 찾아 주는 경사 하강법Gradient Descent Algorithm에 대해 알아보겠습니다.

5.2.4 경사하강법(Gradient Descent Algorithm) 개념

머신러닝에는 손실 함수의 최솟값을 찾기 위한 다양한 방법이 있지만, 경사하강법 Gradient Descent Algorithm이 가장 일반적이며 많이 쓰이는 방법입니다.

이러한 경사하강법의 동작 원리를 알아보기 위한 첫 번째 단계로 손실 함수의 형태를 알아보겠습니다.

우선 계산을 쉽게 하기 위해서 트레이닝 데이터는 $(x_1, t_1) = (1, 1)$, $(x_2, t_2) = (2, 2)$, $(x_3, t_3) = (3, 3)$과 같이 총 3개로, 바이어스를 $b = 0$으로 가정했고, 이 환경에서 가중치 W 의 변화에 따른 손실 함수 계산 값을 [표 5.1]에 나타냈습니다.

[표 5.1] 가중치 변화에 대한 손실 함수 계산 예시

가중치	손실 함수 계산
W = -1	$E(-1, 0) = \dfrac{1}{3} \sum_{i=1}^{3} \left[t_i - (-1 \cdot x_i + 0) \right]^2$ $= \dfrac{[1-(-1 \cdot 1+0)]^2 + [2-(-1 \cdot 2+0)]^2 + [3-(-1 \cdot 3+0)]^2}{3} = 18.7$ 트레이닝 데이터 $(x_1, t_1) = (1, 1)$, $(x_2, t_2) = (2, 2)$, $(x_3, t_3) = (3, 3)$
W = 0	$E(0, 0) = \dfrac{1}{3} \sum_{i=1}^{3} \left[t_i - (0 \cdot x_i + 0) \right]^2$ $= \dfrac{[1-(0 \cdot 1+0)]^2 + [2-(0 \cdot 2+0)]^2 + [3-(0 \cdot 3+0)]^2}{3} = 4.67$ 트레이닝 데이터 $(x_1, t_1) = (1, 1)$, $(x_2, t_2) = (2, 2)$, $(x_3, t_3) = (3, 3)$
W = 1	$E(1, 0) = \dfrac{1}{3} \sum_{i=1}^{3} \left[t_i - (1 \cdot x_i + 0) \right]^2$ $= \dfrac{[1-(1 \cdot 1+0)]^2 + [2-(1 \cdot 2+0)]^2 + [3-(1 \cdot 3+0)]^2}{3} = 0$ 트레이닝 데이터 $(x_1, t_1) = (1, 1)$, $(x_2, t_2) = (2, 2)$, $(x_3, t_3) = (3, 3)$

W = 2	$E(2,0) = \dfrac{1}{3} \sum_{i=1}^{3} [t_i - (2 \cdot x_i + 0)]^2$ $= \dfrac{[1-(2 \cdot 1 + 0)]^2 + [2-(2 \cdot 2 + 0)]^2 + [3-(2 \cdot 3 + 0)]^2}{3} = 4.67$ 트레이닝 데이터 $(x_1, t_1) = (1, 1), \quad (x_2, t_2) = (2, 2), \quad (x_3, t_3) = (3, 3)$
W = 3	$E(3,0) = \dfrac{1}{3} \sum_{i=1}^{3} [t_i - (3 \cdot x_i + 0)]^2$ $= \dfrac{[1-(3 \cdot 1 + 0)]^2 + [2-(3 \cdot 2 + 0)]^2 + [3-(3 \cdot 3 + 0)]^2}{3} = 18.7$ 트레이닝 데이터 $(x_1, t_1) = (1, 1), \quad (x_2, t_2) = (2, 2), \quad (x_3, t_3) = (3, 3)$

먼저 3개의 트레이닝 데이터에 대한 가중치 W = -1, W = 3에서의 손실 함수 값은 18.7이며 가중치 W = 0, W = 2에서의 손실 함수 값은 4.67 그리고 가중치 W = 1에서의 손실 함수 값은 0입니다. 즉 가중치 W 값이 변함에 따라 손실 함수 값도 계속 변합니다.

이러한 가중치 W의 변화에 대한 손실 함수의 그래프는 [그림 5.11]과 같이 포물선 형태로 그려지며, 가중치 W = 1에서 손실 함수는 최솟값 0을 가진다는 것을 알 수 있습니다.

W	E(W)
-1	18.7
0	4.67
1	0
2	4.67
3	18.7

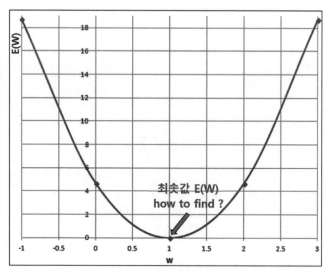

[그림 5.11] 가중치 W에 대한 손실 함수 E(W)의 그래프

이처럼 선형 회귀Linear Regression에서 손실 함수는 포물선 형태로 나타납니다. 손실 함수에서 최솟값을 가지는 가중치 W 값을 찾는 것이 바로 우리가 구현하려는 선형 회귀Linear Regression 시스템의 최종 목표입니다.

그런데 이런 포물선 모양으로 나타나는 손실 함수의 최솟값을 어떻게 찾을 수 있을까요? 손실 함수의 그래프를 직접 그려 보지 않고 최솟값을 찾는 방법은 없을까요?

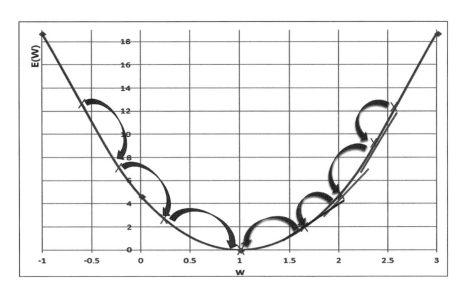

[그림 5.12] 경사하강법(Gradient Descent Algorithm) 원리

[그림 5.12]에 나타낸 것처럼 포물선 모양의 그래프에서 최솟값을 찾기 위한 순서는
다음과 같습니다.

① 임의의 가중치 W 값을 선택하고

② 선택된 W에서 직선의 기울기를 나타내는 미분 값 $\dfrac{\partial E}{\partial W}$(해당 W에서의 미분)를 구한
후에

③ 미분 값 $\dfrac{\partial E}{\partial W}$가 작아지는 방향으로 W를 감소시켜 나가다 보면

④ 최종적으로 기울기가 더 이상 작아지지 않는 것을 찾을 수 있습니다.

즉 기울기가 더 이상 작아지지 않는 가중치 W 값에서의 손실 함수 값이 바로 최솟값
입니다.

이처럼 가중치 W에서의 직선의 기울기이자 미분 값인 $\frac{\partial E}{\partial W}$를 이용해서 그 값이 작아지는 방향으로 진행하면서 손실 함수의 최솟값을 찾는 알고리즘을 경사하강법 Gradient Descent Algorithm이라고 합니다. 이는 머신러닝에서 가장 많이 사용하는 방법입니다.

[그림 5.12]의 손실 함수의 그래프를 보면서 경사하강법에 대해 좀 더 자세히 알아보겠습니다.

그래프에서 처음에 가중치를 W = 2.5로 놓고 직선의 기울기를 구해 보면 $\frac{\partial E}{\partial W}$ 값이 양수임을 알 수 있습니다. 기울기가 양수이므로 경사하강법으로 최솟값을 구하기 위해 W 값이 작아지도록 왼쪽Left 방향으로 계속 이동시킵니다. 최종적으로 손실 함수가 최솟값을 갖는 W = 1에서 멈춰야 합니다.

또한 이번에는 처음에 가중치를 W = -0.5로 가정한다면 -0.5에서의 직선의 기울기, 즉 미분 값 $\frac{\partial E}{\partial W}$는 음수이고, 계속해서 손실 함수가 최소가 되는 W = 1까지 가기 위해서는 W를 오른쪽Right 방향으로 이동시켜야 합니다.

이처럼 경사하강법은 가중치 W에서의 직선의 기울기를 나타내는 미분 값 $\frac{\partial E}{\partial W}$가 작아지는 방향으로 이동하면서 최솟값을 찾는 과정임을 알 수 있습니다.

5.2.5 경사하강법(Gradient Descent Algorithm) 공식

이번 절에서는 손실 함수가 최소가 되는 가중치 W 값에 대한 일반적인 수학 공식을 유도하겠습니다.

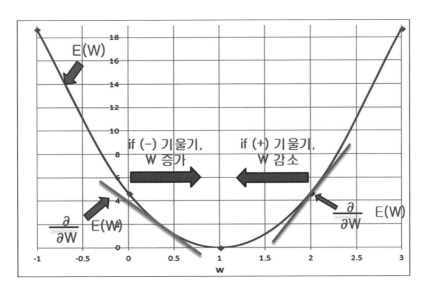

[그림 5.13] 경사하강법(Gradient Descent Algorithm) 일반 공식

포물선 모양의 그래프에서 임의의 가중치 W에서의 직선의 기울기 $\frac{\partial E}{\partial W}$ 값이 양수(+)라면 [그림 5.13]과 같이 가중치 W 값을 감소Decrement시켜야만 손실 함수의 최솟값에 도달합니다.

이번에는 임의의 가중치 W에서의 직선의 기울기 $\frac{\partial E}{\partial W}$ 값이 음수(-)인 경우를 보겠습니다. [그림 5.13]에 나타낸 것처럼 편미분 값이 음수(-)라면 가중치 W 값을 증가 Increment시켜야만 손실 함수의 최솟값에 도달합니다.

이처럼 편미분 $\frac{\partial E}{\partial W}$ 값이 양수(+)일 때는 현재의 W에서 편미분 값만큼 빼 주어서 W를 감소시켜야 하고, 반대로 음수(-)일 때는 현재의 W에서 편미분 값만큼 더해 주어서 W를 증가시켜야만 손실 함수의 최솟값을 찾을 수 있습니다.

이러한 관계는 $W = W - \alpha \dfrac{\partial E}{\partial W}$와 같은 수식으로 나타낼 수 있습니다.

즉 가중치 W 값은 편미분 값 $\dfrac{\partial E}{\partial W} > 0$인 경우 현재의 W 값보다 감소하는 방향으로 업데이트되고, $\dfrac{\partial E}{\partial W} < 0$인 경우에는 현재의 W 값보다 증가되는 방향으로 업데이트 되어야 합니다.

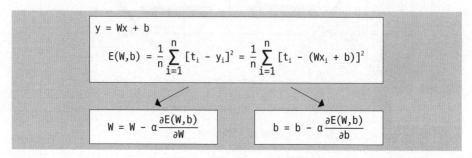

[식 5.3] 가중치 W, 바이어스 b를 구하는 일반 공식

선형 회귀Linear Regression의 목표는 트레이닝 데이터의 특성과 분포를 가장 잘 나타낼 수 있는 임의의 직선 $y = Wx + b$에서의 가중치 W와 바이어스 b를 구하는 것이기 때문에 손실 함수Loss Function 또는 Cost Function $E(W, b)$를 [식 5.3]과 같이 정의하였고, 경사하강법을 이용하여 이러한 손실 함수가 최솟값을 갖도록 하는 가중치 W와 바이어스 b를 편미분으로 구한다는 것을 알 수 있습니다.

여기서 α는 학습률Learning Rate을 나타내며 가중치 W, 바이어스 b 값의 감소 또는 증가 비율을 나타내는 값입니다.

5.2.6 입력 변수가 1개인 선형 회귀(Linear Regression) 예제

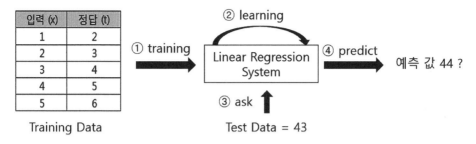

[그림 5.14] 입력 변수가 하나인 선형 회귀 예제

[그림 5.14]와 같은 선형 회귀 시스템을 구현하기 위해서는 y = Wx + b 함수 값을 계산하고, 오차가 최소가 되는 최적의 가중치 W와 바이어스 b를 찾아야만 합니다.

그런데 실무에서는 y =Wx + b 함수처럼 입력 값 x와 가중치 W를 곱해서Multiply 계산하는 것이 아니라, 연산 속도와 계산의 편의성을 위해서 입력 값 X, 가중치 W를 행렬Matrix로 변환한 후에 Y = x · W + b 수식처럼 행렬 곱Matrix Multiplication으로 출력 값 Y를 계산합니다.

즉 [식 5.4]와 같이 입력 데이터, 정답 데이터 그리고 가중치를 모두 행렬Matrix로 나타낸 후에 행렬 곱을 이용해서 Y를 계산하면, 간단한 행렬 연산만으로 쉽고 빠르고 오차 값을 구할 수 있습니다.

$$Y = X \cdot W + b$$

[식 5.4] 행렬(Matrix)로 표시되는 계산 값 Y

머신러닝에서는 입력 데이터 X, 정답 T, 가중치 W 그리고 계산 값 Y를 행렬을 의미하는 영문 대문자로 표기하며 바이어스는 벡터Vector임을 나타내기 위해서 영문 소문자 b로 나타내는 것이 일반적입니다.

이제 [그림 5.14]와 같이 입력 변수가 1개인 선형 회귀 시스템을 구현해 보겠습니다.

[예제 5.1] 트레이닝 데이터, 가중치, 바이어스 초기화

| 코드 | ```
import numpy as np

x_data = np.array([1, 2, 3, 4, 5]).reshape(5,1)     # 입력 데이터 초기화
t_data = np.array([2, 3, 4, 5, 6]).reshape(5,1)     # 정답 데이터 초기화


W = np.random.rand(1,1)        # 가중치 W 초기화
b = np.random.rand(1)          # 바이어스 b 초기화
``` |
|---|---|

[예제 5.1]과 같이 입력 데이터(x_data), 정답 데이터(t_data)는 모두 넘파이 타입으로 나타내며 [식 5.4]와 같은 행렬 연산을 하기 위해 두 데이터를 5 × 1 크기의 행렬 Matrix로 만들어 줍니다.

그리고 np.random.rand() 함수를 이용해서 0과 1 사이의 임의의 값으로 가중치 W, 바이어스 b를 초기화하고 있습니다.

[예제 5.2] 손실 함수 loss_func()

| 코드 | ```
def loss_func(x, t):
    y = np.dot(x,W) + b
    return ( np.sum( (t - y)**2 ) ) / ( len(x) )
``` |
|---|---|

loss_func() 함수는 평균제곱오차MSE 공식인 $E(W,b) = \frac{i}{n}\sum_{i=1}^{n} [t_i - (Wx_i + b)]^2$을 구현해 놓은 함수입니다. 즉 넘파이 행렬 곱 함수 np.dot()을 이용하여 $Y = X \cdot W + b$를 계산한 다음 손실 함수 값(MSE)을 리턴해 주는 함수입니다.

그리고 현재의 손실 함수 값을 확인할 수 있는 loss_val() 함수와 학습이 끝난 후 임의의 입력 값에 대해서 미래 값을 예측해 주는 predict() 함수는 [예제 5.3]과 같이 구현할 수 있습니다.

[예제 5.3] loss_val(), predict() 함수 구현

코드
```python
def loss_val(x, t):
    y = np.dot(x,W) + b
    return ( np.sum( (t - y)**2 ) ) / ( len(x) )

def predict(x):
    y = np.dot(x,W) + b
    return y
```

[예제 5.4]에서는 경사하강법을 이용해서 손실 함수인 loss_func() 함수 값이 최소가 될 때까지 반복적으로 가중치 W, 바이어스 b를 업데이트하는 학습 과정을 나타냈습니다.

[예제 5.4] 가중치 W, 바이어스 b 업데이트 및 학습 과정 결과

코드
```python
learning_rate = 1e-2                          # 학습률 α

f = lambda x : loss_func(x_data, t_data)                ①
print("Initial loss value = ", loss_val(x_data, t_data), "Initial W = ",
W, "\n", ", b = ", b )
```

| 코드 | ```
for step in  range(6001):
   W -= learning_rate * derivative(f, W)                    ②
   b -= learning_rate * derivative(f, b)


   if (step % 600 == 0):                                    ③
       print("step = ", step, "loss value = ", loss_val(x_data, t_
       data), "W = ", W, ", b = ",b )
``` |
| 학습
결과 | Initial loss value = 13.233257952888696 Initial W = [[0.00254185]]
, b = [0.63925463]

step =   0 loss value =   7.78649914929989 W =   [[0.24362737]] , b =
[0.6918519]

step = 600 loss value = 5.4679551487377544e-05 W = [[1.00480186]] , b
= [0.98266802]

•••

step =   4800 loss value =   1.5447726595649482e-17 W =   [[1.]] , b =
[0.99999999]

step = 5400 loss value = 2.489746391338348e-19 W = [[1.]] , b = [1.]

step = 6000 loss value = 4.0127378315418104e-21 W = [[1.]] , b = [1.] |

① f = lambda x : loss_func(x_data, t_data) 코드와 같이 람다lambda 함수를 이용해서
손실 함수 loss_func() 함수를 f로 정의합니다.

② 가중치 W를 업데이트하는 W -= learning_rate * derivative(f, W) 코드를 보면 4
장에서 구현했던 derivative(f, W) 수치 미분 함수가 사용된 것을 알 수 있습니다.
수치 미분 함수에 대한 자세한 설명은 4장을 참고하기 바랍니다.

③ 학습 진행 상황을 파악하기 위해서 현재의 손실 함수 값, 가중치 W 그리고 바이어
스 b 값을 화면에 출력해 주고 있으며, 결과를 보면 손실 함수 값Loss Value이 지속
적으로 작아지면서 우리가 찾고자 했던 가중치 W와 바이어스 b 값이 1.0으로 수
렴함을 알 수 있습니다.
```

이처럼 학습을 마친 후에는 트레이닝 데이터에 없는 입력 값을 주고 미래의 결과 값을 예측해야 합니다. 예를 들어 [예제 5.5]와 같이 43을 입력 값으로 주었을 때 미래 값을 44.0으로 예측하는 것을 알 수 있습니다. 이때 행렬 연산을 위해 숫자 43이 아닌 np.array([43])과 같이 넘파이 타입으로 나타내고 있습니다.

[예제 5.5] 임의의 값 43.0에 대한 미래 값 예측

코드	predict(np.array([43]))
결과	array([44.])

전체 소스 코드는 CH05_Example1.ipynb에서 확인하고 실행해 볼 수 있습니다.

5.2.7 입력 변수가 2개 이상인 선형 회귀 예제

입력 변수가 2개 이상인 Multi Variable Linear Regression은 ① 트레이닝 데이터를 준비하는 부분, ② 가중치 W, 바이어스 b를 초기화하는 부분만 제외한다면 이전에 구현했던 입력 변수가 1개인 선형 회귀인 [예제 5.1]의 코드와 동일하게 구현할 수 있습니다.

먼저 [그림 5.15]와 같은 트레이닝 데이터는 25행 4열의 데이터이며 1열부터 3열까지가 입력 데이터 x_1, x_2, x_3이고 마지막 4열에 있는 데이터가 정답 데이터 t를 나타내고 있습니다.

x_1	x_2	x_3	t
73	80	75	152
93	88	93	185
89	91	90	180
96	98	100	196
73	66	70	142
53	46	55	101
69	74	77	149
47	56	60	115
87	79	90	175
79	70	88	164
69	70	73	141
70	65	74	141
93	95	91	184
79	80	73	152
70	73	78	148
93	89	96	192
78	75	68	147
81	90	93	183
88	92	86	177
78	83	77	159
82	86	90	177
86	82	89	175
78	83	85	175
76	83	71	149
96	93	95	192

트레이닝 데이터
(CH05_data-01.csv)

[그림 5.15] 입력 변수 3개, 정답 1개인 트레이닝 데이터(25행 4열)

데이터의 상관관계가 직관적으로 와닿지 않을 수도 있습니다. 입력 데이터를 국어, 영어, 수학이라 가정하고 정답 데이터는 수능 평균 점수로 바꿔 생각해 본다면 선형 회귀에서 사용하는 이러한 연속적인 데이터들의 상관관계를 이해할 수 있을 것입니다.

[예제 5.6] 파일에서 트레이닝 데이터 읽어오기 np.loadtxt(⋯)

| 코드 | ```python
import numpy as np

loaded_data = np.loadtxt('./CH05_data-01.csv', delimiter=',', dtype=np.float32)

x_data = loaded_data[ : , 0:-1 ]          ①
t_data = loaded_data[ : , [-1] ]          ②

# 데이터 차원 및 shape 확인
print("x_data.ndim = ", x_data.ndim, ", x_data.shape = ", x_data.shape)
print("t_data.ndim = ", t_data.ndim, ", t_data.shape = ", t_data.shape)
``` |
|---|---|
| 결과 | ```
x_data.ndim =  2 , x_data.shape =  (25, 3)
t_data.ndim =  2 ,  t_data.shape =  (25, 1)
``` |

먼저 트레이닝 데이터가 파일(CH05_data-01.csv)이기 때문에 3장에서 알아본 np.loadtxt() 함수로 파일을 읽어서 25 × 4(25행 4열) 크기의 행렬을 리턴하고 있습니다.

이렇게 파일을 읽어서 행렬로 만들었다면 코드의 ①, ② 부분처럼 슬라이싱Slicing을 이용해서 입력 데이터(x_data)와 정답 데이터(t_data)로 분리해 주는 것이 일반적입니다.

코드	``` W = np.random.rand(3,1) b = np.random.rand(1) print("W = ", W, ", W.shape = ", W.shape, ", b = ", b, ", b.shape = ", b.shape) ```
결과	``` W = [[0.87768006] [0.10215446] [0.5084128]] , W.shape = (3, 1) , b = [0.09909035] , b.shape = (1,) ```

[예제 5.7]에서는 가중치 W, 바이어스 b를 임의의 값으로 초기화하고 있는데, 입력 데이터가 x_1, x_2, x_3의 3개이므로 가중치 또한 입력 데이터의 개수에 맞게 3 × 1 행렬로 초기화해 줍니다.

왜냐하면 가중치는 정답을 만드는 입력 데이터의 개수만큼 생성되어 입력 데이터 각각에 변화를 주어야 하기 때문입니다. 그래서 입력 데이터가 3개이면 가중치도 3개가 필요하며, 입력 데이터가 784개면 가중치 또한 입력 데이터의 개수와 일치하도록 784개여야 합니다.

이제 학습에 필요한 손실 함수 loss_func(), 현재의 손실 함수 값을 출력해 주는 loss_val() 그리고 미래 값을 예측해 주는 predict() 함수는 입력 데이터가 1개인 선형 회귀에서 사용한 코드를 그대로 사용하겠습니다.

단지 트레이닝 데이터에 따라 학습률(learing_rate) α와 반복 횟수 등을 적당한 값으로 변경해 주기만 하면 됩니다. 참고로 학습률이나 반복 횟수 등을 하이퍼 파라미터

HyperParameter라고 하는데, 이러한 하이퍼 파라미터 값을 설정하는 특별한 규칙은 없으며, 트레이닝 데이터와 실행 환경에 맞게 최적화해 주어야만 합니다.

[예제 5.8] 가중치 W, 바이어스 b 업데이트 및 학습 과정 결과

| 코드 | ```
learning_rate = 1e-5
f = lambda x : loss_func(x_data,t_data)
print("Initial loss value = ", loss_val(x_data, t_data) )

for step in  range(30001):
    W -= learning_rate * derivative(f, W)
    b -= learning_rate * derivative(f, b)

    if (step % 3000 == 0):
        print("step = ", step, "loss value = ", loss_val(x_data, t_data) )
``` |
|---|---|
| 학습 결과 | ```
Initial loss value =  1906.238563408005
step =  0 loss value =  714.6618982649323
step =  3000 loss value =  8.146012231839304
.............................................
step =  27000 loss value =  6.110338782644999
step =  30000 loss value =  6.109468318259112
``` |

[예제 5.8]의 코드를 실행하면 손실 함수 값이 처음에는 1906.23이라는 아주 큰 값이었다가 학습이 진행되면서 최종적으로 6.10 근처에서 최소가 된다는 것을 알 수 있습니다.

[예제 5.9] 임의의 값 [100, 98, 81]에 대한 미래 값 예측

| 코드 | ```
test_data = np.array([100, 98, 81])
predict(test_data)
``` |
|---|---|
| 결과 | ```
array([178.86891839])
``` |

이처럼 학습을 마친 후에 [예제 5.9]와 같이 [100, 98, 81] 입력 값을 주면 시스템은 미래의 결과 값을 약 178.86으로 예측합니다. 즉 국어 100점, 영어 98점, 수학 81점을 받는 학생은 미래의 수능 점수가 약 179점임을 알려 주고 있습니다. 전체 소스 코드는 CH05_Example2.ipynb에서 확인하고 실행해 볼 수 있습니다.

	관련 유튜브 강의 QR 코드 / 링크
	https://youtu.be/uk7UfDgVKrU

5.3 분류(Classification)

이번 절에서는 머신러닝에서 데이터를 분류Classification하는 데 사용하는 로지스틱 회귀Logistic Regression 개념과 그것의 손실 함수인 크로스 엔트로피Cross Entropy에 대해 알아보겠습니다.

5.3.1 분류(Classification) 개념

머신러닝에서 데이터 분류Classification 알고리즘은 트레이닝 데이터의 특성과 상관관계 등을 분석한 후에 임의의 입력 데이터에 대해서 그 결과를 어떤 종류의 값으로 나눌 수 있는지, 즉 분류할 수 있는지를 예측합니다.

이러한 데이터 분류Classification는 실생활에서 많이 쓰입니다. 수신된 문자가 스팸인지 아닌지 등으로 분류할 때나 병원에서 MRI 이미지의 종양이 악성인지 일반 종양인지 등을 판별하기 위해서 분류Classification 알고리즘을 사용하고 있습니다.

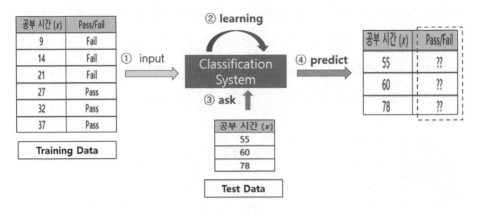

[그림 5.16] 분류(Classification) 개념

[그림 5.16]을 보면 분류Classification 시스템은 공부 시간과 합격 여부, 즉 Pass 또는 Fail이 있는 트레이닝 데이터로 데이터의 상관관계를 분석한 다음, 임의의 시간(55, 60, 78) 데이터에 대해 미래 값이 Pass인지 아니면 Fail인지 보여 주며 결과를 이산적 discrete인 값으로 예측해 줍니다.

5.3.2 분류(Classification) 알고리즘

[그림 5.17]을 보면 엑스(x)로 표시되어 있는 데이터와 동그라미(o)로 표시되어 있는 데이터는 중간에 있는 직선을 기준으로 나누어져 있습니다.

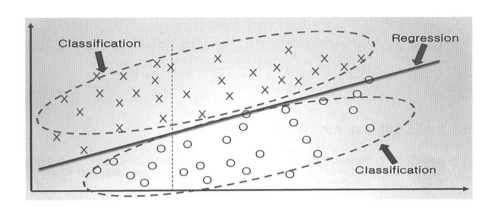

[그림 5.17] 분류(Classification) 알고리즘

이처럼 데이터의 특성과 분포를 가장 잘 나타내는 직선을 먼저 찾고, 이 직선을 기준으로 데이터를 위아래 또는 왼쪽이나 오른쪽 등으로 분류하는 방법을 Logistic (Linear) Regression이라고 합니다.

이러한 알고리즘은 분류Classification 알고리즘 중에서도 정확도가 상당히 높은 것으로 알려져 있어서 차후에 학습할 신경망, 즉 딥러닝에서도 기본적인 컴포넌트로 사용됩니다.

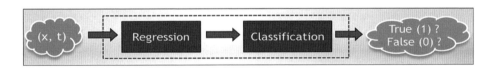

[그림 5.18] Logistic (Linear) Regression 알고리즘 정리

Logistic (Linear) Regression 알고리즘을 다시 정리해 보면 [그림 5.18]과 같이 트

레이닝 데이터를 입력으로 받아서 회귀Regression 부분에서는 최적의 직선을 찾고, 그 직선을 바탕으로 분류Classification 부분에서는 데이터를 위아래 등으로 나누어서 최종 출력 값으로 True (1) 또는 False (0) 등을 갖도록 분류해 줍니다.

5.3.3 시그모이드(sigmoid) 함수

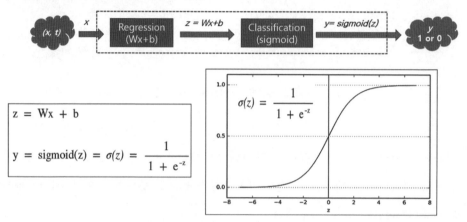

[그림 5.19] 시그모이드(sigmoid) 함수

먼저 [그림 5.19]의 그래프를 보면 입력 값 z = 0에서 함수 값은 0.5, 입력 값 z > 0 인 경우 함수 값은 1에 가까워지며 입력 값 z < 0인 경우에는 함수 값이 0에 수렴합 니다.

즉 모든 입력 값에 대한 함수의 출력이 0과 1 사이의 값이 되는 함수를 시그모이드 sigmoid 함수라고 하며 $y = sigmoid(z) = \frac{1}{1+e^{-z}}$ 형태로 나타냅니다.

이러한 시그모이드 함수를 이용해서 분류 시스템을 어떻게 구현할 수 있는지 알아보 겠습니다. [그림 5.19]를 보면 회귀Regression에서의 출력은 z = Wx+ b 값이며 이러한 z 값이 분류Classification에 입력으로 들어가서 y = sigmoid(z) 값으로 계산되는 것을 알 수 있습니다.

여기서 분류Classification에서의 출력 y = sigmoid(z) 값이 0.5 이상일 때 논리적인 결과 값을 True (1) 상태로 정의하고, y = sigmoid(z) 값이 0.5 미만일 때 논리적인 결과 값을 False (0) 상태로 정의해 놓으면 데이터의 특성은 True (1) 또는 False (0)만으로 분류Classification됩니다.

시그모이드sigmoid 함수는 0과 1 사이의 값으로 계산되기 때문에 시그모이드 함수의 결과를 확률로 해석하기도 합니다. 예를 들어 시그모이드 함수 값을 0.78이라고 할 때 True 상태로 정의할 수도 있지만 상황에 따라서 결과가 나올 확률이 78%라고 해석하기도 하니 참고하기 바랍니다.

5.3.4 분류(Classification)에서의 손실 함수(Loss Function)

분류Classification 시스템에서 출력 값 y는 [그림 5.20]과 같이 시그모이드 함수의 계산 값이므로 논리적으로 True (1) 또는 False (0) 값만을 가지게 됩니다.

[그림 5.20] 분류(Classification) 시스템 구조

그래서 앞에서 다룬 선형 회귀 때와는 다른 손실 함수Loss Function가 필요하다는 것을 알 수 있습니다.

즉 최종 출력 값은 시그모이드 함수에 의해서 0과 1 사이의 값으로 표시되며, 이러한 출력 값은 확률로 해석될 수 있기 때문에 분류Classification 시스템의 오차 값을 나타내는 손실 함수는 [식 5.5]와 같은 로그(log)를 포함한 수식으로 나타내며 이를 크로스 엔트로피Cross Entropy라고 부릅니다.

$$z = Wx + b$$

$$y = sigmoid(z) = \frac{1}{1 + e^{-z}}$$

$$E(W,b) = -\sum_{i=1}^{n} [t_i \log y_i + (1 - t_i)\log(1 - y_i)]$$

$$W = W - \alpha \frac{\partial E(W,b)}{\partial W}$$

$$b = b - \alpha \frac{\partial E(W,b)}{\partial b}$$

[식 5.5] 분류 시스템의 손실 함수 크로스 엔트로피(Cross Entropy)

다음 절에서는 지금까지 학습한 분류 알고리즘과 손실 함수 크로스 엔트로피를 이용해서 데이터를 Pass 또는 Fail 값으로 분류Classification하는 예제를 구현해 보겠습니다.

5.3.5 분류(Classification) 예제

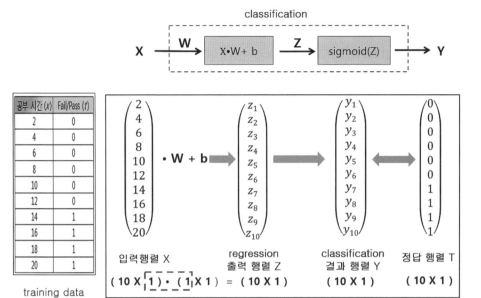

[그림 5.21] 입력 변수가 하나인 분류(Classification) 예제

[그림 5.21]과 같은 트레이닝 데이터를 바탕으로 분류Classification 시스템을 구현하겠습니다. 입력 데이터 x는 공부 시간, 정답 데이터 t는 합격(Pass) 또는 불합격(Fail)을 나타내는 이산적인 값입니다.

[예제 5.10] 학습 데이터(Training Data) 준비와 가중치 W, 바이어스 b 초기화

코드

```python
x_data = np.array([2, 4, 6, 8, 10, 12, 14, 16, 18, 20]).reshape(10,1)
t_data = np.array([0, 0, 0, 0,  0,  0,  1,  1,  1,  1]).reshape(10,1)

W = np.random.rand(1,1)
b = np.random.rand(1)

print("x_data.shape = ", x_data.shape, ", t_data.shape = ", t_data.shape)
```

| 코드 | ```
print("W = ", W, ", W.shape = ", W.shape, ", b = ", b, ", b.shape = ",
b.shape)
``` |
| 결과 | ```
x_data.shape =  (10, 1) , t_data.shape =  (10, 1)
W =  [[0.55415779]] , W.shape =  (1, 1) , b =  [0.77389892] , b.shape =
(1,)
``` |

[예제 5.10]에서 입력 데이터(x_data), 정답 데이터(t_data) 모두 행렬 연산을 하기 위해 10 × 1 행렬Matrix로 바꾸어 주고 있으며, 가중치 W와 바이어스 b는 np.random.rand() 함수를 이용해서 0과 1 사이의 임의의 값으로 초기화하고 있습니다.

[예제 5.11] 시그모이드 함수와 손실 함수 크로스 엔트로피 구현

| 코드 | ```
def sigmoid(z):
    return 1 / (1+np.exp(-z))

def loss_func(x, t):
    delta = 1e-7                        # log 무한대 발산 방지
    z = np.dot(x, W) + b
    y = sigmoid(z)

    # cross-entropy
    return  -np.sum( t*np.log(y + delta) + (1-t)*np.log((1 - y)+delta ) )
``` |

[예제 5.11]에서는 시그모이드sigmoid 함수와 손실 함수 loss_func()가 정의되어 있습니다.

시그모이드 함수는 $y = sigmoid(z) = \dfrac{1}{1+e^{-z}}$ 수식을 그대로 구현하였고, loss_func()
```

함수 리턴 값인 크로스 엔트로피Cross Entropy 또한 $E(W,b) = -\sum_{i=1}^{n} [t_i \log y_i + (1 - t_i) \log(1 - y_i)]$ 공식과 동일한 것을 알 수 있습니다. 단지 크로스 엔트로피의 로그(log) 부분이 마이너스 무한대(-∞)로 발산되는 것을 방지하기 위하여 delta $= 10^{-7}$과 같은 작은 값을 log 인자에 더해 주었습니다.

[예제 5.12] 손실 값 계산 함수 loss_val(), 예측 함수 predict()

코드	

```python
def loss_val(x, t):
    delta = 1e-7    # log 무한대 발산 방지
    z = np.dot(x, W) + b
    y = sigmoid(z)

    # cross-entropy
     return  -np.sum( t*np.log(y + delta) + (1-t)*np.log((1 - y)+delta )
)


# 학습을 마친 후, 임의의 데이터에 대해 미래 값 예측 함수
def predict(test_data):                    # 입력 변수 test_data : numpy type
    z = np.dot(test_data, W) + b
    y = sigmoid(z)

    if y >= 0.5:
        result = 1         # Pass
    else:
        result = 0         # Fail

    return y, result
```

[예제 5.12]에서 현재의 손실 값을 계산해 주는 loss_val() 함수는 [예제 5.11]에서의 loss_fun() 함수와 동일합니다. 이처럼 기능은 동일한데 loss_val() 함수와 loss_ func() 함수로 나눈 이유는, loss_val() 함수는 현재의 손실 값을 확인하는 디버깅 용도이고, loss_func() 함수는 내부적으로 손실 함수를 계산하기 위해 사용하고 있기 때문입니다. 차후에 신경망 기반의 딥러닝에서도 손실 함수를 계산해 주는 feed_forward() 함수와 loss_val() 함수를 동일하게 구현할 예정이니 참고하기 바랍니다.

미래 값을 예측해 주는 predict() 함수를 보면 시그모이드 함수 값이 0.5 이상이면 result = 1(Pass) 값을, 시그모이드 함수 값이 0.5 미만이면 result = 0(Fail) 값을 만들어서 결과를 리턴해 줍니다.

이러한 모든 함수를 이용해서 [예제 5.13]과 같이 손실 함수 값이 최소가 될 때까지 가중치 W, 바이어스 b를 업데이트하면 분류Classification 시스템을 완성할 수 있습니다.

[예제 5.13] 수치 미분을 이용한 분류(Classification) 시스템 학습 과정

코드	
| | ```
learning_rate = 1e-2
f = lambda x : loss_func(x_data,t_data)                              ①
print("Initial loss value = ", loss_val(x_data, t_data) )


start_time = datetime.now()


for step in  range(50001):
    W -= learning_rate * derivative(f, W)                           ②
    b -= learning_rate * derivative(f, b)
    if (step % 5000 == 0):                                          ③
        print("step = ", step, "loss value = ", loss_val(x_data, t_data) )
``` |
| 결과 | ```
Initial loss value =  28.133139008041287
step =  0 loss value =  11.52079543217824
step =  5000 loss value =  0.8462276476733471
``` |

결과	
	``` .... step = 45000 loss value = 0.2669457626693274 step = 50000 loss value = 0.2482225706669818 ```

① f = lambda x : loss_func(x_data, t_data) 코드와 같이 람다lambda 함수를 이용해서 손실 함수 loss_func() 함수를 f로 정의하는 것을 알 수 있습니다.

② 가중치 W를 업데이트하는 W -= learning_rate * derivative(f, W) 코드를 보면 4장에서 구현했던 derivative(f, W) 수치 미분 함수가 사용된 것을 알 수 있습니다. 수치 미분 함수에 대한 자세한 설명은 4장을 참고하기 바랍니다.

③ 학습 진행 상황을 파악하기 위해 현재의 손실 함수 값, 가중치 W 그리고 바이어스 b 값을 화면에 출력해 주고 있으며, 결과를 보면 손실 함수 값loss value이 초기에는 28.13이었으나 약 50,000번의 반복을 통해 최종적으로 0.248까지 감소된 것을 볼 수 있습니다.

이렇게 구현된 분류Classification 시스템을 이용해서 트레이닝 데이터에 없는 3시간과 17시간에 대해 미래 값을 예측해 보겠습니다.

[예제 5.14] Test Data 3시간, 17시간에 대한 미래 값 예측

코드	
	``` test_data = np.array([3.0]) # 3시간에 대한 미래 값 예측 (real_val_1, logical_val_1) = predict(test_data) print(real_val_1, logical_val_1) test_data = np.array([17.0]) # 17시간에 대한 미래 값 예측 (real_val_2, logical_va_2l) = predict(test_data) print(real_val_2, logical_val_2) ```

결과	
	``` [1.41706997e-09] 0 # 3시간에 대한 예측 값 [0.99974535] 1 # 17시간에 대한 예측 값 ```

[예제 5.14]의 코드를 보면 먼저 공부 시간이 3시간이면 predict() 함수는 real_val_1 = 1.141e-09, logical_val_1 = 0 값을 리턴합니다.

다음으로 17시간에 대한 미래 값을 예측하는 부분입니다. 공부 시간을 17시간으로 주었을 경우에 우리가 구축한 분류Classification 시스템은 real_val_2 = 0.9997, logical_val_2 = 1 값을 리턴해 줍니다.

참고로 17시간에 대한 시그모이드 출력 값이 0.9997이라는 것은 17시간을 공부한다면 합격(Pass) 확률이 약 99.97%임을 의미합니다. 반대로 공부 시간이 3시간이라면 합격할 확률은 0.1% 미만이므로 불합격(Fail)을 나타내는 0을 리턴해 줍니다.

전체 소스 코드는 CH05_Example3.ipynb에서 확인하고 실행해 볼 수 있습니다.

	관련 유튜브 강의 QR 코드 / 링크
	https://youtu.be/rm94ZDvVRZk

5.4 정리

이번 장에서는 머신러닝의 개념과 대표적 알고리즘인 선형 회귀Linear Regression 및 분류Classification에 대해 알아보았습니다. 선형 회귀와 분류 시스템을 구현하기 위해서는 손실 함수Loss Function 값이 최소가 될 때까지 가중치 W, 바이어스 b를 업데이트하는 학습Learning 과정이 필요하다는 것을 알 수 있었습니다.

CHAPTER

06

XOR 문제
(XOR Problem)

이번 6장에서는 논리 게이트 AND, OR, NAND, XOR 문제를 5장에서 알아본 분류Classification 알고리즘을 이용해서 풀어 보겠습니다. 이때 발생하는 XOR 문제라는 것은 무엇이며 이 문제를 해결하기 위한 방법도 함께 알아보겠습니다.

관련 유튜브 강의 QR 코드 / 링크
https://youtu.be/WOl9ttF3k-I

6.1 논리 게이트 AND, OR, NAND, XOR

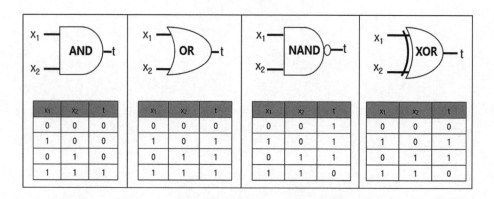

[그림 6.1] 논리 게이트 AND, OR, NAND, XOR

[그림 6.1]과 같은 AND, OR, NAND, XOR 게이트의 논리 테이블을 보면 입력

데이터는 x_1, x_2 2개이고 출력은 0 또는 1 값을 가지는데, 이러한 데이터는 분류 Classification 알고리즘을 적용하기에 적합한 트레이닝 데이터Training Data로 볼 수 있습니다.

그래서 이러한 AND, OR, NAND, XOR 게이트Gate 내부 구조는 [그림 6.2]와 같이 선형 회귀 값을 계산하는 Regression과 시그모이드 함수 값을 출력하는 Classification으로 구성된 시스템으로 나타낼 수 있습니다.

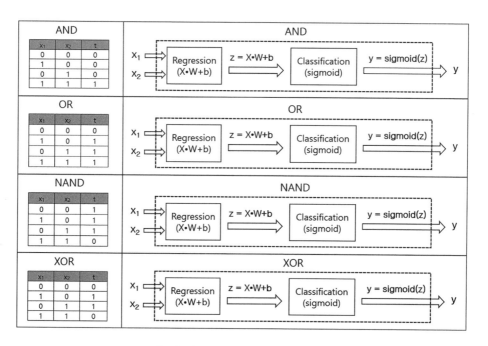

[그림 6.2] AND, OR, NAND, XOR 내부 구조

6.2 논리 게이트(Logic Gate) 클래스 구현

논리 게이트에 대한 분류Classification 시스템을 구현하기 위해서는 [1] 논리 게이트를
나타내는 클래스를 정의하고 [2] 다음과 같은 [0 0], [1 0], [0 1], [1 1] 총 4개의 입력
데이터에 대해서 가중치 W, 바이어스 b를 최적화하는 학습을 한 후에 [3] 임의의 데
이터에 대한 예측 값이 제대로 나오는지 검증하는 단계로 진행해야 합니다.

[예제 6.1]과 같이 논리 게이트Logic Gate 클래스를 정의해 보겠습니다. 전체 소스 코
드는 CH06_Example.ipynb에서 확인하고 실행해 볼 수 있습니다.

[예제 6.1] 논리 게이트(Logic Gate) 클래스 구조

| 코드 | ```python
import numpy as np

# 외부함수 (external function)        ①
def  sigmoid(x):          # 0 또는 1 을 출력하기 위한 sigmoid 함수
def  derivative(f, var):   # 미분 함수 (소스 코드는 4장 참조)


# 논리 게이트 (Logic Gate) 클래스        ②
class  LogicGate:
    def    __init__(self, gate_name, xdata, tdata):
          # xdata, tdata, W, b 초기화
    def   loss_func(self):         # 손실 함수 cross-entropy
    def   loss_val(self):          # 손실 함수 값 계산
    def   train(self):             # 경사하강법 이용하여 W, b 업데이트
    def   predict(self, xdata)     # 미래 값 예측 method

# 논리 게이트 클래스 사용법 (usage)        ③
xdata = np.array([ [0, 0], [0, 1], [1, 0], [1, 1] ]) # 입력 데이터 생성
tdata  = np.array([0, 0, 0, 1])          # 정답 데이터 생성 (AND 예시)
``` |
```

| 코드 | ```
AND_obj = LogicGate("AND_GATE", xdata, tdata)    # Logic Gate 객체 생성
AND_obj.train()                          # 손실 함수 최솟값 갖도록 학습

AND_obj.predict(…)                       # 임의의 데이터에 대해 결과 예측
``` |
|---|---|

① 시그모이드와 미분 함수를 정의하는 부분으로 4장, 5장에서 구현했던 코드를 그대로 이용하겠습니다.

② 논리 게이트Logic Gate 클래스 정의 부분이며, 생성자(__init__)에서는 입력 데이터 (xdata)와 정답 데이터(tdata), 가중치 W, 바이어스 b 그리고 학습률 α 등을 초기화하고 있습니다.

다음은 크로스 엔트로피Cross Entropy를 이용하여 손실 함수 값을 계산해 주는 loss_func() 메서드와 현재의 손실 함수 값을 알려 주는 loss_val() 메서드입니다.

train() 메서드는 경사하강법Gradient Descent Algorithm과 수치 미분Derivative을 이용하여 가중치 W, 바이어스 b를 업데이트하는 기능을 하며 마지막 predict() 메서드는 이름에서 알 수 있듯이 임의의 입력 데이터에 대해서 미래 값을 예측하는 기능을 수행합니다.

③ 논리 게이트Logic Gate 클래스를 사용하기 위해서는 먼저 객체Object를 만들고 train() 메서드를 이용하여 손실 함수 값이 최소가 되도록 가중치 W, 바이어스 b를 업데이트 한 후에 predict() 메서드로 임의의 입력 데이터에 대한 미래 값을 예측하는 과정으로 진행됩니다.
```

그럼 실제 논리 게이트 클래스의 각 메서드Method를 구현해 보겠습니다.

[예제 6.2] 논리 게이트(Logic Gate) 생성자 _init_(), loss_func(), loss_val()

코드

```
import numpy as np

class LogicGate:

    def __init__(self, gate_name, xdata, tdata):   ①
        self.name = gate_name
        self.xdata = xdata.reshape(4,2)      # 입력 데이터 초기화
        self.tdata = tdata.reshape(4,1)      # 정답 데이터 초기화
        self.W = np.random.rand(2,1)         # 가중치 W 초기화
        self.b = np.random.rand(1)           # 바이어스 b 초기화
        self.learning_rate = 1e-2            # 학습률 Learning Rate 초기화


    # 손실 함수
    def loss_func(self):   ②
        delta = 1e-7             # log 무한대 발산 방지
        z = np.dot(self.xdata, self.W) + self.b
        y = sigmoid(z)
return -np.sum(self.tdata*np.log(y+delta)+(1-self.tdata)*np.log((1 -
y)+delta))


    # 손실 값 계산
    def loss_val(self):   ②
        delta = 1e-7             # log 무한대 발산 방지
        z = np.dot(self.xdata, self.W) + self.b
        y = sigmoid(z)
return -np.sum(self.tdata*np.log(y+delta)+(1-self.tdata)*np.log((1 -
y)+delta))
```

---

① 생성자 __init__()에서는 논리 게이트 이름(gate_name), 입력 데이터(xdata), 정답 데이터(tdata) 등 총 3개의 파라미터를 받아서 내부적으로 입력 데이터, 정답 데이터, 가중치 W, 바이어스 b, 그리고 학습률 등을 초기화합니다.

여기서 입력 데이터는 x_1, x_2 총 2개이고, 이러한 입력 데이터 각각에 가중치가 적용되어야 하기 때문에 np.random.rand() 함수를 이용해서 가중치 W를 2 × 1 행렬 Matrix로 초기화하고 있습니다.

그리고 학습률을 나타내는 self.learnng_rate 변수는 10^{-2}으로 초기화했는데, 만약 손실 함수 값이 감소하지 않고 발산하는 경우에는 학습률을 다양한 값으로 변경해 줄 필요가 있습니다.

② 손실 함수 값을 계산하는 loss_func() 메서드와 현재의 손실 함수 값을 알려 주는 loss_val() 메서드는 5장에서 구현했던 함수와 동일한 것을 알 수 있습니다. 해당 함수에 대한 자세한 설명은 5장을 참고하기 바랍니다.

[예제 6.3] 논리 게이트(Logic Gate) train(), predict()

코드	```# 수치 미분을 이용하여 손실 함수가 최소가 될 때까지 학습하는 함수
def train(self):   ③
    f = lambda x : self.loss_func()
    print("Initial loss value = ", self.loss_val())

    for step in range(8001):
        self.W -= self.learning_rate * derivative(f, self.W)
        self.b -= self.learning_rate * derivative(f, self.b)

        if (step % 1000 == 0):
            print("step = ", step, "loss value = ", self.loss_val())``` |

| 코드 | ```python
def predict(self, input_data):
    z = np.dot(input_data, self.W) + self.b
    y = sigmoid(z)

    if y > 0.5:
        result = 1
    else:
        result = 0
    return y, result
``` |

다음은 논리 게이트Logic Gate 클래스의 train() 메서드와 predict() 메서드 구현 부분입니다.

③ train() 메서드는 self.W -= self.learning_rate * derivative(f, self.W) 코드와 같이 경사하강법을 이용해서 가중치 W와 바이어스 b를 업데이트하고 있습니다. 미분 함수 derivative()에 대한 자세한 설명은 4장을 참고하기 바랍니다.

④ predict() 메서드에서는 선형 회귀 값 z를 계산하고, 이러한 z 값을 시그모이드 입력으로 주어 최종적으로 0 또는 1 값을 리턴해 줍니다. 즉 predict() 메서드는 임의의 입력 데이터에 대한 미래의 예측 값(0 또는 1)을 알려 주는 메서드입니다.

그럼 클래스 구현은 여기서 마치고, 다음은 논리 게이트Logic Gate 객체를 생성하고 학습을 시킨 후 [0,0], [0,1], [1,0], [1,1] 총 4개의 입력에 대해 AND, OR, NAND, XOR 객체가 제대로 동작하는지 검증하겠습니다.
```

6.3 논리 게이트 검증

6.3.1 AND 논리 게이트 검증

[예제 6.4] AND 논리 게이트 학습 및 검증

학습 코드	`xdata = np.array([ [0, 0], [0, 1], [1, 0], [1, 1] ])`	①
	`tdata = np.array([0, 0, 0, 1])`	
	`AND_obj = LogicGate("AND_GATE", xdata, tdata)`	②
	`AND_obj.train()`	③
학습 결과	`Initial loss value =  2.982631715736255`	
	`step =  0 loss value =  2.9635298693654457`	
	`step =  1000 loss value =  1.0226698418462485`	
	`·······································`	
	`step =  7000 loss value =  0.23795665408795322`	
	`step =  8000 loss value =  0.21040594808457375`	
검증 코드	`test_data = np.array([ [0, 0], [0, 1], [1, 0], [1, 1] ])`	
	`for input_data in test_data:`	
	`    (sigmoid_val, logical_val) = AND_obj.predict(input_data)`	④
	`    print(input_data, " = ", logical_val)`	④
검증 결과	`AND_GATE`	
	`[0 0]  =  0`	
	`[0 1]  =  0`	
	`[1 0]  =  0`	
	`[1 1]  =  1`	

[예제 6.4]의 학습 코드는 ① AND 논리 테이블과 일치하게 입력 데이터(xdata), 정답 데이터(tdata)를 초기화합니다. ② 객체 AND_obj를 생성한 후에 ③ train() 메서드를 통해서 손실 함수 값이 최소가 되도록 가중치와 바이어스를 업데이트합니다.

그래서 [예제 6.4]의 학습 결과를 보면 손실 함수 값이 처음에는 2.98이었으나 학습이 진행됨에 따라 지속적으로 감소하여 약 0.21까지 줄어듭니다.

이렇게 학습을 마친 후에 ④ 총 4개의 데이터(test_data)에 대한 predict() 메서드의 예측 값을 출력해 보면 AND 게이트 출력 값과 정확히 일치하는 것을 알 수 있습니다.

즉 AND 논리 게이트는 우리가 알아보았던 분류Classification 알고리즘만으로 충분히 분류하고 예측할 수 있습니다.

6.3.2 OR 논리 게이트 검증

[예제 6.5] OR 논리 게이트 학습 및 검증

학습
코드
	`xdata = np.array([ [0, 0], [0, 1], [1, 0], [1, 1] ])`
	`tdata = np.array([0, 1, 1, 1])`
	
	`OR_obj = LogicGate("OR_GATE", xdata, tdata)`
	`OR_obj.train()`
		①
		
		②
		③

학습
결과
	`Initial loss value =  2.124659578427405`
	`step =    0 loss value =  2.1165914221864255`
	`step =  1000 loss value =  0.7413388854023039`
	`⋯⋯⋯⋯⋯⋯⋯⋯⋯`
	`step =  7000 loss value =  0.1357669860262638`
	`step =  8000 loss value =  0.11872535910005262`	

검증
코드
	`test_data = np.array([ [0, 0], [0, 1], [1, 0], [1, 1] ])`
	`for input_data in test_data:`
	`    (sigmoid_val, logical_val) = OR_obj.predict(input_data)`
	`    print(input_data, " = ", logical_val)`
		
		④
		④

검증 결과	OR_GATE [0 0] = 0 [0 1] = 1 [1 0] = 1 [1 1] = 1

[예제 6.5]의 학습 코드는 ① OR 논리 테이블과 일치하게 입력 데이터(xdata), 정답 데이터(tdata)를 초기화합니다. ② 객체 OR_obj를 생성한 후에 ③ train() 메서드를 통해서 손실 함수 값이 최소가 되도록 가중치와 바이어스를 업데이트합니다.

그래서 [예제 6.5]의 학습 결과를 보면, 손실 함수 값이 처음에는 2.12였으나 학습이 진행됨에 따라 지속적으로 감소하여 약 0.11까지 줄어듭니다.

이렇게 학습을 마친 후에 ④ 총 4개의 데이터(test_data)에 대한 predict() 메서드의 예측 값을 출력해 보면 OR 게이트 출력 값과 정확히 일치하는 것을 알 수 있습니다.

즉 OR 논리 게이트는 우리가 알아보았던 분류Classification 알고리즘만으로 충분히 분류하고 예측할 수 있습니다.

6.3.3 NAND 논리 게이트 검증

[예제 6.6] NAND 논리 게이트 학습 및 검증

학습
코드
	`xdata = np.array([ [0, 0], [0, 1], [1, 0], [1, 1] ])`
	`tdata = np.array([1, 1, 1, 0])`
	
	`NAND_obj = LogicGate("NAND_GATE", xdata, tdata)`
	`NAND_obj.train()`
		①
		
		②
		③

학습 결과	`Initial loss value =  2.724825454949886`
	`step =  0 loss value =  2.7186671788262258`
	`.........`
	`step =  7000 loss value =  0.24081740362293994`
	`step =  8000 loss value =  0.21265544672815806`

검증 코드	`test_data = np.array([ [0, 0], [0, 1], [1, 0], [1, 1] ])`
	`for input_data in test_data:`
	`    (sigmoid_val, logical_val) = NAND_obj.predict(input_data)` ④
	`    print(input_data, " = ", logical_val)` ④

검증 결과	`NAND_GATE`
	`[0 0]  =  1`
	`[0 1]  =  1`
	`[1 0]  =  1`
	`[1 1]  =  0`

[예제 6.6]의 학습 코드는 ① NAND 논리 테이블과 일치하게 입력 데이터(xdata), 정답 데이터(tdata)를 초기화합니다. ② 객체 NAND_obj를 생성한 후에 ③ train() 메서드를 통해서 손실 함수 값이 최소가 되도록 가중치와 바이어스를 업데이트합니다.

그래서 [예제 6.6]의 학습 결과를 보면, 손실 함수 값이 처음에는 2.72이었으나 학습이 진행되면서 지속적으로 감소하여 약 0.21까지 줄어듭니다.

이렇게 학습을 마친 후에 ④ 총 4개의 데이터(test_data)에 대한 predict() 메서드의 예측 값을 출력해 보면 NAND 게이트 출력 값과 정확히 일치하는 것을 알 수 있습니다.

즉 NAND 논리 게이트는 우리가 알아보았던 분류Classification 알고리즘만으로 충분히 분류하고 예측할 수 있습니다.

6.3.4 XOR 논리 게이트 검증

[예제 6.7] XOR 논리 게이트 학습 및 검증

학습 코드	xdata = np.array([[0, 0], [0, 1], [1, 0], [1, 1]]) tdata = np.array([0, 1, 1, 0]) XOR_obj = LogicGate("XOR_GATE", xdata, tdata) XOR_obj.train()	① ② ③
학습 결과	Initial loss value = 3.3666390488780134 step = 0 loss value = 3.352297726079116 step = 1000 loss value = 2.774132571156362 ····································· step = 7000 loss value = 2.7725879222491834 step = 8000 loss value = 2.7725879222402607	

검증
코드
	test_data = np.array([[0, 0], [0, 1], [1, 0], [1, 1]])
	for input_data in test_data:
	    (sigmoid_val, logical_val) = XOR_obj.predict(input_data)
	    print(input_data, " = ", logical_val)
		④
		④

검증 결과	XOR_GATE [0 0] = 0 [0 1] = 0 [1 0] = 0 [1 1] = 1	

[예제 6.7]의 학습 코드는 ① XOR 논리 테이블과 일치하게 입력 데이터(xdata), 정답 데이터(tdata)를 초기화합니다. ② 객체 XOR_obj를 생성한 후에 ③ train() 메서드를 통해서 손실 함수 값이 최소가 되도록 가중치와 바이어스를 업데이트합니다.

[예제 6.7]의 학습 결과를 보면 손실 함수 값이 처음에는 3.36이었고 학습이 진행됨에도 불구하고 손실 함수 값이 약 2.77에서 멈춰 버렸습니다.

이렇게 학습을 마친 후에 ④ 총 4개의 데이터(test_data)에 대한 predict() 메서드의 예측 값을 출력해 보면 검증 결과에 나타난 것처럼 XOR 논리 게이트 각 입력 값에 대해 결과 값이 일치하지 않는 것을 알 수 있습니다.

즉 XOR 논리 게이트는 우리가 알아보았던 분류Classification 알고리즘만으로는 분류하기 어렵습니다.

그럼 어떻게 하면 분류Classification 알고리즘을 이용하여 XOR 논리 게이트의 데이터를 분류할 수 있을까요? 가장 먼저 생각할 수 있는 방법은 [그림 6.3]과 같이 XOR 내부 구조를 NAND, OR, AND 조합Combination으로 구성하는 것입니다.

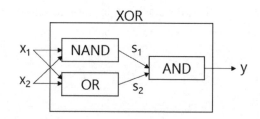

x_1	x_2	s_1 (NAND)	s_2 (OR)	y (XOR)
0	0	1	0	0
1	0	1	1	1
0	1	1	1	1
1	1	0	1	0

[그림 6.3] NAND, OR, AND 조합을 이용한 XOR 논리 게이트 구현

즉 2개 입력 [x_1, x_2]에 대한 NAND 출력을 s_1, OR 출력을 s_2라 하고 s_1과 s_2에 AND 입력을 주어 최종 출력을 계산하면 XOR 논리 게이트를 구현할 수 있다는 원리입니다.

[그림 6.3]의 논리 테이블Logic Table을 통해 좀 더 자세히 알아보면 입력 [x_1, x_2] = [0, 0]일 때 NAND 출력 s_1 = 1, OR 출력 s_2 = 0입니다. 즉 [NAND 출력, OR 출력] = [1, 0] 데이터가 이어지는 AND 게이트 입력으로 들어가서 최종 출력 y = 0이 됩니다. 마찬가지로 [x_1, x_2] = [1, 0]일 때 [NAND 출력, OR 출력] = [1, 1]이고, 이 결과 값이 AND 입력으로 들어가면 최종 출력 y = 1이 됩니다.

이 방식으로 계속 진행하면 최종적으로 ① [x_1, x_2] = [0, 0]일 경우에 최종 출력 y = 0, ② [x_1, x_2] = [1, 0]일 경우에 최종 출력 y = 1, ③ [x_1, x_2] = [0, 1]일 경우에 최종 출력 y = 1, ④ [x_1, x_2] = [1, 1]일 경우에 최종 출력 y = 0이 됩니다. 즉 XOR 논리 게이트 내부 구조를 블랙박스Black Box로 본다면 각각의 입력에 대한 출력은 XOR 게이트의 특징을 완벽하게 나타낸다고 할 수 있습니다.

이렇게 XOR 게이트를 NAND, OR, AND 조합으로 구성한 실제 코드를 [예제 6.8] 과 같이 구현했으니 [그림 6.3]과 함께 참고하면 이해가 잘 될 것입니다.

[예제 6.8] NAND, OR, AND 조합을 이용한 XOR 논리 게이트 학습 및 검증

코드	

```
# NAND_obj, OR_obj, AND_obj 객체는 이미 생성된 것으로 가정함
input_data = np.array([ [0, 0], [0, 1], [1, 0], [1, 1] ])

s1 = []     # NAND 출력
s2 = []     # OR 출력
```

| 코드 | ```python
new_input_data = [ ]      # AND 입력
final_output = [ ]        # AND 출력

for index in range(len(input_data)):
    s1 = NAND_obj.predict(input_data[index])    # NAND 출력
    s2 = OR_obj.predict(input_data[index])      # OR 출력

    new_input_data.append(s1[-1])               # AND 입력
    new_input_data.append(s2[-1])               # AND 입력

    (sigmoid_val, logical_val) = AND_obj.predict(np.array(new_input_data))

    final_output.append(logical_val)      # AND 출력, 즉 XOR 출력
    new_input_data = [ ]                  # AND 입력 초기화

for index in range(len(input_data)):
    print(input_data[index], " = ", final_output[index])
``` |
| 검증 결과 | ```
[0 0]  =  0
[0 1]  =  1
[1 0]  =  1
[1 1]  =  0
``` |

6.4 XOR 문제 해결 방법

6.3절에서 XOR 문제는 NAND, OR, AND 등의 다양한 게이트 조합으로 해결 가능하다는 것을 알 수 있었습니다. 즉 NAND, OR, AND 게이트는 [그림 6.4]와 같이 내부 구조를 분류Classification 시스템으로 나타낼 수 있으며, 이전 논리 게이트의 출력

값(NAND/OR 출력 값) 조합이 다음 게이트(AND)의 입력으로 들어가서 최종 출력 값을 만들어 냅니다.

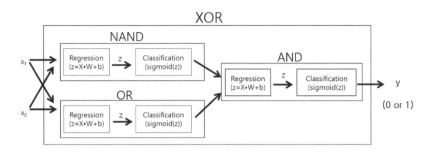

[그림 6.4] 1개 이상의 분류(Classification) 시스템으로 구현된 XOR 논리 게이트

이처럼 논리 게이트는 분류Classification 시스템으로 나타낼 수 있으며, 2개 이상의 게이트를 연결해서 이전 게이트Previous Gate 출력 값이 다음 게이트Next Gate 입력 값으로 들어간다는 개념이 바로 딥러닝Deep Learning을 이루는 핵심 아이디어입니다.

즉 딥러닝이라는 것은 분류Classification 시스템을 다양하게 조합해서 데이터를 분석하고 미래 값을 예측하는 머신러닝의 한 분야라고 할 수 있습니다.

6.5 정리

이번 장에서는 AND, OR, NAND 게이트는 1개의 분류 시스템만으로도 구현이 가능하지만, XOR 게이트는 여러 개의 분류Classification 시스템을 조합해야만 구현할 수 있다는 것을 알았습니다. 이처럼 분류 시스템 조합으로 데이터 특성과 상관관계를 분석하는 방법이 바로 딥러닝의 핵심 아이디어라고 할 수 있습니다.

딥러닝
(Deep Learning)

이번 7장에서는 신경망Neural Network을 기반으로 하는 딥러닝 개념과 아키텍처를 알아보고, 딥러닝을 이용하여 6장에서 보았던 XOR 문제를 해결하겠습니다.

관련 유튜브 강의 QR 코드 / 링크
https://youtu.be/n-WM2nw2QKA

7.1 XOR 문제 리뷰(Review)

6장에서 1개의 분류Classification 시스템으로는 XOR 게이트를 구현할 수 없다는 것을 알았습니다. 그래서 [그림 7.1]과 같이 NAND, OR, AND 조합으로 XOR 문제를 해결했습니다.

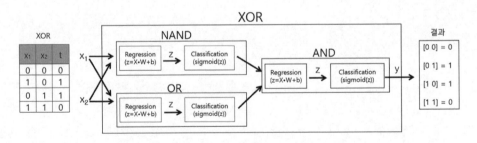

[그림 7.1] NAND, OR, AND 조합으로 구현된 XOR 게이트

그런데 XOR 게이트 구현을 위해 여러 분류Classification 시스템을 조합하고 그들의 출력과 입력을 서로 연결시켜서 최종 출력을 만들어 내는 이 과정은 [그림 7.2]와 같은 인간의 신경망Neural Network 동작 원리와 비슷합니다.

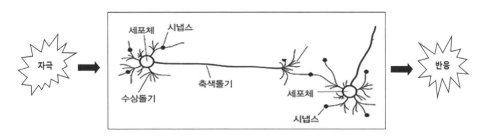

[그림 7.2] 인간의 신경 세포 뉴런(neuron)과 신경망(Neural Network)

즉 인간의 신경망Neural Network은 이전의 뉴런Neuron으로부터 입력 신호를 받아 처리하고 다음 뉴런으로 전달하는 구조인데, 이러한 동작 원리는 NAND, OR, AND 조합으로 이루어진 XOR 동작 방식인 ① 입력 데이터를 받아 NAND와 OR 출력을 만들고 ② NAND, OR 출력을 다음 층의 AND 입력으로 주어 ③ 최종적으로 AND 게이트에서 XOR 출력 값을 만들어 내는 개념과 동일합니다.

다음 절에서는 이러한 신경망 개념과 동작 방식을 머신러닝에 어떻게 적용할 수 있는지 알아보겠습니다.

7.2 신경망(Neural Network) 개념

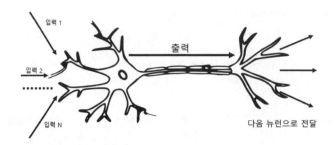

입력 1

출력

입력 2

다음 뉴런으로 전달

입력 N

[그림 7.3] 인간의 신경 세포 뉴런(Neuron)과 신경망(Neural Network) 동작 방식

인간의 신경망Neural Network을 구성하는 신경 세포 뉴런Neuron은 [그림 7.3]과 같이 ① 이전 뉴런으로부터 입력 신호를 받아서 ② 내부 처리 과정을 거친 후에 또 다른 신호를 발생시켜 ③ 다음 뉴런으로 전달하는 구조로 되어 있습니다.

그런데 뉴런은 입력 신호의 크기에 비례해서 출력 신호를 만들어 주는 것이 아니라, 각각의 입력 신호에 최적의 가중치를 곱한 모든 합Sum이 어느 임계값Threshold에 도 달해야만 다음 뉴런으로 출력 신호를 내보내는 구조입니다.

이처럼 입력 신호를 받아서 특정한 임계값을 넘어서야만 출력을 생성하는 함수를 활성화 함수Activation Function라고 합니다.

우리가 지금까지 사용해 왔던 시그모이드sigmoid 함수가 대표적인 활성화 함수이며 이 함수의 임계값은 0.5입니다. 그래서 sigmoid(x) >= 0.5이면 출력 값으로 1을 내 보내고, sigmoid(x) < 0.5인 경우에는 출력 값이 0이 됩니다(출력 값이 0이라는 것은 출력이 없는 상태라고 할 수 있습니다).

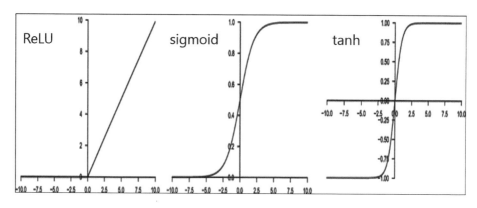

[그림 7.4] 활성화 함수 종류(ReLU, sigmoid, tanh)

참고로 활성화 함수로 [그림 7.4]과 같이 ReLU, sigmoid, tanh 등이 있으며 최근에
는 성능 향상을 위해 시그모이드와 함께 ReLU 함수가 많이 사용되는 추세입니다.

7.3 신경망과 인공 신경망

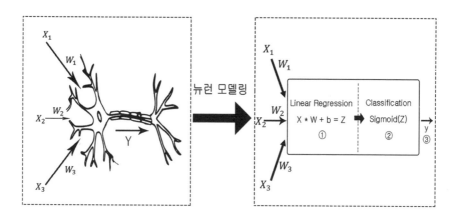

[그림 7.5] 신경망 원리를 머신러닝에 모델링

인간의 신경망이 적용된 머신러닝 시스템의 동작 방식을 보겠습니다. [그림 7.5]와 같이 입력 값 X, 가중치 W, 바이어스 b를 이용해서 선형 회귀 $Z = X \cdot W + b$ 값을 계산합니다. 이러한 Z 값을 시그모이드sigmoid 함수에 전달했을 때 sigmoid(Z) $<$ 0.5 이면 출력 값 0을 만들고, sigmoid(Z) $>=$ 0.5인 경우에는 출력 값으로 1이 생성되어 연결되어 있는 다음 시스템의 입력 값으로 사용되는 것을 알 수 있습니다.

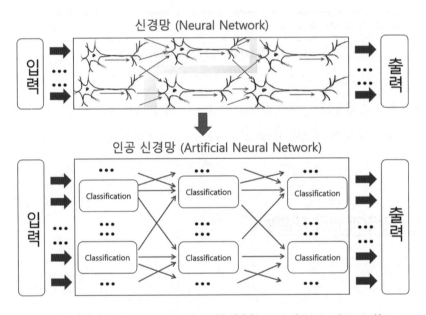

[그림 7.6] 신경망(NN, Neural Network) vs 인공 신경망(ANN, Artificial Neural Network)

이처럼 뉴런으로 연결되어 동작하는 인간의 신경망(NN)은 [그림 7.6]과 같이 분류 Classification 시스템을 서로 연결시켜서 최종 출력을 얻는 머신러닝의 인공 신경망 (ANN)으로 모델링 하여 구현할 수 있습니다.

다음 절에서는 이러한 인공 신경망(ANN)을 기반으로 하는 딥러닝Deep Learning 개념 과 동작 원리를 알아보겠습니다.

7.4 딥러닝(Deep Learning) 기초

7.4.1 개념 및 아키텍처

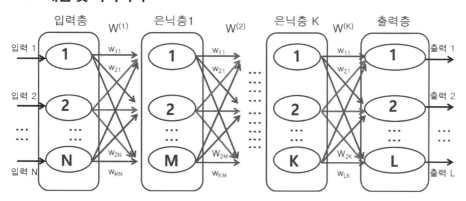

[그림 7.7] 딥러닝(Deep Learning) 개념 및 아키텍처

딥러닝Deep Learning 아키텍처는 노드Node가 서로 연결되어 있는 구조를 말하는데, [그림 7.7]과 같이 입력층Input Layer, 1개 이상으로 구성된 은닉층Hidden Layer 그리고 마지막 출력층Output Layer으로 구성돼 있습니다. 노드Node는 1개의 분류Classification 시스템을 나타내며 [그림 7.7]에서 타원으로 표시한 것입니다.

즉 딥러닝은 입력층, 은닉층, 출력층을 구축한 다음, 출력층의 오차Loss를 기반으로 오차가 가장 작아도록 각 층 사이에 존재하는 가중치(W2, W3, …), 각 층의 바이어스 (b2, b3, …) 값을 최적화하는 머신러닝의 한 분야라고 할 수 있습니다.

참고로 딥러닝 구조에서 1개 이상의 은닉층Hidden Layer을 사용하면 결과의 정확도가 높아진다고 알려져 있습니다. 이처럼 은닉층을 깊게 할수록 정확도가 높아진다고 해서 딥Deep이라는 용어가 붙습니다.

그리고 [그림 7.7]에 나타낸 w_{11}, w_{21} 등은 각 층에 있는 노드를 연결할 때 적용되는 가중치를 나타내는데, 예를 들어 입력층과 은닉층 사이에 있는 w_{21}은 은닉층의 두 번째 노드에 입력층에 있는 첫 번째 노드가 신호를 보낼 때 적용되는 가중치를 나타냅니다. 다음 계층에 있는 노드 번호가 먼저 나온다는 것을 기억해 두기 바랍니다.

7.4.2 피드 포워드(Feed Forward)

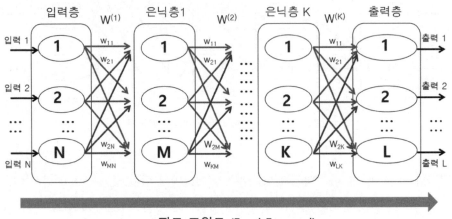

피드 포워드 (Feed Forward)

[그림 7.8] 딥러닝에서의 피드 포워드(Feed Forward)

먼저 [그림 7.8]을 보면 입력층으로 데이터가 들어가서 1개 이상으로 구성된 은닉층을 거쳐서 마지막에 있는 출력층에서 오차Loss가 만들어지는데, 이처럼 입력층부터 출력층으로 데이터를 전달하면서 오차 값을 계산하는 과정을 딥러닝에서 피드 포워드Feed Forward라고 정의합니다.

7.4.3 피드 포워드 표기법(Notation)

[그림 7.9]과 같이 입력층, 1개의 은닉층, 출력층으로 구성된 간단한 신경망 아키텍

처를 이용하여 딥러닝에서의 피드 포워드 표기법을 간단한 예시와 함께 알아보겠습니다.

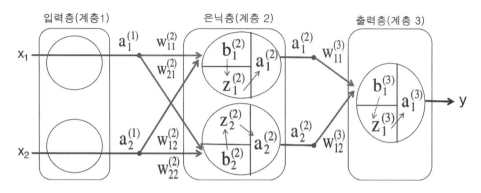

[그림 7.9] 입력층, 1개의 은닉층, 출력층으로 구성된 신경망

[1] 입력층(Input Layer) 출력

입력층에서는 들어오는 입력 값을 그대로 출력하는 것이 관례입니다. 즉 [그림 7.9]에서 입력층의 출력 값은 $a_1^{(1)} = x_1$, $a_2^{(1)} = x_2$와 같이 표시할 수 있으며 이를 행렬 식으로 나타내면 다음과 같습니다.

$$\begin{pmatrix} a_1^{(1)} & a_2^{(1)} \end{pmatrix} = \begin{pmatrix} x_1 & x_2 \end{pmatrix}$$

[2] 계층 간 가중치 표기법(Weight Notation)

가중치 $w_{21}^{(2)}$ ⇒ 계층 2에 있는 노드에 적용되는 가중치를 나타내며, 계층 1에 있는 노드에서 계층 2에 있는 노드 2로 전달되는 신호를 강화 또는 약화시키는 가중치이기도 합니다. 여기서 가중치를 표시할 때 나오는 윗첨자는 가중치가 적용되는 계층Layer 번호를 나타내고, 아랫첨자는 각 계층에 있는 노드 번호를 나타내며 일반적으로 다음 계층의 노드 번호가 먼저 나옵니다.

[3] 노드의 바이어스 표기법(Bias Notation)

바이어스 $b_1^{(2)}$ ⇒ 계층 2에 있는 첫 번째 노드에 적용되는 바이어스를 나타냅니다. 여기서 윗첨자는 바이어스가 적용되는 계층Layer 번호를, 아랫첨자는 각 계층에 있는 노드 번호를 나타냅니다.

[4] 노드의 선형 회귀 값 표기법(Linear Regression Notation)

선형 회귀 계산 값 $z_2^{(2)}$ ⇒ 계층 2에 있는 두 번째 노드의 선형 회귀 값을 나타내며, [그림 7.9]의 구조에서는 $z_2^{(2)} = a_1^{(1)}w_{21}^{(2)} + a_2^{(1)}w_{22}^{(2)} + b_2^{(2)}$와 같은 수식으로 표현할 수 있습니다.

[5] 노드의 출력 값 표기법(Node Output Notation)

노드의 출력 값 $a_2^{(2)}$ ⇒ 계층 2에 있는 두 번째 노드의 출력 값이며, 활성화 함수로 시그모이드를 사용한다면 $a_2^{(2)} = \text{sigmoid}(z_2^{(2)})$와 같은 수식으로 계산되어 다음 층으로 전달됩니다.

7.4.4 각 층에서의 선형 회귀 값, 출력 값

[그림 7.9]와 같은 신경망 구조를 바탕으로 각 층에서의 선형 회귀 값과 출력 값을 행렬Matrix 식으로 나타낼 수 있는데, 차후에 구현할 코드와 일관되도록 선형 회귀 값은 z로 나타내고 출력 값은 활성화 함수Activation Function를 거쳐서 나온다는 의미로 a로 표기하겠습니다.

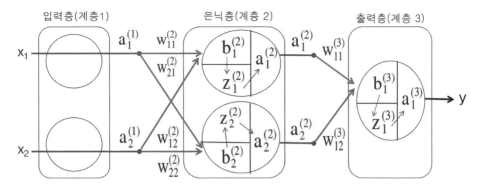

[그림 7.9] 입력층, 1개의 은닉층, 출력층으로 구성된 신경망

[1] 입력층(Input Layer) 선형 회귀 값, 출력 값

입력층에서는 활성화 함수를 적용하지 않고, 입력 값을 그대로 출력하기 때문에 선형 회귀 값과 출력 값은 입력 값과 동일합니다.

$$\left(a_1^{(1)} \quad a_2^{(1)}\right) = \left(z_1^{(1)} \quad z_2^{(1)}\right) = \left(x_1 \quad x_2\right)$$

[2] 은닉층(Hidden Layer) 선형 회귀 값, 출력 값

은닉층의 선형 회귀 값은 입력층의 출력 값과 층 사이에 적용되는 가중치의 영향을 받으며 계산 식은 [표 7.1]과 같습니다.

[표 7.1] 은닉층 선형 회귀 계산 식

은닉층 선형 회귀 일반 식	은닉층 선형 회귀 행렬 식
$z_1^{(2)} = a_1^{(1)}w_{11}^{(2)} + a_2^{(1)}w_{12}^{(2)} + b_1^{(2)}$ $z_2^{(2)} = a_1^{(1)}w_{21}^{(2)} + a_2^{(1)}w_{22}^{(2)} + b_2^{(2)}$	$\left(z_1^{(2)} \quad z_2^{(2)}\right) = \left(a_1^{(1)} \quad a_2^{(1)}\right) \cdot \begin{pmatrix} w_{11}^{(2)} & w_{21}^{(2)} \\ w_{12}^{(2)} & w_{22}^{(2)} \end{pmatrix} + \left(b_1^{(2)} \quad b_2^{(2)}\right)$

은닉층의 출력 값은 시그모이드 함수의 출력 값이며 계산 식은 [표 7.2]와 같습니다.

[표 7.2] 은닉층 출력 계산 식

은닉층 출력 값 일반 식	은닉층 출력 값 행렬 식
$a_1^{(2)} = \text{sigmoid}(z_1^{(2)})$ $a_2^{(2)} = \text{sigmoid}(z_2^{(2)})$	$(a_1^{(1)} \quad a_2^{(1)}) = (\text{sigmoid}(z_1^{(2)}) \quad \text{sigmoid}(z_2^{(2)}))$

[3] 출력층(Output Layer) 선형 회귀 값, 출력 값

출력층의 선형 회귀 값은 은닉층의 출력 값과 층 사이에 적용되는 가중치의 영향을 받으며 계산 식은 [표 7.3]과 같습니다.

[표 7.3] 출력층 선형 회귀 계산 식

출력층 선형 회귀 값 일반 식	출력층 선형 회귀 값 행렬 식
$z_1^{(3)} = a_1^{(2)}w_{11}^{(3)} + a_2^{(2)}w_{12}^{(3)} + b_1^{(3)}$	$(z_1^{(3)}) = (a_1^{(2)} \quad a_2^{(2)}) \cdot \begin{pmatrix} w_{11}^{(3)} \\ w_{12}^{(3)} \end{pmatrix} + (b_1^{(3)})$

출력층의 출력 값은 시그모이드 함수의 출력 값이며 계산 식은 [표 7.4]와 같습니다.

[표 7.4] 출력층 출력 계산 식

출력층 출력 값 일반 식	출력층 출력 값 행렬 식
$y = a_1^{(3)} = \text{sigmoid}(z_1^{(3)})$	$(a_1^{(3)}) = (\text{sigmoid}(z_1^{(3)}))$

여기서 출력층의 출력 값은 입력 데이터에 대해 최종적으로 계산해야 하는 y 값이며, 이 y 값과 정답 t의 차이인 오차Loss를 통해 신경망의 가중치와 바이어스를 학습해야

합니다. 즉 출력층에서의 오차가 최소가 되도록 각 층에 있는 가중치와 바이어스를 최적화하는 것이 딥러닝의 최종 목적임을 알 수 있습니다.

관련 유튜브 강의 QR 코드 / 링크
https://youtu.be/WstuEsvJJLA

7.5 딥러닝으로 XOR 문제 해결

지난 6장에서 XOR 문제를 풀기 위해서 NAND, OR, AND 조합을 이용했습니다. 이렇게 NAND, OR, AND와 같은 특정 조합을 이용하지 않고 [그림 7.10]과 같은 입력층Input Layer, 은닉층Hidden Layer 그리고 출력층Output Layer으로 구성된 딥러닝 구조를 이용해서 XOR 문제를 해결할 수 있을까요?

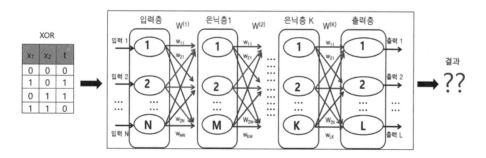

[그림 7.10] XOR 문제 해결을 위한 딥러닝 구조

즉 딥러닝 구조에서 은닉층Hidden Layer 부분이 NAND, OR, AND 조합의 역할을 한

다면 XOR 문제를 딥러닝으로 해결할 수 있어 보입니다. 실제로 이것이 가능한지 좀 더 자세히 알아보겠습니다.

7.5.1 XOR 문제 해결을 위한 딥러닝 아키텍처

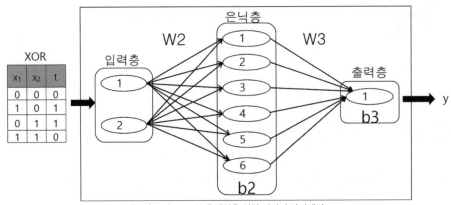

[그림 7.11] XOR 문제 해결을 위한 딥러닝 아키텍처

먼저 XOR 문제를 풀기 위해서 [그림 7.11]과 같이 1개의 입력층, 6개의 노드를 가지는 1개의 은닉층 그리고 출력층으로 구성되는 딥러닝 아키텍처를 가정해 보겠습니다.

[그림 7.11]의 구조에서 입력층과 은닉층 사이의 가중치는 W2, 은닉층과 출력층 사이의 가중치 W3, 은닉층의 바이어스 b2 그리고 출력층의 바이어스를 b3으로 정의했습니다.

은닉층의 노드는 6개로 정의하였는데 이러한 은닉층의 노드 수에 정해진 규칙은 없어서 원하는 개수만큼 만들 수 있습니다. 이때 은닉층의 개수와 각 은닉층에 놓인 노드의 개수가 많아지면 학습 속도가 느려지기 때문에 은닉층과 노드의 적절한 개수를 반드시 고려해야 합니다. 은닉층의 개수와 각 은닉층에 놓이는 노드 수는 환경과 개발자들의 경험에 의해 결정되는 하이퍼 파라미터Hyper Parameter입니다.

[그림 7.11]과 같은 딥러닝 아키텍처를 이용하여 XOR 문제를 해결하는 과정은 앞에서 알아보았던 머신러닝의 학습 과정과 동일합니다.

즉 트레이닝 데이터를 입력 데이터와 정답 데이터로 분리한 다음, 피드 포워드를 이용해서 출력층의 출력 값을 바탕으로 손실 함수 값을 계산합니다. 이후 손실 함수 값이 최소가 될 때까지 가중치 W2, W3, 바이어스 b2, b3을 최적화하는 과정입니다.

7.5.2 논리 게이트(Logic Gate) 클래스 구현

먼저 [예제 7.1]과 같이 XOR 문제 해결을 위한 논리 게이트Logic Gate 클래스를 정의해 보겠습니다. 전체 소스 코드는 CH07_Example.ipynb에서 확인하고 실행해 볼 수 있습니다.

[예제 7.1] 논리 게이트(Logic Gate) 클래스 구조

코드	

```
import numpy as np

# 외부 함수 (External Function)                      ①
def  sigmoid(x):           # 0 또는 1 을 출력하기 위한 sigmoid 함수
def  derivative(f, var):   # 미분 함수 (소스 코드는 4장 참조)

# 논리 게이트(Logic Gate) 클래스                      ②
class  LogicGate:
    def   __init__(self, gate_name, xdata, tdata):
# xdata, tdata, W, b 초기화
    def   feed_forward(self):  # 피드 포워드 수행하며 손실 함수 값 계산
    def   loss_val(self):      # 손실 함수 값 계산
    def   train(self):         # 경사하강법 이용하여 W, b 업데이트
    def   predict(self, xdata) # 미래 값 예측 method
```

| 코드 | ```
# 논리 게이트 클래스 사용법(Usage)                    ③
xdata = np.array([ [0, 0], [0, 1], [1, 0], [1, 1] ]) # 입력 데이터 생성
tdata  = np.array([0, 1, 1, 0])           # 정답 데이터 생성(XOR 게이트)


XOR_obj = LogicGate("XOR_GATE", xdata, tdata)        # XOR 객체 생성
XOR_obj.train()                     # 손실 함수 최솟값 갖도록 학습


XOR_obj.predict(…)                  # 임의 데이터에 대해 결과 예측
``` |

① 시그모이드와 미분 함수를 정의하는 부분으로 4장, 5장에서 구현했던 코드를 그 대로 이용하겠습니다.

② 논리 게이트Logic Gate 클래스 정의 부분이며, 생성자(__init__)에서는 입력 데이터 (xdata)와 정답 데이터(tdata), 입력층과 은닉층 사이의 가중치 W2, 은닉층과 출력 층 사이의 가중치 W3, 은닉층 바이어스 b2, 출력층 바이어스 b3 그리고 학습률 α 등을 초기화하고 있습니다.

다음은 신경망에서 피드 포워드Feed Forward를 수행하면서 크로스 엔트로피Cross Entropy 손실 함수 값을 계산해 주는 feed_forward() 메서드와 현재의 손실 함수 값을 알려 주는 loss_val() 메서드가 있습니다.

train() 메서드는 경사하강법Gradient Descent Algorithm과 수치 미분Derivative을 이용하 여 가중치 W2, W3, 바이어스 b2, b3을 업데이트하는 역할을 하며, 마지막 predict() 메서드는 이름에서 알 수 있듯이 임의의 입력 데이터에 대한 미래 값을 예측해 주는 기능을 합니다.
```

③ 논리 게이트Logic Gate 클래스를 사용하기 위해서는 먼저 객체Object를 만들어야 합니다. train() 메서드를 이용하여 손실 함수 값이 최소가 되도록 가중치 W2, W3, 바이어스 b2, b3을 업데이트합니다. 다음으로 predict() 메서드로 임의의 입력 데이터에 대한 미래 값을 예측합니다.

그럼 실제 논리 게이트 클래스의 각 메서드Method를 구현하겠습니다.

[예제 7.2] 논리 게이트(Logic Gate) 생성자 _init_(), feed_forward(), loss_val()

코드

```
import numpy as np

class LogicGate:
    def __init__(self, gate_name, xdata, tdata):          ①
        self.name = gate_name
        self.xdata = xdata.reshape(4,2)   # 입력 데이터 초기화
        self.tdata = tdata.reshape(4,1)   # 정답 데이터 초기화

        # 입력층 노드 2개, 은닉층 노드 6개
        self.W2 = np.random.rand(2,6)      # weight, 2 X 6 matrix
        self.b2 = np.random.rand(6)

        # 은닉층 노드 6개, 출력층 노드 1개
        self.W3 = np.random.rand(6,1)
        self.b3 = np.random.rand(1)

        self.learning_rate = 1e-2         # 학습률(Learning Rate) 초기화

    # 피드 포워드 함수
    def feed_forward(self):               ②
        delta = 1e-7     # log 무한대 발산 방지
        z2 = np.dot(self.xdata, self.W2) + self.b2 # 은닉층 선형 회귀 값
        a2 = sigmoid(z2)                           # 은닉층 출력
```

| 코드 | ```python
z3 = np.dot(a2, self.W3) + self.b3        # 출력층 선형 회귀 값
y = a3 = sigmoid(z3)                       # 출력층 출력
return -np.sum(self.tdata*np.log(y+delta)+(1-self.tdata)*np.
log((1 - y)+delta))


# 손실 값 계산
def loss_val(self):                                       ②
    delta = 1e-7     # log 무한대 발산 방지
    z2 = np.dot(self.xdata, self.W2) + self.b2 # 은닉층 선형 회귀 값
    a2 = sigmoid(z2)                          # 은닉층 출력
    z3 = np.dot(a2, self.W3) + self.b3        # 출력층 선형 회귀 값
    y = a3 = sigmoid(z3)                      # 출력층 출력
    return -np.sum(self.tdata*np.log(y+delta)+(1-self.tdata)*np.
    log((1 - y)+delta))
``` |

① 생성자 __init__()는 논리 게이트 이름(gate_name), 입력 데이터(xdata), 정답 데이터(tdata) 등의 총 파라미터 3개를 받아서 내부적으로 입력 데이터, 정답 데이터, 가중치 W2, W3, 바이어스 b2, b3 그리고 학습률 등을 초기화합니다.

여기서 가중치 W2, W3의 초기화 부분을 보면, 입력 데이터가 x_1, x_2 총 2개이므로 입력층의 노드도 2개이며, 은닉층 노드는 임의로 6개로 설정하였기 때문에 가중치 W2는 2 × 6 행렬로 초기화되는 것을 알 수 있습니다. 즉 W2 = (입력층 노드 개수, 은닉층 노드 개수) = 2 × 6 크기를 가지며 0과 1 사이의 값으로 초기화되고 있습니다.

마찬가지로 은닉층의 노드는 6개, 출력층의 노드는 1개이므로 가중치 W3 = (은닉층 노드 개수, 출력층 노드 개수) = 6 × 1 크기를 가지며 0과 1 사이의 값으로 초기화되는 것을 알 수 있습니다.
```

그리고 바이어스 b2, b3 초기화 부분을 보면, 은닉층에는 총 6개의 노드가 있으므로 바이어스 b2는 크기가 6인 벡터로 초기화되며, 마찬가지로 바이어스 b3 출력층의 노드가 1개이므로 b3은 크기가 1인 벡터로 초기화 됩니다.

마지막으로 학습률을 나타내는 self.learnng_rate 변수는 10^{-2}으로 초기화했는데, 만약 손실 함수 값이 감소하지 않고 발산하는 경우 이렇게 학습률을 다양한 값으로 변경할 필요가 있습니다.

② 신경망에서 피드 포워드Feed Forward를 수행하면서 손실 함수 값을 계산하는 feed_forward() 메서드와 현재의 손실 함수 값을 알려 주는 loss_val() 메서드는 6장에서 구현했던 논리 게이트Logic Gate 클래스의 loss_func() 메서드와 거의 동일합니다. 논리 게이트Logic Gate 클래스와 loss_func() 메서드에 대한 자세한 설명은 6장을 참고하기 바랍니다.

[예제 7.3] 논리 게이트(Logic Gate) train(), predict()

코드

```
#  수치 미분을 이용하여 손실 함수가 최소가 될 때까지 학습하는 함수
  def train(self):                                        ③
      f = lambda x : self.feed_forward()
      print("Initial loss value = ", self.loss_val())

      for step in  range(20001):
          self.W2 -= self.learning_rate * derivative(f, self.W2)
          self.b2 -= self.learning_rate * derivative(f, self.b2)

          self.W3 -= self.learning_rate * derivative(f, self.W3)
          self.b3 -= self.learning_rate * derivative(f, self.b3)

          if (step % 1000 == 0):
```

| 코드 | ```
                print("step = ", step, "loss value = ", self.loss_val())


    #  미래 값 예측 함수
    def predict(self, input_data):                          ④
        z2 = np.dot(self.xdata, self.W2) + self.b2  # 은닉층 선형 회귀 값
        a2 = sigmoid(z2)                            # 은닉층 출력
        z3 = np.dot(a2, self.W3) + self.b3          # 출력층 선형 회귀 값
        y = a3 = sigmoid(z3)                        # 출력층 출력

        if y > 0.5:
            result = 1
        else:
            result = 0
        return y, result
``` |
|---|---|

다음은 논리 게이트Logic Gate 클래스의 train() 메서드와 predict() 메서드 구현 부분을 보겠습니다.

③ train() 메서드는 self. W2 -= self. learning_rate * derivative(f, self. W2) 코드와 같이 경사하강법을 이용해서 W2, W3과 바이어스 b2, b3을 업데이트합니다. 미분 함수 derivative()에 대한 자세한 설명은 4장을 참고하기 바랍니다.

④ predict() 메서드에서는 각 층에서의 선형 회귀 값 z를 계산하고, 이러한 z 값을 시 그모이드 입력으로 주어 최종적으로 0 또는 1 값을 리턴해 줍니다. 즉 predict() 메서드는 임의의 입력 데이터에 대한 미래의 예측 값(0 또는 1)을 알려 주는 메서드입니다.
```

논리 게이트Logic Gate 코드 구현은 여기서 마치고, 다음은 XOR 객체를 생성해서 학습Train시킨 후 [0,0], [0,1], [1,0], [1,1] 총 4개의 입력 데이터를 XOR 객체에 주었을 때 어떤 결과가 나오는지 확인해 보겠습니다.

7.5.3 XOR 논리 게이트 검증

[예제 7.4] XOR 논리 게이트 학습 및 검증

| 학습<br>코드 | ```
xdata = np.array([ [0, 0], [0, 1], [1, 0], [1, 1] ])
tdata = np.array([0, 1, 1, 0])

xor_obj = LogicGate("XOR", xdata, tdata)
xor_obj.train()
```  ①<br><br>②<br>③ |
|---|---|
| 학습<br>결과 | ```
Initial loss value =  5.599187746679823
step =  0   , loss value =  5.4735662827827944
step =  1000   , loss value =  2.772406194828106
..................................
step =  19000   , loss value =  0.12455553226458294
step =  20000   , loss value =  0.10830084905583115
``` |
| 검증<br>코드 | ```
test_data = np.array([ [0, 0], [0, 1], [1, 0], [1, 1] ])
for data in test_data:
    (sigmoid_val, logical_val) = xor_obj.predict(data)    ④
    print(data, " = ", logical_val)
``` |
| 검증<br>결과 | ```
[0 0]  =  0
[0 1]  =  1
[1 0]  =  1
[1 1]  =  0
``` |

[예제 7.4]의 학습 코드는 ① XOR 논리 테이블과 일치하게 입력 데이터(xdata), 정답 데이터(tdata)를 초기화 합니다. ② 객체 xor_obj를 생성한 후에 ③ train() 메서드를 통해서 손실 함수 값이 최소가 되도록 가중치와 바이어스를 업데이트합니다.

그래서 [예제 7.4]의 학습 결과를 보면 손실 함수 값이 처음에는 5.59였지만 학습이 진행됨에 따라 지속적으로 감소하여 약 0.10까지 줄어듭니다.

학습을 마친 후에 ④ 총 4개의 데이터(test_data)에 대한 predict() 메서드의 예측 값을 출력해 보면 XOR 게이트 출력 값과 정확히 일치하는 것을 알 수 있습니다.

이처럼 NAND, OR, AND 조합을 이용하지 않고 입력층, 은닉층 그리고 출력층으로 구성된 딥러닝 구조를 이용해도 XOR 문제가 해결됩니다.

관련 유튜브 강의 QR 코드 / 링크
https://youtu.be/-64KTBGT6_c

7.6 정리

이번 장에서는 신경망Neural Network을 기반으로 하는 딥러닝 개념과 동작 원리에 대해 알아보았고 입력층, 1개 이상의 은닉층 그리고 출력층으로 구성되는 딥러닝 구조를 이용하면 XOR 문제가 해결되는 것을 보았습니다. 다음 장에서는 딥러닝 구조를 이용하여 MNIST, 즉 필기체 손글씨를 인식하는 코드를 구현해 보겠습니다.

MNIST
(필기체 손글씨)

이번 8장에서는 MNIST, 즉 필기체 숫자를 모아 놓은 데이터에 대해 알아보고 미분과 딥러닝을 이용하여 이러한 필기체 숫자를 인식하는 코드를 구현하겠습니다.

관련 유튜브 강의 QR 코드 / 링크
https://youtu.be/xcHLDfL_vjs

8.1 MNIST(필기체 손글씨)

8.1.1 개요

MNISTModified National Institute of Standards and Technology는 [그림 8.1]과 같이 손으로 직접 쓴 숫자들로 이루어진 데이터 세트Data Set입니다. 새로운 프로그래밍 언어를 배울 때 'Hello, World'를 출력하는 것처럼 MNIST는 딥러닝을 배울 때 반드시 거쳐야 하는 'Hello, World' 같은 존재입니다.

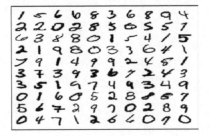

[그림 8.1] MNIST(필기체 손글씨)

MNIST는 0부터 9까지의 숫자 이미지로 구성되며 60,000개의 트레이닝 데이터와 10,000개의 테스트 데이터로 이루어져 있습니다. 또한 [표 8.1]에 나타낸 사이트에서 무료로 다운로드 받을 수 있습니다.

[표 8.1] MNIST 다운로드 사이트

Training Data(csv format)	http://www.pjreddie.com/media/files/mnist_train.csv
Test Data(csv format)	http://www.pjreddie.com/media/files/mnist_test.csv

8.1.2 구조

다운 받은 mnist_train.csv 파일을 보면 학습Training에 이용할 수 있도록 정답Label이 있는 총 6만 개의 데이터가 존재합니다. 데이터 하나는 [그림 8.2]와 같이 총 785개의 숫자로 이루어져 있는데, 정답을 나타내는 숫자 1개와 실제 필기체 숫자 이미지를 나타내는 784개의 숫자가 콤마(,)로 구분되어 있습니다.

예를 들어 [그림 8.2]와 같은 데이터의 정답은 가장 먼저 나오는 숫자 5입니다. 즉 나머지 콤마(,)로 분리되어 있는 784개의 숫자는 정답 5를 표현하고 있는 숫자들의 조합인 것입니다.

```
5,0,0,0,0,0,0,0,0,0,0,0,0,0,0,0,0,0,0,0,0,0,0,0,0,0,0,0,0,0,0,0,0,0,0,0,0,0,0,0,0,0,0,0,0,0,0,0,0,0,0,0,0,0,0,0,0,0,0
,0,0,0,0,0,0,0,0,0,0,0,0,0,0,0,0,0,0,0,0,0,0,0,0,0,0,0,0,0,0,0,0,0,0,0,0,0,0,0,0,0,0,0,0,0,0,0,0,0,0,0,0,0,0,0,0,0,0,0,
0,0,0,0,0,0,0,0,0,0,0,0,0,0,0,0,0,0,0,0,0,0,0,0,0,0,0,0,0,0,0,0,0,0,0,3,18,18,18,126,136,175,26,166,255,247,127,0,0
,0,0,0,0,0,0,0,0,0,0,30,36,94,154,170,253,253,253,253,253,225,172,253,242,195,64,0,0,0,0,0,0,0,0,0,0,0,49,238,253,253
,253,253,253,253,253,253,251,93,82,82,56,39,0,0,0,0,0,0,0,0,0,0,0,0,18,219,253,253,253,253,253,198,182,247,241,0,0,0,
0,0,0,0,0,0,0,0,0,0,0,0,0,0,0,80,156,107,253,253,205,11,0,43,154,0,0,0,0,0,0,0,0,0,0,0,0,0,0,0,0,0,0,0,14,1,154,253,9
0,0,0,0,0,0,0,0,0,0,0,0,0,0,0,0,0,0,0,0,0,0,0,0,0,0,139,253,190,2,0,0,0,0,0,0,0,0,0,0,0,0,0,0,0,0,0,0,0,0,0,0,0,0,11,
190,253,70,0,0,0,0,0,0,0,0,0,0,0,0,0,0,0,0,0,0,0,0,0,0,0,0,0,35,241,225,160,108,1,0,0,0,0,0,0,0,0,0,0,0,0,0,0,0,0,0,0
,0,0,0,0,0,81,240,253,253,119,25,0,0,0,0,0,0,0,0,0,0,0,0,0,0,0,0,0,0,0,0,0,0,0,45,186,253,253,150,27,0,0,0,0,0,0,0,0,
0,0,0,0,0,0,0,0,0,0,0,0,0,0,0,0,16,93,252,253,187,0,0,0,0,0,0,0,0,0,0,0,0,0,0,0,0,0,0,0,0,0,0,0,0,0,249,253,249,64,0,0,
0,0,0,0,0,0,0,0,0,0,0,0,0,0,0,0,0,0,46,130,183,253,253,207,2,0,0,0,0,0,0,0,0,0,0,0,0,0,0,0,0,0,0,0,39,148,229,253,2
53,253,250,182,0,0,0,0,0,0,0,0,0,0,0,0,0,0,0,0,0,0,24,114,221,253,253,253,253,201,78,0,0,0,0,0,0,0,0,0,0,0,0,0,0,0,0,
0,23,66,213,253,253,253,253,198,81,2,0,0,0,0,0,0,0,0,0,0,0,0,0,0,0,0,18,171,219,253,253,253,253,195,80,9,0,0,0,0,0,0,
0,0,0,0,0,0,0,0,0,0,55,172,226,253,253,253,253,244,133,11,0,0,0,0,0,0,0,0,0,0,0,0,0,0,0,0,0,0,136,253,253,253,212,135
,132,16,0,0,0,0,0,0,0,0,0,0,0,0,0,0,0,0,0,0,0,0,0,0,0,0,0,0,0,0,0,0,0,0,0,0,0,0,0,0,0,0,0,0,0,0,0,0,0,0,0,0,0,0,0
,0,0,0,0,0,0,0,0,0,0,0,0,0,0,0,0,0,0,0,0,0,0,0,0,0,0,0,0,0,0,0,0,0,0,0,0,0,0,0,0,0
```

[그림 8.2] mnist_train.csv 구조

mnist_test.csv 파일 또한 총 10,000개의 데이터가 있으며, mnist_train.csv 파일로 학습을 마친 다음 구현한 딥러닝 아키텍처가 잘 동작하는지 테스트하기 위해 mnist_test.csv 파일을 사용합니다.

mnist_train.csv 파일과 마찬가지로 mnist_test.csv 파일 또한 정답이 포함된 총 785개의 숫자로 이루어져 있습니다. [그림 8.3]과 같이 총 785개의 숫자가 콤마(,)로 분리되어 있습니다. 가장 먼저 나오는 숫자 7이 이 데이터의 정답이고, 나머지 784개의 숫자는 정답 7을 표현하고 있는 숫자들의 조합입니다.

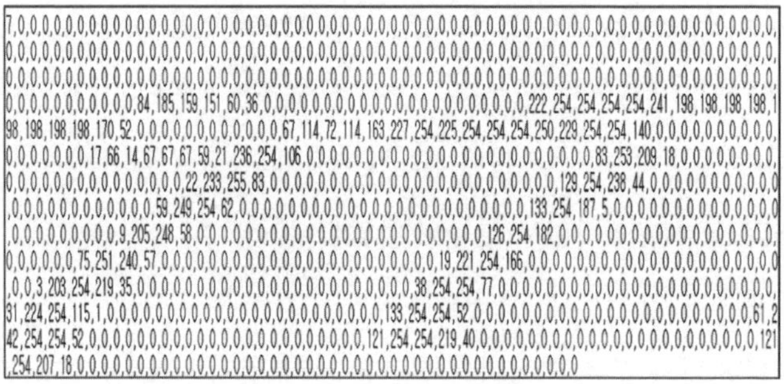

```
7,0,0,0,0,0,0,0,0,0,0,0,0,0,0,0,0,0,0,0,0,0,0,0,0,0,0,0,0,0,0,0,0,0,0,0,0,0,0,0,0,0,0,0,0,0,0,0,0,0,0,0,0,0,0,0,0,0,0,0,0,0,0,0,
0,0,0,0,0,0,0,0,0,0,0,0,0,0,0,0,0,0,0,0,0,0,0,0,0,0,0,0,0,0,0,0,0,0,0,0,0,0,0,0,0,0,0,0,0,0,0,0,0,0,0,0,0,0,0,0,0,0,0,0,0,0,0,0,
0,0,0,0,0,0,0,0,0,0,0,0,0,0,0,0,0,0,0,0,0,0,0,0,0,0,0,0,0,0,0,0,0,0,0,0,0,0,0,0,0,0,0,0,0,0,0,0,0,0,0,0,0,0,0,0,0,0,0,0,0,0,0,0,
0,0,0,0,0,0,0,0,0,0,0,84,185,159,151,60,36,0,0,0,0,0,0,0,0,0,0,0,0,0,0,0,0,0,0,0,0,0,0,222,254,254,254,254,241,198,198,198,198,1
98,198,198,198,170,52,0,0,0,0,0,0,0,0,0,0,0,0,67,114,72,114,163,227,254,225,254,254,254,250,229,254,254,140,0,0,0,0,0,0,0,0,0,0,
0,0,0,0,0,0,0,17,66,14,67,67,67,59,21,236,254,106,0,0,0,0,0,0,0,0,0,0,0,0,0,0,0,0,0,0,0,0,0,0,0,0,83,253,209,18,0,0,0,0,0,0,0,0,
0,0,0,0,0,0,0,0,0,0,0,0,0,0,0,22,233,255,83,0,0,0,0,0,0,0,0,0,0,0,0,0,0,0,0,0,0,0,0,0,0,0,0,129,254,238,44,0,0,0,0,0,0,0,0,0,0,0
,0,0,0,0,0,0,0,0,0,0,0,0,59,249,254,62,0,0,0,0,0,0,0,0,0,0,0,0,0,0,0,0,0,0,0,0,0,0,0,0,133,254,187,5,0,0,0,0,0,0,0,0,0,0,0,0,0,0
,0,0,0,0,0,0,0,0,0,9,205,248,58,0,0,0,0,0,0,0,0,0,0,0,0,0,0,0,0,0,0,0,0,0,0,0,0,126,254,182,0,0,0,0,0,0,0,0,0,0,0,0,0,0,0,0,0,0,
0,0,0,0,0,0,75,251,240,57,0,0,0,0,0,0,0,0,0,0,0,0,0,0,0,0,0,0,0,0,0,0,0,19,221,254,166,0,0,0,0,0,0,0,0,0,0,0,0,0,0,0,0,0,0,0,0,0
,0,0,3,203,254,219,35,0,0,0,0,0,0,0,0,0,0,0,0,0,0,0,0,0,0,0,0,0,0,0,38,254,254,77,0,0,0,0,0,0,0,0,0,0,0,0,0,0,0,0,0,0,0,0,0,0,0,
31,224,254,115,1,0,0,0,0,0,0,0,0,0,0,0,0,0,0,0,0,0,0,0,0,0,0,0,133,254,254,52,0,0,0,0,0,0,0,0,0,0,0,0,0,0,0,0,0,0,0,0,0,0,0,61,2
42,254,254,52,0,0,0,0,0,0,0,0,0,0,0,0,0,0,0,0,0,0,0,0,0,0,0,121,254,254,219,40,0,0,0,0,0,0,0,0,0,0,0,0,0,0,0,0,0,0,0,0,0,0,0,121
,254,207,18,0,0,0,0,0,0,0,0,0,0,0,0,0,0,0,0,0,0,0,0,0,0,0,0,0,0,0,0,0,0,0,0,0,0,0,0,0
```

[그림 8.3] mnist_test.csv 구조

mnist_train.csv, mnist_test.csv 파일에서 딥러닝 학습에 필요한 트레이닝 데이터Training Data를 만들기 위해 넘파이의 loadtxt() 함수를 사용합니다. 3장의 loadtxt() 부분을 참조하세요.

[예제 8.1]과 같이 np.loadtxt() 함수를 이용하면 mnist_train.csv 파일로부터 60,000 × 785 크기의 training_data 행렬을 만들 수 있고, 마찬가지로 mnist_test.csv 파일을 읽어 10,000 × 785 크기의 test_data 행렬이 생성된다는 걸 알 수 있습니다.

| 코드 | ```
import numpy as np

training_data = np.loadtxt('./mnist_train.csv', delimiter=',' , dtype=np.float32)

test_data = np.loadtxt('./mnist_test.csv', delimiter=',' , dtype=np.float32)

print('training_data.shape = ', training_data.shape, ', test_data.shape = ', test_data.shape)
``` |
|---|---|
| 결과 | `training_data.shape =  (60000, 785) , test_data.shape =  (10000, 785)` |

training_data, test_data 행렬에서 하나의 행Row을 레코드Record라고 부릅니다.

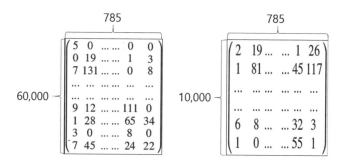

[그림 8.4] 60,000 × 785 크기의 training_data, 10,000 × 785 크기의 test_data 예시

1개의 레코드는 [그림 8.4]와 같이 785개의 열Column로 구성되며 1열에 정답이 있고 2열부터 마지막 열까지는 이러한 정답을 나타내는 픽셀Pixel 값들입니다. 픽셀 배열의 크기는 28 × 28이므로 총 784개의 값이 존재합니다.
```

이러한 784개의 픽셀 값은 [예제 8.2]와 같이 matplotlib 라이브러리를 이용하여 시각화할 수 있습니다.

[예제 8.2] MNIST 이미지 표현

| 코드 | ```python
import matplotlib.pyplot as plt
%matplotlib inline

# image로 나타내기 위해서는 2열부터 마지막 열까지
# 총 784개의 데이터를 28 X 28 행렬로 reshape시켜야 함
image = training_data[ 0, 1: ].reshape(28,28)

plt.imshow(image, cmap='gray')
plt.show()
``` |
| 결과 | |

```

8.2 MNIST 인식을 위한 딥러닝 아키텍처

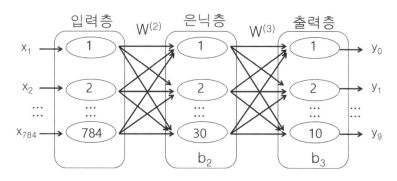

[그림 8.5] MNIST를 위한 딥러닝 아키텍처

MNIST 인식을 위해 [그림 8.5]와 같은 입력층, 은닉층 그리고 출력층으로 구성된 딥러닝 아키텍처를 보겠습니다.

먼저 입력층을 보면 입력 노드를 784개로 설정했습니다. 왜냐하면 training_data 행렬에서 하나의 레코드Record, 즉 하나의 행Row은 1열의 정답을 제외하면 2열부터 785열까지 총 784개의 픽셀 값이 정답 이미지 정보를 나타내기 때문입니다. 따라서 입력층 노드의 개수도 픽셀 개수와 일치하도록 784개로 설정했습니다.

다음은 은닉층 노드의 개수를 보겠습니다. 은닉층 노드는 30개로 설정했는데, 은닉층 노드의 개수에 정해진 규칙은 없습니다. 즉 은닉층의 개수와 은닉층에 있는 노드의 개수는 개발자가 임의로 설정할 수 있는 하이퍼 파라미터Hyper Parameter이기 때문에 본 책에서는 임의로 30개로 설정했습니다.

출력층은 y_0 ~ y_9까지 총 10개의 노드로 이루어져 있습니다. 그 이유는 정답이 0부터

9까지 10개의 숫자 중 하나이므로 10개의 노드로 구성된 출력층이 필요하기 때문입니다.

그러나 출력층에 있는 10개의 노드는 시그모이드 함수의 계산 값, 즉 0과 1 사이의 값만을 가지기 때문에 노드가 가지고 있는 결과 값(0.1, 0.3, 0.9 등)으로는 원래의 10진수 정답(2, 5, 7 등)을 파악하는 것이 어렵습니다.

그래서 실무에서는 출력층 노드가 가지고 있는 값 대신 가장 큰 값을 가진 노드의 인덱스Index를 정답Label으로 판단하는 방법을 선호합니다. 즉 출력층 노드에서 최댓값 Max Value을 가지는 노드의 인덱스Index 값을 정답Label으로 판단하는 기법을 원핫 인코딩One-Hot Encoding이라고 하며 이는 딥러닝에서 자주 사용합니다.

예를 들어 출력층에 10개의 노드 값이 [그림 8.6]과 같이 저장되어 있다고 가정해 보겠습니다. 이때 인덱스Index 값이 5인 y_5 노드의 값이 0.99로 가장 크다는 것을 알 수 있습니다. 그래서 원핫 인코딩 기법에 의해 인덱스 값 5를 정답Label으로 판단합니다.

인덱스	0	1	2	3	4	5	6	7	8	9
값	0.01	0.01	0.01	0.01	0.01	0.99	0.01	0.01	0.01	0.01
노드번호	y_0	y_1	y_2	y_3	y_4	y_5	y_6	y_7	y_8	y_9

[그림 8.6] 원핫 인코딩(One-Hot encoding) 예시

8.3 MNIST_Test 클래스 구현

먼저 [예제 8.3]과 같이 MNIST 검증을 위한 MNIST_Test 클래스를 정의해 보겠습니다. 전체 소스 코드는 CH08_Example.ipynb에서 확인하고 실행해 볼 수 있습니다.

[예제 8.3] MNIST_Test 클래스

코드	

```
import numpy as np

# 외부 함수 (external function)                           ①
def  sigmoid(x):           # 0 또는 1을 출력하기 위한 sigmoid 함수
def  derivative(f, var):   # 미분 함수(소스 코드는 4장 참조)


# MNIST_Test 클래스                                        ②
class  MNIST_Test:
     def  __init__(self, input_nodes, hidden_nodes, output_nodes,
leraning_rate):
     def  feed_forward(self):              # Feed Forward 수행
     def  loss_val(self):                  # 손실 함수 값 계산
     def  train(self):                     # 가중치, 바이어스 업데이트
     def  predict(self, input_data)        # 미래 값 예측  method
     def  accuracy(self, input_data, target_data) # 정확도 측정 method
```

---

① 시그모이드와 미분 함수를 정의하는 부분으로 4장, 5장에서 구현했던 코드를 그 대로 이용하겠습니다.

② 생성자(__init__)에서는 입력층 노드의 개수(input_nodes), 은닉층 노드의 개수 (hidden_nodes), 출력층 노드의 개수(output_nodes), 은닉층 사이의 가중치 W2, 은

닉층과 출력층 사이의 가중치 W3, 은닉층 바이어스 b2, 출력층 바이어스 b3 그리고 학습률 α 등을 초기화하고 있습니다.

다음은 신경망에서 피드 포워드Feed Forward를 수행하면서 크로스 엔트로피Cross Entropy 손실 함수 값을 계산해 주는 feed_forward() 메서드와 현재의 손실 함수 값을 알려 주는 loss_val() 메서드가 있습니다.

train() 메서드는 경사하강법Gradient Descent Algorithm과 수치 미분Derivative을 이용하여 가중치 W2, W3, 바이어스 b2, b3을 업데이트하는 역할을 하며, predict() 메서드는 이름에서 알 수 있듯이 임의의 입력 데이터에 대한 미래 값을 예측해 주는 기능을 합니다.

마지막으로 accuracy() 메서드는 테스트 데이터(mnist_test.csv)를 이용하여 우리가 구현한 딥러닝 아키텍처의 정확도를 검증합니다.

그럼 실제 MNIST_Test 클래스의 각 메서드Method를 구현하겠습니다.

[예제 8.4] MNIST_Test 클래스 생성자 _init_(), feed_forward(), loss_val()

코드

```
import numpy as np

class MNIST_Test:
def __init__(self, input_nodes, hidden_nodes, output_nodes, learning_
rate):    ①

        self.input_nodes = input_nodes
        self.hidden_nodes = hidden_nodes
        self.output_nodes = output_nodes
```

코드

```
        # 은닉층 가중치  W2  Xavier/He 방법으로 self.W2 가중치 초기화
        self.W2 = np.random.randn(self.input_nodes, self.hidden_nodes) /
        np.sqrt(self.input_nodes/2)
        self.b2 = np.random.rand(self.hidden_nodes)

        # 출력층 가중치는 W3  Xavier/He 방법으로 self.W3 가중치 초기화
        self.W3 = np.random.randn(self.hidden_nodes, self.output_nodes)
        / np.sqrt(self.hidden_nodes/2)
        self.b3 = np.random.rand(self.output_nodes)

        # 학습률 Learning Rate 초기화
        self.learning_rate = learning_rate

    #  피드 포워드 함수
    def feed_forward(self):                                          ②
        delta = 1e-7    # log 무한대 발산 방지
        z2 = np.dot(self.input_data, self.W2) + self.b2
    # 은닉층 선형 회귀 값
        a2 = sigmoid(z2)                            # 은닉층 출력
        z3 = np.dot(a2, self.W3) + self.b3          # 출력층 선형 회귀 값
        y = a3 = sigmoid(z3)                        # 출력층 출력
        return -np.sum( self.target_data*np.log(y+delta) +
                (1-self.target_data)*np.log((1 - y)+delta) )

    # 손실 값 계산
    def loss_val(self):                                              ②
        delta = 1e-7    # log 무한대 발산 방지
        z2 = np.dot(self.input_data, self.W2) + self.b2
    # 은닉층 선형 회귀 값
        a2 = sigmoid(z2)                            # 은닉층 출력
        z3 = np.dot(a2, self.W3) + self.b3          # 출력층 선형 회귀 값
        y = a3 = sigmoid(z3)                        # 출력층 출력
        return -np.sum( self.target_data*np.log(y+delta) +
                (1-self.target_data)*np.log((1 - y)+delta) )
```

① 생성자 __init__()에서는 입력층 노드의 개수(input_nodes), 은닉층 노드의 개수 (hidden_nodes), 출력층 노드의 개수(output_nodes) 그리고 학습률(learning_rate) 등 총 4개의 파라미터를 받아서 가중치 W2, W3, 바이어스 b2, b3 그리고 학습률 등을 초기화하는 것을 알 수 있습니다.

가중치 W2는 입력층과 은닉층 사이의 가중치이자 784 × 30 크기의 행렬이고 바이어스 b2는 은닉층 노드와 같이 30개입니다. 마찬가지로 가중치 W3은 은닉층과 출력층 사이의 가중치이자 30 × 10 크기의 행렬이고 바이어스 b3은 출력층 노드와 같이 10개로 초기화됩니다.

여기서 가중치 W2, W3 초기화 부분을 보면 지금까지 np.random.normal() 함수만을 사용해서 초기화하던 코드와는 조금 다르다는 것을 알 수 있습니다.

즉, 각 층으로 들어오는 입력층 노드의 개수의 제곱근을 이용해서 가중치를 초기화하는 방식을 Xavier/He 방식이라고 부르는데, 이러한 Xavier/He 방식으로 가중치를 초기화하면 딥러닝의 성능과 정확도를 높일 수 있어 실무에서 많이 사용합니다.

② 신경망에서 피드 포워드Feed Forward를 수행하면서 손실 함수 값을 계산하는 feed_forward() 메서드와 현재의 손실 함수 값을 알려 주는 loss_val() 메서드는 7.5.2 절에서 구현했던 논리 게이트Logic Gate 클래스의 loss_func() 메서드와 거의 동일합니다. 논리 게이트Logic Gate 클래스와 loss_func() 메서드에 대한 자세한 설명은 7장을 참고하기 바랍니다.

코드

```python
#  수치 미분을 이용하여 손실 함수가 최소가 될 때까지 학습하는 함수
def train(self, input_data, target_data):                        ③

        self.input_data = input_data
        self.target_data = target_data


        f = lambda x : self.feed_forward()


        self.W2 -= self.learning_rate * derivative(f, self.W2)
        self.b2 -= self.learning_rate * derivative(f, self.b2)
        self.W3 -= self.learning_rate * derivative(f, self.W3)
        self.b3 -= self.learning_rate * derivative(f, self.b3)


#  미래 값 예측 함수
def predict(self, input_data):                                   ④
        z2 = np.dot(input_data, self.W2) + self.b2
        a2 = sigmoid(z2)
        z3 = np.dot(a2, self.W3) + self.b3
        y = a3 = sigmoid(z3)


        # MNIST 경우는 One-Hot Encoding을 적용하기 때문에
        # 0 또는 1이 아닌 argmax()를 통해 최대 인덱스를 넘겨 주어야 함
        predicted_num = np.argmax(y)


        return predicted_num


#  정확도 측정 함수
def accuracy(self, input_data, target_data):                     ⑤
        matched_list = []
        not_matched_list = []


        for index in range(len(input_data)):
```

| 코드 | ```
        label = int(target_data[index])

        # 정규화(Normalize)
        data = (input_data[index, :] / 255.0 * 0.99) + 0.01
        predicted_num = self.predict(data)

        if label == predicted_num:
            matched_list.append(index)
        else:
            not_matched_list.append(index)
    print("Current Accuracy = ", len(matched_list)/(len(input_data)) )
    return matched_list, not_matched_list
``` |

다음은 MNIST_Test 클래스의 train() 메서드, predict() 메서드, accuracy() 메서드 구현 부분을 보겠습니다.

③ train() 메서드는 self. W2 -= self. learning_rate * derivative(f, self. W2) 코드와 같이 경사하강법을 이용해서 W2, W3과 바이어스 b2, b3을 업데이트합니다. 미분 함수 derivative()에 대한 자세한 설명은 4장을 참고하기 바랍니다.

④ predict() 메서드에서는 각 층에서의 선형 회귀 값 z와 출력 값 a를 계산하고, 최종 출력층에서는 predicted_num = np. argmax(y) 코드처럼 np. argmax() 함수를 사용해서 최댓값을 가지는 노드의 인덱스Index 값을 리턴해 줍니다(원핫 인코딩 기법).

⑤ accuracy() 메서드는 딥러닝 아키텍처의 정확성을 검증하는 메서드입니다. 그런데 accuracy() 메서드를 보면 data = (input_data[index, :] / 255.0 * 0.99) + 0.01 코
```

드와 같이 모든 입력 데이터(input_data) 값을 0과 1 사이의 값으로 정규화Normalize 시키는 것을 알 수 있습니다.

※ MNIST에서 숫자 이미지를 나타내기 위해 검은색을 나타내는 0부터 흰색을 나타 내는 255까지의 값을 사용했습니다. 만약 0 ~ 255 값을 그대로 사용한다면 손실 함수를 계산할 때 크로스 엔트로피 수식의 log 부분에서 오버플로Overflow가 발생 할 가능성이 매우 높습니다. 그래서 실제로 프로그래밍을 할 경우 모든 입력 값을 [예제 8.5]와 같이 0과 1 사이의 값으로 만들어 주는 정규화Normalize 작업을 해야 합니다. 정규화 방법은 여러 가지가 있는데, 이 중 데이터의 최댓값으로 나누는 방 법을 이용하여 모든 데이터가 0과 1 사이의 값을 갖도록 하였습니다(MNIST 경우 에는 최댓값이 255입니다).

그럼 MNIST_Test 클래스 구현은 여기서 마치고, 다음은 객체를 생성해서 학습Train 시킨 후 mnist_test.csv 파일을 객체에 주었을 때 얼마나 정확하게 MNIST(필기체 손 글씨)를 인식할 수 있는지 알아보겠습니다.

8.4 MNIST 인식 정확도 검증

[예제 8.6] MNIST_Test 객체 생성 및 정확도 검증

학습 코드	`training_data = np.loadtxt('./mnist_train.csv', delimiter=',', dtype=np.float32)` ①
	
	 `i_nodes = training_data.shape[1] - 1    # input nodes 개수`
	 `h1_nodes = 30                         # hidden nodes 개수`
	 `o_nodes = 10                          # output nodes 개수`

| | ```
lr = 1e-2              # Learning Rate
epochs = 1             # 반복 횟수


# MNIST_Test 객체 생성
obj = MNIST_Test(i_nodes, h1_nodes, o_nodes, lr)              ②


for step in range(epochs):
    for index in range(len(training_data)):

        # input_data, target_data normalize              ③
        input_data = ((training_data[index, 1:] / 255.0) * 0.99) + 0.01
        target_data = np.zeros(o_nodes) + 0.01
        target_data[int(training_data[index, 0])] = 0.99


        obj.train(input_data, target_data)              ④


        if (index % 200 == 0):
            print("epochs = ", step, ", index = ", index, ", loss value
                = ", obj.loss_val())
``` |
| 학습<br>결과 | ```
epochs =  0 , index =  0 , loss value =  12.881948352151234
epochs =  0 , index =  200 , loss value =  3.2624176452836373
.................................
epochs =  0 , index =  59400 , loss value =  3.007410588066169
epochs =  0 , index =  59600 , loss value =  0.6170549447664146
epochs =  0 , index =  59800 , loss value =  0.6065179201274236
``` |
| 검증<br>코드 | ```
test_data = np.loadtxt('./mnist_test.csv', delimiter=',', dtype=np.
float32)


test_input_data = test_data[ : , 1: ]
test_target_data = test_data[ : , 0 ]
(true_list_1, false_list_1) = obj.accuracy(test_input_data, test_target_
data)     ⑤
``` |
| 검증<br>결과 | ```
Current Accuracy =  0.924
``` |

[예제 8.6]의 학습 코드는 ① mnist_train.csv 파일을 읽어서 60,000 × 785 크기의 training_data 행렬이 생성되면 ② 784개의 입력 노드, 30개의 은닉 노드, 10개의 출력 노드, 학습률 10^{-2}을 입력 파라미터로 주어 객체 obj를 만들고 ③ input_data, target_data를 정규화 시켜서 0과 1 사이의 값으로 변환한 다음 ④ train() 메서드를 통해서 손실 함수 값이 최소가 되도록 가중치와 바이어스를 업데이트합니다. input_data에 대한 정규화 필요성과 구체적인 방법은 8.3절의 accuracy() 메서드 내용을 참고하기 바랍니다.

원핫 인코딩 구현을 위한 코드 2개 target_data = np.zeros(o_nodes) + 0.01, target_data[int(training_data[index, 0])] = 0.99를 볼 수 있는데 먼저 [1] 10개의 출력 노드를 0.01 값으로 초기화하고 [2] 정답을 나타내는 인덱스의 출력 노드 값에 0.99 값을 대입하는 것을 알 수 있습니다. 즉 정답이 5인 MNIST 데이터라면 다섯 번째 인덱스의 출력 노드 값에 0.99 값을 대입하고, 나머지 9개 노드에는 0.01 값으로 초기화한다는 의미입니다.

그래서 [예제 8.6]의 학습 결과를 보면, 손실 함수 값이 처음에는 12.88이었지만 학습이 진행됨에 따라 지속적으로 감소하여 약 0.6까지 줄어듭니다.

학습을 마친 후에 ⑤ 총 10,000개의 테스트 데이터(test_input_data, test_target_data)에 대해 accuracy() 메서드를 통해 정확도를 측정합니다. [예제 8.6]의 검증 결과를 보면 92.4%의 정확도로 MNIST를 인식하는 것을 알 수 있습니다.

8.5 정리

이번 장에서는 30개의 노드를 가진 1개의 은닉층Hidden Layer만으로도 92.4%의 정확도로 MNIST를 인식할 수 있다는 것을 알았습니다.

그러나 92.4%의 정확도를 얻기 위해서 평균 20시간 이상이 필요하다면 수치 미분으로 가중치와 바이어스를 업데이트하는 방법은 결코 좋은 알고리즘이라고 할 수 없을 것입니다(1CPU 환경).

특히 정확도를 높이기 위해 은닉층의 노드의 개수를 증가시킨다면 엄청난 시간이 소요되는데, 이렇게 시간이 많이 걸리는 문제를 해결하기 위해 나온 알고리즘이 바로 딥러닝의 꽃이라고 부르는 오차역전파Back Propagation입니다.

다음 장에서는 이러한 오차역전파의 개념과 동작 방식에 대해 알아보고 오차역전파를 구현할 수 있는 일반적인 공식을 유도해 보겠습니다.

오차역전파
(Back Propagation)

이번 장에서는 오차역전파Back Propagation 개념과 동작 원리 그리고 오차역전파에 대한 일반적인 수학 공식을 유도하겠습니다.

유도된 오차역전파 공식을 이용하여 딥러닝 아키텍처를 구현하면, 8장에서 수치 미분으로 MNIST(필기체 손글씨)를 인식할 경우 많은 시간(20시간 이상)이 소요되는 문제점이 해결된다는 것을 알 수 있습니다.

관련 유튜브 강의 QR 코드 / 링크
https://youtu.be/FmVh2qrevOQ

9.1 수치 미분의 문제점

먼저 8장에서 수치 미분을 이용하여 가중치 $W^{(2)}$, $W^{(3)}$, 바이어스 $b^{(2)}$, $b^{(3)}$을 업데이트 할 때의 문제점에 대해 리뷰해 보겠습니다.

우리는 지금까지 [그림 9.1]과 같이 ① 트레이닝 데이터Training Data에 대하여 ② 피드 포워드Feed Forward를 수행한 후에 ③ 손실 함수를 계산하고, 손실 함수가 최소가 아니면 ④ 수치 미분Numerical Derivative을 통해서 가중치 $W^{(2)}$, $W^{(3)}$, 바이어스 $b^{(2)}$, $b^{(3)}$을 업데이트 한 후에 다시 피드 포워드를 반복 수행하는 코드를 구현했습니다.

그런데 이렇게 수치 미분으로 가중치와 바이어스를 업데이트하면 많은 시간이 소요 된다는 치명적인 단점이 있습니다.

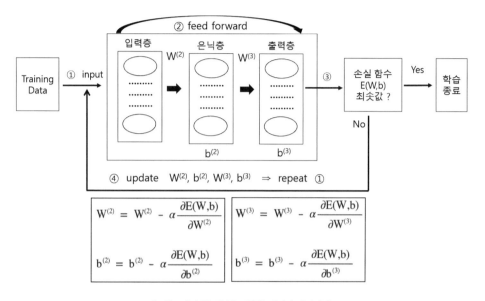

[그림 9.1] 수치 미분을 이용한 딥러닝 아키텍처

MNIST 인식을 위해 784개의 입력층 노드, 30개의 은닉층 노드, 10개의 출력층 노 드를 가지는 딥러닝 아키텍처로 학습을 시키면 평균 20시간 이상이 걸린다는 것을 알았습니다(1CPU 환경). 만약 입력 데이터의 개수가 더 많아지거나 은닉층 노드를 증가시키면 시간이 더 오래 걸릴 것입니다.

이러한 수치 미분의 단점을 극복하고 딥러닝의 성능을 획기적으로 개선한 알고리즘 이 바로 오차역전파Back Propagation입니다.

9.2 오차역전파 개념 및 원리

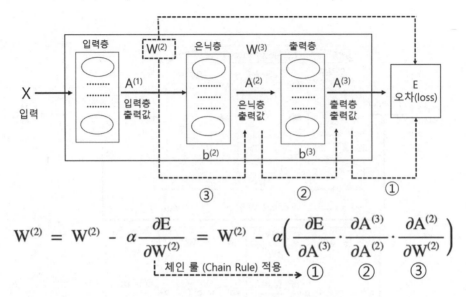

[그림 9.2] 오차역전파 개념 및 동작 원리

오차역전파 개념과 동작 원리를 알아보기 위해 [그림 9.2]에서 입력 데이터 X, 입력층의 출력 값 $A^{(1)}$, 은닉층의 출력 값 $A^{(2)}$, 출력층의 출력 값 $A^{(3)}$과 같이 행렬로 나타냈습니다.

또한 각 층의 가중치와 바이어스는 $W^{(2)}$, $W^{(3)}$, $b^{(2)}$, $b^{(3)}$이며 출력층의 출력 값, 즉 신경망의 최종 출력 값 $A^{(3)}$과 정답의 차이인 오차를 E로 나타냈습니다.

이러한 신경망에서 가중치 $W^{(2)}$를 업데이트하기 위해 지금까지 $W^{(2)} = W^{(2)} - \alpha \frac{\partial E}{\partial W^{(2)}}$ 같은 편미분이 포함된 식을 이용했는데, [그림 9.2]와 같은 신경망에서의 편미분 방정식은 체인 룰Chain Rule에 의해 [그림 9.3]처럼 ①, ②, ③ 등 부분적인 수식으로 분해할 수 있습니다.

$$\mathrm{W}^{(2)} = \mathrm{W}^{(2)} - \alpha\frac{\partial \mathrm{E}}{\partial \mathrm{W}^{(2)}} = \mathrm{W}^{(2)} - \alpha\left(\underbrace{\frac{\partial \mathrm{E}}{\partial \mathrm{A}^{(3)}}}_{①} \cdot \underbrace{\frac{\partial \mathrm{A}^{(3)}}{\partial \mathrm{A}^{(2)}}}_{②} \cdot \underbrace{\frac{\partial \mathrm{A}^{(2)}}{\partial \mathrm{W}^{(2)}}}_{③}\right)$$

체인 룰 (chain rule) 적용

[그림 9.3] 체인 룰(Chain Rule)에 의한 편미분 방정식 분해

즉 가중치 $\mathrm{W}^{(2)}$가 변할 때 오차 E(또는 손실 함수 값)가 변하는 비율을 나타내는 미분 식은, [그림 9.3]과 같이 체인 룰에 의해서 분해되어 ①, ②, ③ 등 국소적인Local 미분 의 곱셈 형태로 나타낼 수 있습니다.

이러한 체인 룰Chain Rule 원리를 바탕으로 오차역전파 개념과 동작 원리를 정의하면 다음과 같습니다.

[1] 가중치 $\mathrm{W}^{(2)}$ / 바이어스 $\mathrm{b}^{(2)}$ 등이 변할 때 최종 오차 E가 얼마나 변하는지 나타내 는 $\frac{\partial \mathrm{E}}{\partial \mathrm{W}^{(2)}}$ 또는 $\frac{\partial \mathrm{E}}{\partial \mathrm{b}^{(2)}}$ 같은 편미분 식을

[2] 체인 룰을 이용하여 [그림 9.3]과 같이 ①, ②, ③ 등 국소Local 미분으로 분리한 다음

[3] 이 국소Local 미분을 수학 공식으로 나타내서 최종적으로 수치 미분이 아닌 곱셈 형태의 산술 식으로 계산하는 방법을 오차역전파Back Propagation라고 합니다.

즉 편미분Partial Derivative 식을 그대로 계산하는 것이 아니라 체인 룰Chain Rule을 이용 하여 국소Local 미분으로 분리한 다음, 이렇게 분리되어 있는 국소Local 미분을 계산하 기 쉬운 형태의 수학 공식으로 나타내는 것을 오차역전파Back Propagation라고 하는 것 입니다.

특히 딥러닝에서 오차역전파는 수치 미분을 사용하지 않고 행렬Matrix로 된 수학 공식을 쓰기 때문에 빠른 계산이 가능합니다.

9.3 각 층에서의 선형 회귀 값(z), 출력 값(a), 오차(E)

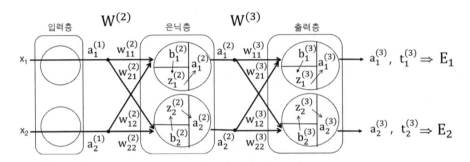

[그림 9.4] 오차역전파를 위한 기본 신경망 구조

먼저 오차역전파 공식을 쉽게 유도하기 위하여 [그림 9.4]와 같이 입력 노드, 은닉 노드 그리고 출력 노드가 각각 2개인 신경망 구조를 가정하였으며 [표 9.1], [표 9.2]에서는 [그림 9.4]의 신경망 구조를 바탕으로 각 층에서의 가중치(W), 바이어스(b), 선형 회귀 값(z) 그리고 출력 값(a) 등을 정리해 두었습니다.

[표 9.1] 각 층의 가중치 W, 바이어스 b, 최종 오차 E

가중치	$W^{(2)} = \begin{pmatrix} w_{11}^{(2)} & w_{21}^{(2)} \\ w_{12}^{(2)} & w_{22}^{(2)} \end{pmatrix}$	$W^{(3)} = \begin{pmatrix} w_{11}^{(3)} & w_{21}^{(3)} \\ w_{12}^{(3)} & w_{22}^{(3)} \end{pmatrix}$
바이어스	$b^{(2)} = (b_1^{(2)} \quad b_2^{(2)})$	$b^{(3)} = (b_1^{(3)} \quad b_2^{(3)})$
오차 E	$E = \dfrac{1}{2}\sum_{i=1}^{2}(t_i^{(3)} - a_i^{(3)})^2 = \dfrac{1}{2}\{(t_1^{(3)} - a_1^{(3)})^2 + (t_2^{(3)} - a_2^{(3)})^2\} = E_1 + E_2$	

[표 9.1]에 나타낸 가중치와 바이어스는 지금까지 사용했던 표기법Notation을 그대로 적용하였으며, 오차 E는 정답 t와 출력층에서의 출력 값 a의 차이를 제곱하는 평균제곱오차MSE로 구할 수 있습니다.

[그림 9.4]와 같이 출력층 노드가 2개이므로 오차를 2분의 1로 나누었으며 오차 E는 오차 E_1과 오차 E_2의 덧셈으로 나타낼 수 있는데, 각각의 오차는 서로 영향을 전혀 주지 않는 독립변수이기 때문에 선형적인 덧셈으로 연결할 수 있습니다.

즉 첫 번째 출력층 노드의 오차 E_1은 오직 첫 번째 출력층 노드의 출력 값 $a_1^{(3)}$에만 영향을 받으며, 마찬가지로 두 번째 출력층 노드 오차 E_2는 오직 두 번째 출력층 노드의 출력 값 $a_2^{(3)}$에만 영향을 받습니다.

[표 9.2] 각 층의 선형 회귀 값(z), 출력 값(a)

	선형 회귀 값(z)	출력 값(a)
입력층	입력층에는 가중치가 없기 때문에 선형 회귀 값은 적용하지 않습니다.	$a_1^{(1)} = x_1$
		$a_2^{(1)} = x_2$
은닉층	$z_1^{(2)} = a_1^{(1)}w_{11}^{(2)} + a_2^{(1)}w_{12}^{(2)} + b_1^{(2)}$	$a_1^{(2)} = \text{sigmoid}(z_1^{(2)})$
	$z_2^{(2)} = a_1^{(1)}w_{21}^{(2)} + a_2^{(1)}w_{22}^{(2)} + b_2^{(2)}$	$a_2^{(2)} = \text{sigmoid}(z_2^{(2)})$
출력층	$z_1^{(3)} = a_1^{(2)}w_{11}^{(3)} + a_2^{(2)}w_{12}^{(3)} + b_1^{(3)}$	$a_1^{(3)} = \text{sigmoid}(z_1^{(3)})$
	$z_2^{(3)} = a_1^{(2)}w_{21}^{(3)} + a_2^{(2)}w_{22}^{(3)} + b_2^{(3)}$	$a_2^{(3)} = \text{sigmoid}(z_2^{(3)})$

그러면 [표 9.1]과 같은 가중치와 바이어스의 일반 식을 바탕으로 각 층에서의 선형 회귀 값(z)와 출력 값(a)를 알아보겠습니다.

[1] 입력층(Input Layer): 입력층에는 가중치가 없기 때문에 선형 회귀 값 z는 적용하지 않습니다. 즉 [그림 9.4]에 나타낸 것처럼 입력층은 입력 값이 그대로 출력되는 구조로 되어 있습니다. 그래서 입력층의 출력 값은 $a_1^{(1)} = x_1$, $a_2^{(1)} = x_2$입니다.

[2] 은닉층(Hidden Layer): 은닉층 첫 번째 노드의 선형 회귀 값 $z_1^{(2)}$는 [그림 9.4]에서 알 수 있듯이 ① 입력층 출력 $a_1^{(1)}$에 가중치 $w_{11}^{(2)}$를 곱하고 ② 입력층 출력 $a_2^{(1)}$에 가중치 $w_{12}^{(2)}$를 곱한 후에 바이어스 $b_1^{(2)}$를 더한 값임을 알 수 있습니다. 즉 은닉층 첫 번째 노드의 선형 회귀 값은 [표 9.2]와 같이 $z_1^{(2)} = a_1^{(1)}w_{11}^{(2)} + a_2^{(1)}w_{12}^{(2)} + b_1^{(2)}$임을 알 수 있습니다.

마찬가지로 은닉층 두 번째 노드의 선형 회귀 값 $z_2^{(2)}$는 ① 입력층 출력 $a_1^{(1)}$에 가중치 $w_{21}^{(2)}$를 곱하고 ② 입력층 출력 $a_2^{(1)}$에 가중치 $w_{22}^{(2)}$를 곱한 다음 바이어스 $b_2^{(2)}$를 더한 값임을 알 수 있습니다. 즉 은닉층 두 번째 노드의 선형 회귀 값은 [표 9.2]와 같이 $z_2^{(2)} = a_1^{(1)}w_{21}^{(2)} + a_2^{(1)}w_{22}^{(2)} + b_2^{(2)}$임을 알 수 있습니다.

은닉층의 출력 값 $a_1^{(2)}$, $a_2^{(2)}$는 선형 회귀 $z_1^{(2)}$, $z_2^{(2)}$ 값을 입력으로 받아 활성화 함수인 시그모이드sigmoid 함수로 출력을 내보내는 것으로 정의합니다. 그래서 [표 9.2]와 같이 은닉층 첫 번째 노드의 출력 값은 $a_1^{(2)} = \text{sigmoid}(z_1^{(2)})$, 은닉층 두 번째 노드의 출력 값은 $a_2^{(2)} = \text{sigmoid}(z_2^{(2)})$으로 표현되는 것을 알 수 있습니다.

[3] 출력층(Output Layer): 출력층 첫 번째 노드의 선형 회귀 값 $z_1^{(3)}$은 [그림 9.4]에서 알 수 있듯이 ① 은닉층 출력 $a_1^{(2)}$에 가중치 $w_{11}^{(3)}$을 곱하고 ② 은닉층 출력 $a_2^{(2)}$에 가중치 $w_{12}^{(2)}$를 곱한 다음 바이어스 $b_1^{(3)}$을 더한 값임을 알 수 있습니다. 즉 출력층 첫 번째 노드의 선형 회귀 값은 [표 9.2]와 같이 $z_1^{(3)} = a_1^{(2)}w_{11}^{(3)} + a_2^{(2)}w_{12}^{(3)} + b_1^{(3)}$임을 알 수 있습니다.

마찬가지로 출력층 두 번째 노드의 선형 회귀 값 $z_2^{(3)}$은 ① 은닉층 출력 $a_1^{(2)}$에 가중치 $w_{21}^{(3)}$을 곱하고 ② 은닉층 출력 $a_2^{(2)}$에 가중치 $w_{22}^{(3)}$을 곱한 다음 바이어스 $b_2^{(3)}$을 더한 값임을 알 수 있습니다. 즉 출력층 두 번째 노드의 선형 회귀 값은 [표 9.2]와 같이 $z_2^{(3)} = a_1^{(2)} w_{21}^{(3)} + a_2^{(2)} w_{22}^{(3)} + b_2^{(3)}$임을 알 수 있습니다.

출력층의 출력 값 $a_1^{(3)}$, $a_2^{(3)}$은 선형 회귀 값을 입력으로 받아서 활성화 함수인 시그모이드sigmoid 함수로 출력을 내보내는 것으로 정의합니다. 그래서 [표 9.2]와 같이 출력층 첫 번째 노드의 출력 값은 $a_1^{(3)}$ = sigmoid($z_1^{(3)}$), 출력층 두 번째 노드의 출력 값은 $a_2^{(3)}$ = sigmoid($z_2^{(3)}$)으로 표현되는 것을 알 수 있습니다.

9.4 시그모이드(sigmoid) 함수 미분

오차역전파 공식을 유도하기 전에 반드시 숙지해야 하는 시그모이드sigmoid 함수의 미분에 대해 알아보겠습니다. 신경망의 대표적인 활성화 함수인 시그모이드sigmoid를 미분하는 과정과 결과를 [식 9.1]에 나타냈습니다.

$$
\begin{aligned}
\frac{\partial \text{sigmoid}(z)}{\partial z} &= \frac{\partial}{\partial z}\left(\frac{1}{1 + e^{-z}}\right) &\quad① \\
&= \frac{e^{-z}}{(1 + e^{-z})^2} &\quad② \\
&= \frac{1}{1 + e^{-z}} \times \frac{e^{-z}}{1 + e^{-z}} &\quad③ \\
&= \frac{1}{1 + e^{-z}} \times \frac{(1 + e^{-z})-1}{1 + e^{-z}} &\quad④ \\
&= \frac{1}{1 + e^{-z}} \times \left(1 - \frac{1}{1 + e^{-z}}\right) &\quad⑤ \\
&= \text{sigmoid}(z) \times (1 - \text{sigmoid}(z)) &\quad⑥
\end{aligned}
$$

[식 9.1] 시그모이드(sigmoid) 함수 미분 과정

[식 9.1]을 보면 ① → ② 부분은 z 변수에 대해서 시그모이드sigmoid 함수를 미분하는 것인데, 체인 룰을 이용하면 쉽게 미분할 수 있습니다.

그렇지만 ②와 같은 미분 결과를 그대로 사용하지 않고 약간의 수학적 테크닉을 통해 다시 나타내면, 오차역전파 공식을 유도할 때 이 식을 아주 유용하게 사용할 수 있습니다.

먼저 ②에 나타낸 미분 결과를 ③ 두 항으로 분리한 다음 ④ 두 번째 항의 분자에 1을 더하고 1을 빼어도 분자 식은 같기 때문에 보는 것처럼 분자에 +1, -1을 해 준 후에 ⑤ 약분Reduction of a Fraction을 하고 정리하면 ⑥ sigmoid(z) × (1 - sigmoid(z))와 같은 수식을 유도할 수 있습니다.

즉 시그모이드sigmoid의 미분은 [식 9.2]와 같습니다.

$$\frac{\partial sigmoid(z)}{\partial z} = sigmoid(z) \times (1 - sigmoid(z))$$

[식 9.2] 시그모이드(sigmoid) 함수 미분의 일반 식

이상으로 각 층에서의 선형 회귀 값 z, 출력 값 a, 오차 E, 시그모이드 미분 등을 알아보았고, 다음 장에서는 이러한 수식과 체인 룰을 이용하여 오차역전파 공식을 유도하겠습니다.

9.5 출력층 오차역전파 공식

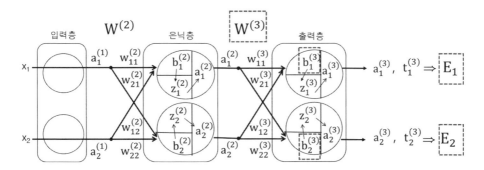

[그림 9.5] 오차역전파를 위한 기본 신경망 구조(출력층)

출력층의 오차역전파Back Propagation를 구한다는 것은 [그림 9.5]와 같은 신경망에서 출력층에 적용되는 가중치 $W^{(3)}$과 바이어스 $b^{(3)}$이 변할 때 최종 오차 E(E=E_1+E_2)는 얼마나 변하는지 알 수 있는 공식을 구하는 것입니다.

즉 [식 9.3]과 같이 경사하강법을 이용하여 출력층Output Layer의 가중치와 바이어스를 업데이트할 때, 편미분으로 나타나는 2개의 항 $\frac{\partial E}{\partial W^{(3)}}$, $\frac{\partial E}{\partial b^{(3)}}$를 곱셈 형태의 공식으로 나타내는 것을 출력층에서의 오차역전파를 구하는 것이라고 할 수 있습니다.

$$W^{(3)} = W^{(3)} - \alpha \frac{\partial E}{\partial W^{(3)}} \quad , \quad b^{(3)} = b^{(3)} - \alpha \frac{\partial E}{\partial b^{(3)}}$$

[식 9.3] 출력층 가중치 $W^{(3)}$, 바이어스 $b^{(3)}$ 업데이트

그런데 [식 9.4]와 같이 출력층에서의 가중치 $W^{(3)}$은 2 × 2 행렬이며, 바이어스 $b^{(3)}$은 크기가 2인 벡터입니다([표 9.1] 참조).

$$W^{(3)} = \begin{pmatrix} w_{11}^{(3)} & w_{21}^{(3)} \\ w_{12}^{(3)} & w_{22}^{(3)} \end{pmatrix}, \quad b^{(3)} = (b_1^{(3)} \quad b_2^{(3)})$$

[식 9.4] 출력층 가중치 $W^{(3)}$, 바이어스 $b^{(3)}$

이처럼 출력층의 가중치 $W^{(3)}$은 4개의 요소 값을 가지며, 바이어스 $b^{(3)}$은 2개의 요소 값을 가지기 때문에 [식 9.3]에서 편미분으로 나타나는 2개의 항 $\dfrac{\partial E}{\partial W^{(3)}}$, $\dfrac{\partial E}{\partial b^{(3)}}$는 [식 9.5]와 같이 총 6개의 편미분 식으로 분해됩니다.

$$\frac{\partial E}{\partial W^{(3)}} = \begin{pmatrix} \dfrac{\partial E}{\partial w_{11}^{(3)}} & \dfrac{\partial E}{\partial w_{21}^{(3)}} \\ \dfrac{\partial E}{\partial w_{12}^{(3)}} & \dfrac{\partial E}{\partial w_{22}^{(3)}} \end{pmatrix}, \quad \frac{\partial E}{\partial b^{(3)}} = \begin{pmatrix} \dfrac{\partial E}{\partial b_1^{(3)}} & \dfrac{\partial E}{\partial b_2^{(3)}} \end{pmatrix}$$

[식 9.5] 출력층 가중치 편미분 $\dfrac{\partial E}{\partial W^{(3)}}$, 바이어스 편미분 $\dfrac{\partial E}{\partial b^{(3)}}$ 분해

그래서 출력층에서의 오차역전파를 구하려면 [식 9.5]와 같이 편미분 수식 6개를 곱셈 형태의 공식으로 유도해야 합니다. 이 6개의 편미분 수식을 곱셈 형태의 공식으로 바꾸어 보겠습니다.

9.5.1 출력층 $\dfrac{\partial E}{\partial w_{11}^{(3)}}$

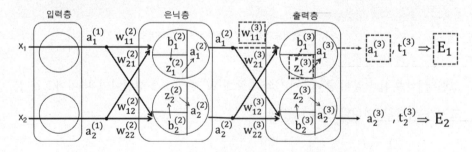

[그림 9.6] $w_{11}^{(3)}$의 변화에 따른 오차 E의 변화

$$\frac{\partial E}{\partial w_{11}^{(3)}} = \frac{\partial E_1}{\partial w_{11}^{(3)}} + \frac{\partial E_2}{\partial w_{11}^{(3)}} \qquad ①$$

$$= \frac{\partial E_1}{\partial a_1^{(3)}} \times \frac{\partial a_1^{(3)}}{\partial z_1^{(3)}} \times \frac{\partial z_1^{(3)}}{\partial w_{11}^{(3)}} \qquad ②$$

$$= \frac{\partial \left\{ \frac{1}{2}(t_1^{(3)} - a_1^{(3)})^2 \right\}}{\partial a_1^{(3)}} \times \frac{\partial \text{sigmoid}(z_1^{(3)})}{\partial z_1^{(3)}} \times \frac{\partial (a_1^{(2)} w_{11}^{(3)} + a_2^{(2)} w_{12}^{(3)} + b_1^{(3)})}{\partial w_{11}^{(3)}} \qquad ③$$

$$= (a_1^{(3)} - t_1^{(3)}) \times \text{sigmoid}(z_1^{(3)}) \times (1 - \text{sigmoid}(z_1^{(3)})) \times a_1^{(2)} \qquad ④$$

$$= (a_1^{(3)} - t_1^{(3)}) \times a_1^{(3)} \times (1 - a_1^{(3)}) \times a_1^{(2)} \qquad ⑤$$

[식 9.6] 출력층 $\frac{\partial E}{\partial w_{11}^{(3)}}$ 유도 과정

먼저 출력층에서 $\frac{\partial E}{\partial w_{11}^{(3)}}$ 수식은 4장 미분의 정의에서 알아본 것처럼 $w_{11}^{(3)}$이 변할 때 오차 E가 얼마나 변할 것인가를 나타내고 있습니다.

[식 9.6] ① 유도 과정: 여기서 오차 E는 [표 9.1]에서 알아본 것처럼 출력층 노드 1에서의 오차 E_1과 출력층 노드 2에서의 오차 E_2의 합으로 나타낼 수 있기 때문에 [식 9.6]의 ①과 같이 덧셈 형태로 전개할 수 있습니다.

그런데 [그림 9.6]의 신경망 구조에서 점선의 박스 형태로 표시한 것처럼 $w_{11}^{(3)}$이 변하면 $z_1^{(3)}$이 영향을 받고 $z_1^{(3)}$이 변하면 $a_1^{(3)}$이 영향을 받아 최종적으로 $a_1^{(3)}$이 변하기 때문에 오차 E_1 값만 영향을 받는다는 것을 알 수 있습니다. 즉 $w_{11}^{(3)}$이 변할 때 영향을 받는 오차는 오직 E_1이고 오차 E_2는 변하지 않기 때문에 [식 9.6]의 ①에서 두 번째 미분 식 $\frac{\partial E_2}{\partial w_{11}^{(3)}} = 0$임을 알 수 있습니다.

[식 9.6] ② 유도 과정: 체인 룰Chain Rule을 이용하면 $\frac{\partial E_1}{\partial w_{11}^{(3)}}$ 수식은 $\frac{\partial E_1}{\partial w_{11}^{(3)}} = \frac{\partial E_1}{\partial a_1^{(3)}} \times \frac{\partial a_1^{(3)}}{\partial z_1^{(3)}} \times \frac{\partial z_1^{(3)}}{\partial w_{11}^{(3)}}$처럼 3개의 국소Local 편미분 식으로 분해됩니다.

[식 9.6] ③ ④ 유도 과정: 3개의 국소Local 편미분 식 각 항의 분자 부분, 즉 E_1, $a_1^{(3)}$, $z_1^{(3)}$ 에 [식 9.1] 시그모이드 미분, [표 9.1], [표 9.2]에서 정리한 수식을 대입하고([식 9.6]의 ③) 해당되는 변수에 대해서 미분을 수행하면 [식 9.6]의 ④와 같은 수식을 얻게 됩니다.

[식 9.6] ⑤ 유도 과정: [식 9.6]의 ④에서 $\text{sigmoid}(z_1^{(3)})$은 출력층 노드 1의 출력 값 $a_1^{(3)}$을 나타내는 것이기 때문에 최종적으로 [식 9.6]의 ⑤와 같이 곱셈으로 이루어진 공식을 얻을 수 있습니다.

즉 [식 9.7]과 같이 편미분 방정식이 곱셈 형태의 수식으로 바뀝니다.

$$\frac{\partial E}{\partial w_{11}^{(3)}} = (a_1^{(3)} - t_1^{(3)}) \times a_1^{(3)} \times (1 - a_1^{(3)}) \times a_1^{(2)}$$

[식 9.7] 출력층 $\frac{\partial E}{\partial w_{11}^{(3)}}$ 오차역전파 공식

9.5.2 출력층 $\frac{\partial E}{\partial w_{21}^{(3)}}$

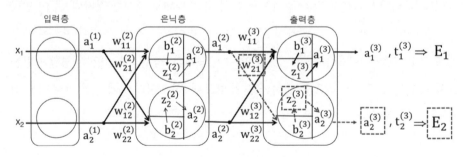

[그림 9.7] $w_{21}^{(3)}$의 변화에 따른 오차 E의 변화

$$\frac{\partial E}{\partial w_{21}^{(3)}} = \frac{\partial E_1}{\partial w_{21}^{(3)}} + \frac{\partial E_2}{\partial w_{21}^{(3)}} \quad \textcircled{1}$$

$$= \frac{\partial E_2}{\partial a_2^{(3)}} \times \frac{\partial a_2^{(3)}}{\partial z_2^{(3)}} \times \frac{\partial z_2^{(3)}}{\partial w_{21}^{(3)}} \quad \textcircled{2}$$

$$= \frac{\partial \left\{ \frac{1}{2}(t_2^{(3)} - a_2^{(3)})^2 \right\}}{\partial a_2^{(3)}} \times \frac{\partial \text{sigmoid}(z_2^{(3)})}{\partial z_2^{(3)}} \times \frac{\partial (a_1^{(2)} w_{21}^{(3)} + a_2^{(2)} w_{22}^{(3)} + b_2^{(3)})}{\partial w_{21}^{(3)}} \quad \textcircled{3}$$

$$= (a_2^{(3)} - t_2^{(3)}) \times \text{sigmoid}(z_2^{(3)}) \times (1 - \text{sigmoid}(z_2^{(3)})) \times a_1^{(2)} \quad \textcircled{4}$$

$$= (a_2^{(3)} - t_2^{(3)}) \times a_2^{(3)} \times (1 - a_2^{(3)}) \times a_1^{(2)} \quad \textcircled{5}$$

[식 9.8] 출력층 $\frac{\partial E}{\partial w_{21}^{(3)}}$ 유도 과정

출력층에서 $\frac{\partial E}{\partial w_{21}^{(3)}}$ 수식은 $w_{21}^{(3)}$이 변할 때 오차 E가 얼마나 변할 것인지를 나타냅니다.

[식 9.8] ① 유도 과정: 여기서 오차 E는 [표 9.1]에 나타난 것처럼 출력층 노드 1에서의 오차 E_1과 출력층 노드 2에서의 오차 E_2의 합으로 나타낼 수 있기 때문에 [식 9.8]의 ①과 덧셈 형태로 전개합니다.

[그림 9.7]의 신경망 구조에서 점선의 박스 형태로 표시한 것처럼 $w_{21}^{(3)}$이 변하면 $z_2^{(3)}$이 영향을 받고 $z_2^{(3)}$이 변하면 $a_2^{(3)}$이 영향을 받습니다. 최종적으로 $a_2^{(3)}$이 변하기 때문에 오차 E_2 값만 영향을 받는다는 것을 알 수 있습니다. 즉 $w_{21}^{(3)}$이 변할 때 영향을 받는 오차는 오직 E_2이고 오차 E_1은 변하지 않기 때문에 [식 9.8]의 ①에서 첫 번째 미분 식 $\frac{\partial E_1}{\partial w_{21}^{(3)}} = 0$임을 알 수 있습니다.

[식 9.8] ② 유도 과정: 체인 룰Chain Rule을 이용하면 $\frac{\partial E_2}{\partial w_{21}^{(3)}}$ 수식은 $\frac{\partial E_2}{\partial w_{21}^{(3)}} = \frac{\partial E_2}{\partial a_2^{(3)}} \times \frac{\partial a_2^{(3)}}{\partial z_2^{(3)}} \times \frac{\partial z_2^{(3)}}{\partial w_{21}^{(3)}}$처럼 3개의 국소Local 편미분 식으로 분해됩니다.

[식 9.8] ③ ④ 유도 과정: 3개의 국소Local 편미분 식의 각 항의 분자 부분, 즉 E_2, $a_2^{(3)}$, $z_2^{(3)}$에 [식 9.1] 시그모이드 미분, [표 9.1], [표 9.2]에서 정리한 수식을 대입하고([식 9.8]의 ③) 해당 변수에 대해서 미분을 수행하면 [식 9.8]의 ④와 같은 수식을 얻을 수 있습니다.

[식 9.8] ⑤ 유도 과정: [식 9.8]의 ④에서 $sigmoid(z_2^{(3)})$은 출력층 노드 2의 출력 값 $a_2^{(3)}$을 나타내는 것이기 때문에 최종적으로 [식 9.8]의 ⑤와 같이 곱셈으로만 이루어진 공식을 얻게 됩니다.

[식 9.9]와 같이 편미분 방정식이 곱셈 형태의 수식으로 바뀐 것을 볼 수 있습니다.

$$\frac{\partial E}{\partial w_{21}^{(3)}} = (a_2^{(3)} - t_2^{(3)}) \times a_2^{(3)} \times (1 - a_2^{(3)}) \times a_1^{(2)}$$

[식 9.8] 출력층 $\frac{\partial E}{\partial w_{21}^{(3)}}$ 오차역전파 공식

9.5.3 출력층 $\frac{\partial E}{\partial w_{12}^{(3)}}$

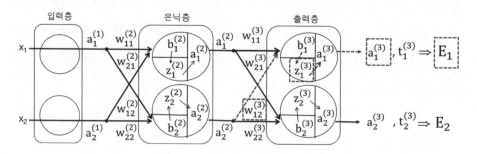

[그림 9.8] $w_{12}^{(3)}$의 변화에 따른 오차 E의 변화

$$\frac{\partial E}{\partial w_{12}^{(3)}} = \frac{\partial E_1}{\partial w_{12}^{(3)}} + \frac{\partial E_2}{\partial w_{12}^{(3)}} \qquad ①$$

$$= \frac{\partial E_1}{\partial a_1^{(3)}} \times \frac{\partial a_1^{(3)}}{\partial z_1^{(3)}} \times \frac{\partial z_1^{(3)}}{\partial w_{12}^{(3)}} \qquad ②$$

$$= \frac{\partial \left\{ \frac{1}{2} (t_1^{(3)} - a_1^{(3)})^2 \right\}}{\partial a_1^{(3)}} \times \frac{\partial \mathrm{sigmoid}(z_1^{(3)})}{\partial z_1^{(3)}} \times \frac{\partial (a_1^{(2)} w_{11}^{(3)} + a_2^{(2)} w_{12}^{(3)} + b_1^{(3)})}{\partial w_{12}^{(3)}} \qquad ③$$

$$= (a_1^{(3)} - t_1^{(3)}) \times \mathrm{sigmoid}(z_1^{(3)}) \times (1 - \mathrm{sigmoid}(z_1^{(3)})) \times a_2^{(2)} \qquad ④$$

$$= (a_1^{(3)} - t_1^{(3)}) \times a_1^{(3)} \times (1 - a_1^{(3)}) \times a_2^{(2)} \qquad ⑤$$

[식 9.10] 출력층 $\frac{\partial E}{\partial w_{12}^{(3)}}$ 유도 과정

출력층에서 $\frac{\partial E}{\partial w_{12}^{(3)}}$ 수식은 $w_{12}^{(3)}$이 변할 때 오차 E가 얼마나 변할 것인가를 나타내고 있습니다.

[식 9.10] ① 유도 과정: 오차 E는 [표 9.1]처럼 출력층 노드 1에서의 오차 E_1과 출력층 노드 2에서의 오차 E_2의 합으로 나타낼 수 있기 때문에 [식 9.10]의 ①과 같이 덧셈 형태로 전개할 수 있습니다.

[그림 9.8]의 신경망 구조를 다시 확인합시다. 점선의 박스 형태로 표시한 것처럼 $w_{12}^{(3)}$이 변하면 $z_1^{(3)}$이 영향을 받고 $z_1^{(3)}$이 변하면 $a_1^{(3)}$이 영향을 받아 최종적으로 $a_1^{(3)}$이 변하기 때문에 오차 E_1 값만 영향을 받는다는 것을 알 수 있습니다. $w_{12}^{(3)}$이 변할 때 영향을 받는 오차는 오직 E_1이고 오차 E_2는 변하지 않기 때문에 [식 9.10]의 ①에서 두 번째 미분 식 $\frac{\partial E_2}{\partial w_{12}^{(3)}} = 0$이 됩니다.

[식 9.10] ② 유도 과정: 체인 룰Chain Rule을 이용하면 $\frac{\partial E_1}{\partial w_{12}^{(3)}}$ 수식은 $\frac{\partial E_1}{\partial w_{12}^{(3)}} = \frac{\partial E_1}{\partial a_1^{(3)}} \times \frac{\partial a_1^{(3)}}{\partial z_1^{(3)}} \times \frac{\partial z_1^{(3)}}{\partial w_{12}^{(3)}}$처럼 3개의 국소Local 편미분 식으로 분해됩니다.

[식 9.10] ③ ④ 유도 과정: 3개의 국소Local 편미분 식의 각 항의 분자 부분, 즉 E_1, $a_1^{(3)}$, $z_1^{(3)}$ 부분에 [식 9.1] 시그모이드 미분, [표 9.1], [표 9.2]에서 정리한 수식을 대입하고 ([식 9.10]의 ③) 해당되는 변수에 대해서 미분을 수행하면 [식 9.10]의 ④와 같은 수식을 얻을 수 있습니다.

[식 9.10] ⑤ 유도 과정: [식 9.10]의 ④에서 $\text{sigmoid}(z_1^{(3)})$은 출력층 노드 1의 출력 값 $a_1^{(3)}$을 나타내는 것이기 때문입니다. 최종적으로 [식 9.10]의 ⑤와 같이 곱셈으로 구성된 공식이 나옵니다.

즉 [식 9.11]과 같이 편미분 방정식이 곱셈 형태의 수식으로 바뀝니다.

$$\frac{\partial E}{\partial w_{12}^{(3)}} = (a_1^{(3)} - t_1^{(3)}) \times a_1^{(3)} \times (1 - a_1^{(3)}) \times a_2^{(2)}$$

[식 9.11] 출력층 $\frac{\partial E}{\partial w_{12}^{(3)}}$ 오차역전파 공식

9.5.4 출력층 $\frac{\partial E}{\partial w_{22}^{(3)}}$

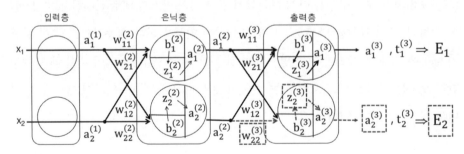

[그림 9.9] $w_{22}^{(3)}$의 변화에 따른 오차 E의 변화

$$\frac{\partial E}{\partial w_{22}^{(3)}} = \frac{\partial E_1}{\partial w_{22}^{(3)}} + \frac{\partial E_2}{\partial w_{22}^{(3)}} \qquad ①$$

$$= \frac{\partial E_2}{\partial a_2^{(3)}} \times \frac{\partial a_2^{(3)}}{\partial z_2^{(3)}} \times \frac{\partial z_2^{(3)}}{\partial w_{22}^{(3)}} \qquad ②$$

$$= \frac{\partial \left\{ \frac{1}{2}(t_2^{(3)} - a_2^{(3)})^2 \right\}}{\partial a_2^{(3)}} \times \frac{\partial \text{sigmoid}(z_2^{(3)})}{\partial z_2^{(3)}} \times \frac{\partial (a_1^{(2)} w_{21}^{(3)} + a_2^{(2)} w_{22}^{(3)} + b_2^{(3)})}{\partial w_{22}^{(3)}} \qquad ③$$

$$= (a_2^{(3)} - t_2^{(3)}) \times \text{sigmoid}(z_2^{(3)}) \times (1 - \text{sigmoid}(z_2^{(3)})) \times a_2^{(2)} \qquad ④$$

$$= (a_2^{(3)} - t_2^{(3)}) \times a_2^{(3)} \times (1 - a_2^{(3)}) \times a_2^{(2)} \qquad ⑤$$

[식 9.12] 출력층 $\frac{\partial E}{\partial W_{22}^{(3)}}$ 유도 과정

출력층에서 $\frac{\partial E}{\partial w_{22}^{(3)}}$ 수식은 4장 미분의 정의에서 알아본 것처럼 $w_{22}^{(3)}$이 변할 때 오차 E 가 얼마나 변할 것인가를 나타내고 있습니다.

[식 9.12] ① 유도 과정: 여기서 오차 E는 [표 9.1]에서 알아본 것처럼 출력층 노드 1에서의 오차 E_1과 출력층 노드 2에서의 오차 E_2의 합으로 나타낼 수 있기 때문에 [식 9.12]의 ①과 같이 덧셈 형태로 전개할 수 있습니다.

그런데 [그림 9.9]의 신경망 구조에서 점선의 박스 형태로 표시한 것처럼 $w_{22}^{(3)}$이 변하면 $z_2^{(3)}$이 영향을 받고 $z_2^{(3)}$이 변하면 $a_2^{(3)}$이 영향을 받아 최종적으로 $a_2^{(3)}$이 변하기 때문에 오차 E_2 값만 영향을 받는다는 것을 알 수 있습니다. $w_{22}^{(3)}$이 변할 때 영향을 받는 오차는 오직 E_2이고 오차 E_1은 변하지 않기 때문에 [식 9.12]의 ①에서 첫 번째 미분 식 $\frac{\partial E_1}{\partial w_{22}^{(3)}} = 0$임을 알 수 있습니다.

[식 9.12] ② 유도 과정: 체인 룰Chain Rule을 이용하면 $\frac{\partial E_2}{\partial w_{22}^{(3)}}$ 수식은 $\frac{\partial E_2}{\partial w_{22}^{(3)}} = \frac{\partial E_2}{\partial a_2^{(3)}} \times \frac{\partial a_2^{(3)}}{\partial z_2^{(3)}} \times \frac{\partial z_2^{(3)}}{\partial w_{22}^{(3)}}$ 처럼 3개의 국소Local 편미분 식으로 분해됩니다.

[식 9.12] ③ ④ 유도 과정: 3개의 국소Local 편미분 식의 각 항의 분자 E_2, $a_2^{(3)}$, $z_2^{(3)}$ 부분에 [식 9.1] 시그모이드 미분, [표 9.1], [표 9.2]에서 정리한 수식을 대입하고([식 9.12]의 ③) 해당되는 변수에 대해서 미분을 수행하면 [식 9.12]의 ④와 같은 수식을 얻습니다.

[식 9.12] ⑤ 유도 과정: [식 9.12]의 ④에서 $\text{sigmoid}(z_2^{(3)})$은 출력층 노드 2의 출력 값 $a_2^{(3)}$을 나타냅니다. 최종적으로 [식 9.12]의 ⑤와 같이 곱셈으로만 이루어진 공식을 얻게 됩니다.

[식 9.13]과 같이 편미분 방정식이 곱셈 형태의 수식이 됩니다.

$$\frac{\partial E}{\partial w_{22}^{(3)}} = (a_2^{(3)} - t_2^{(3)}) \times a_2^{(3)} \times (1 - a_2^{(3)}) \times a_2^{(2)}$$

[식 9.13] 출력층 $\frac{\partial E}{\partial w_{22}^{(3)}}$ 오차역전파 공식

9.5.5 출력층 $\frac{\partial E}{\partial b_1^{(3)}}$

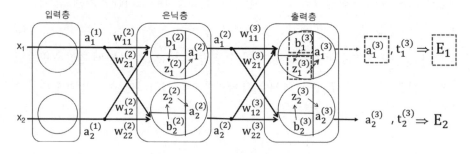

[그림 9.10] $b_1^{(3)}$의 변화에 따른 오차 E의 변화

$$\frac{\partial E}{\partial b_1^{(3)}} = \frac{\partial E_1}{\partial b_1^{(3)}} + \frac{\partial E_2}{\partial b_1^{(3)}} \qquad \text{①}$$

$$= \frac{\partial E_1}{\partial a_1^{(3)}} \times \frac{\partial a_1^{(3)}}{\partial z_1^{(3)}} \times \frac{\partial z_1^{(3)}}{\partial b_1^{(3)}} \qquad \text{②}$$

$$= \frac{\partial \left\{ \frac{1}{2}(t_1^{(3)} - a_1^{(3)})^2 \right\}}{\partial a_1^{(3)}} \times \frac{\partial \text{sigmoid}(z_1^{(3)})}{\partial z_1^{(3)}} \times \frac{\partial (a_1^{(2)} w_{11}^{(3)} + a_2^{(2)} w_{12}^{(3)} + b_1^{(3)})}{\partial b_1^{(3)}} \qquad \text{③}$$

$$= (a_1^{(3)} - t_1^{(3)}) \times \text{sigmoid}(z_1^{(3)}) \times (1 - \text{sigmoid}(z_1^{(3)})) \times 1 \qquad \text{④}$$

$$= (a_1^{(3)} - t_1^{(3)}) \times a_1^{(3)} \times (1 - a_1^{(3)}) \times 1 \qquad \text{⑤}$$

[식 9.14] 출력층 $\frac{\partial E}{\partial b_1^{(3)}}$ 유도 과정

출력층에서 $\frac{\partial E}{\partial b_1^{(3)}}$ 수식은 $b_1^{(3)}$이 변할 때 오차 E가 얼마나 변할 것인가를 나타내고 있습니다.

[식 9.14] ① 유도 과정: 오차 E는 [표 9.1]에서 알아본 것처럼 출력층 노드 1에서의 오차 E_1과 출력층 노드 2에서의 오차 E_2의 합으로 나타낼 수 있기 때문에 [식 9.10]의 ①과 같이 덧셈 형태로 전개합니다.

그런데 [그림 9.10]의 신경망 구조에서 점선의 박스 형태로 표시한 것처럼 $b_1^{(3)}$이 변하면 $z_1^{(3)}$이 영향을 받고 $z_1^{(3)}$이 변하면 $a_1^{(3)}$이 영향을 받아 최종적으로 $a_1^{(3)}$이 변하기 때문에 오차 E_1 값만 영향을 받습니다. 즉 $b_1^{(3)}$이 변할 때 영향을 받는 오차는 오직 E_1이고 오차 E2는 변하지 않기 때문에 [식 9.14]의 ①에서 두 번째 미분 식 $\frac{\partial E_2}{\partial b_1^{(3)}} = 0$이 됩니다.

[식 9.14] ② 유도 과정: 체인 룰Chain Rule을 이용하면 $\frac{\partial E_1}{\partial b_1^{(3)}}$ 수식은 $\frac{\partial E_1}{\partial b_1^{(3)}} = \frac{\partial E_1}{\partial a_1^{(3)}} \times \frac{\partial a_1^{(3)}}{\partial z_1^{(3)}} \times \frac{\partial z_1^{(3)}}{\partial b_1^{(3)}}$처럼 3개의 국소Local 편미분 식으로 분해됩니다.

[식 9.14] ③ ④ 유도 과정: 3개의 국소Local 편미분 식의 각 항의 분자 즉 E_1, $a_1^{(3)}$, $z_1^{(3)}$ 부분에 [식 9.1] 시그모이드 미분, [표 9.1], [표 9.2]에서 정리한 수식을 대입하면([식 9.14]의 ③) 해당되는 변수에 대해서 미분을 수행하면 [식 9.14]의 ④와 같은 수식이 나옵니다.

[식 9.14] ⑤ 유도 과정: [식 9.14]의 ④에서 sigmoid($z_1^{(3)}$)은 출력층 노드 1의 출력 값 $a_1^{(3)}$을 나타내는 것이기 때문에 최종적으로 [식 9.14]의 ⑤와 같이 곱셈으로만 이루어진 공식을 얻습니다.

즉 [식 9.15]와 같이 편미분 방정식이 곱셈 형태의 수식으로 바뀝니다.

$$\frac{\partial E}{\partial b_1^{(3)}} = (a_1^{(3)} - t_1^{(3)}) \times a_1^{(3)} \times (1 - a_1^{(3)}) \times 1$$

[식 9.15] 출력층 $\frac{\partial E}{\partial b_1^{(3)}}$ 오차역전파 공식

9.5.6 출력층 $\frac{\partial E}{\partial b_2^{(3)}}$

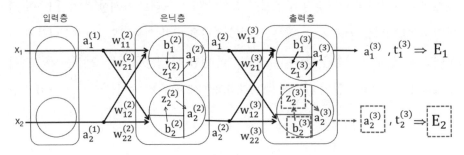

[그림 9.11] $b_2^{(3)}$의 변화에 따른 오차 E의 변화

$$\frac{\partial E}{\partial b_2^{(3)}} = \frac{\partial E_1}{\partial b_2^{(3)}} + \frac{\partial E_2}{\partial b_2^{(3)}} \qquad ①$$

$$= \frac{\partial E_2}{\partial a_2^{(3)}} \times \frac{\partial a_2^{(3)}}{\partial z_2^{(3)}} \times \frac{\partial z_2^{(3)}}{\partial b_2^{(3)}} \qquad ②$$

$$= \frac{\partial \left\{ \frac{1}{2}(t_2^{(3)} - a_2^{(3)})^2 \right\}}{\partial a_2^{(3)}} \times \frac{\partial \, \mathrm{sigmoid}(z_2^{(3)})}{\partial z_2^{(3)}} \times \frac{\partial (a_1^{(2)} w_{21}^{(3)} + a_2^{(2)} w_{22}^{(3)} + b_2^{(3)})}{\partial b_2^{(3)}} \qquad ③$$

$$= (a_2^{(3)} - t_2^{(3)}) \times \mathrm{sigmoid}(z_2^{(3)}) \times (1 - \mathrm{sigmoid}(z_2^{(3)})) \times 1 \qquad ④$$

$$= (a_2^{(3)} - t_2^{(3)}) \times a_2^{(3)} \times (1 - a_2^{(3)}) \times 1 \qquad ⑤$$

[식 9.16] 출력층 $\frac{\partial E}{\partial b_2^{(3)}}$ 유도 과정

출력층에서 $\frac{\partial E}{\partial b_2^{(3)}}$ 수식은 $b_2^{(3)}$이 변할 때 오차 E가 얼마나 변할 것인가를 나타냅니다.

[식 9.16] ① 유도 과정: 여기서 오차 E는 [표 9.1]에서 알아본 것처럼 출력층 노드 1에서의 오차 E_1과 출력층 노드 2에서의 오차 E_2의 합으로 나타낼 수 있기 때문에 [식 9.16]의 ①과 같이 덧셈 형태로 전개됩니다.

[그림 9.11]의 신경망 구조에서 점선의 박스 형태로 표시한 것을 봅시다. $b_2^{(3)}$이 변하면 $z_2^{(3)}$이 영향을 받고 $z_2^{(3)}$이 변하면 $a_2^{(3)}$이 영향을 받아 최종적으로 $a_2^{(3)}$이 변하기 때문에 오차 E_2 값만 영향을 받는다는 것을 알 수 있습니다. $b_2^{(3)}$이 변할 때 영향을 받는 오차는 오직 E_2이고 오차 E_1은 변하지 않기 때문에 [식 9.16]의 ①에서 첫 번째 미분 식 $\frac{\partial E_1}{\partial b_2^{(3)}} = 0$임을 알 수 있습니다.

[식 9.16] ② 유도 과정: 체인 룰Chain Rule을 이용하면 $\frac{\partial E_2}{\partial b_2^{(3)}}$ 수식은 $\frac{\partial E_2}{\partial b_2^{(3)}} = \frac{\partial E_2}{\partial a_2^{(3)}} \times \frac{\partial a_2^{(3)}}{\partial z_2^{(3)}} \times \frac{\partial z_2^{(3)}}{\partial b_2^{(3)}}$ 처럼 3개의 국소Local 편미분 식으로 분해됩니다.

[식 9.16] ③ ④ 유도 과정: 3개의 국소Local 편미분 식의 각 항의 분자 E_2, $a_2^{(3)}$, $z_2^{(3)}$ 부분에 [식 9.1] 시그모이드 미분, [표 9.1], [표 9.2]에서 정리한 수식을 대입하고([식 9.16]의 ③) 해당되는 변수에 대해서 미분을 수행하면 [식 9.16]의 ④에서 나타낸 수식을 얻을 수 있습니다.

[식 9.16] ⑤ 유도 과정: [식 9.16]의 ④에서 $\text{sigmoid}(z_2^{(3)})$은 출력층 노드 2의 출력 값 $a_2^{(3)}$을 나타내는 것이기 때문에 최종적으로 [식 9.16]의 ⑤와 같이 곱셈으로만 이루어진 공식을 얻을 수 있습니다.

[식 9.17]과 같이 편미분 방정식이 곱셈 형태의 수식이 됩니다.

$$\frac{\partial E}{\partial b_2^{(3)}} = (a_2^{(3)} - t_2^{(3)}) \times a_2^{(3)} \times (1 - a_2^{(3)}) \times 1$$

[식 9.17] 출력층 $\frac{\partial E}{\partial b_2^{(3)}}$ 오차역전파 공식

9.5.7 출력층 오차역전파 일반 공식

지금까지 출력층에서의 가중치와 바이어스 변화율에 대한 오차역전파Back Propagation 공식을 알아보았습니다.

이번에는 지금까지 힘들게 유도한 가중치 4개($w_{11}^{(3)}$ $w_{21}^{(3)}$ $w_{12}^{(3)}$ $w_{22}^{(3)}$), 바이어스 2개 ($b_1^{(3)}$ $b_2^{(3)}$)에 대한 편미분 식을, 출력층의 가상의 손실Loss 개념을 이용해서 행렬Matrix 식으로 나타낼 수 있는 출력층의 최종적인 오차역전파 공식을 유도하겠습니다.

먼저 [식 9.18]처럼 은닉층 출력 값 벡터 A2와 출력층에서의 가상의 손실을 나타내는

벡터 loss_3을 정의하겠습니다.

은닉층 출력 값 벡터	$A2 = (a_1^{(2)} \quad a_2^{(2)})$
출력층 가상 손실 벡터	$loss\_3 = ((a_1^{(3)} - t_1^{(3)})a_1^{(3)}(1 - a_1^{(3)}) \quad (a_2^{(3)} - t_2^{(3)})a_2^{(3)}(1 - a_2^{(3)}))$

[식 9.18] 은닉층 출력 값 벡터 A2, 출력층 가상 손실 벡터 loss_3

[식 9.18]과 같이 A2, loss_3을 정의하면, 지금까지 유도했던 출력층의 오차역전파 공식 6개($\frac{\partial E}{\partial w_{11}^{(3)}}$, $\frac{\partial E}{\partial w_{21}^{(3)}}$, $\frac{\partial E}{\partial w_{12}^{(3)}}$, $\frac{\partial E}{\partial w_{22}^{(3)}}$, $\frac{\partial E}{\partial b_1^{(3)}}$, $\frac{\partial E}{\partial b_2^{(3)}}$)를 이용하여 $\frac{\partial E}{\partial w^{(3)}}$, $\frac{\partial E}{\partial b^{(3)}}$를 다음과 같이 나타낼 수 있습니다.

$$
\frac{\partial E}{\partial W^{(3)}} = \begin{pmatrix} \frac{\partial E}{\partial w_{11}^{(3)}} & \frac{\partial E}{\partial w_{21}^{(3)}} \\ \frac{\partial E}{\partial w_{12}^{(3)}} & \frac{\partial E}{\partial w_{22}^{(3)}} \end{pmatrix} \quad \textcircled{1}
$$

$$
= \begin{pmatrix} (a_1^{(3)} - t_1^{(3)})\,a_1^{(3)}\,(1 - a_1^{(3)})\,a_1^{(2)} & (a_2^{(3)} - t_2^{(3)})\,a_2^{(3)}\,(1 - a_2^{(3)})\,a_1^{(2)} \\ (a_1^{(3)} - t_1^{(3)})\,a_1^{(3)}\,(1 - a_1^{(3)})\,a_2^{(2)} & (a_2^{(3)} - t_2^{(3)})\,a_2^{(3)}\,(1 - a_2^{(3)})\,a_2^{(2)} \end{pmatrix} \quad \textcircled{2}
$$

$$
= \begin{pmatrix} a_1^{(2)}\,(a_1^{(3)} - t_1^{(3)})\,a_1^{(3)}\,(1 - a_1^{(3)}) & a_1^{(2)}\,(a_2^{(3)} - t_2^{(3)})\,a_2^{(3)}\,(1 - a_2^{(3)}) \\ a_2^{(2)}\,(a_1^{(3)} - t_1^{(3)})\,a_1^{(3)}\,(1 - a_1^{(3)}) & a_2^{(2)}\,(a_2^{(3)} - t_2^{(3)})\,a_2^{(3)}\,(1 - a_2^{(3)}) \end{pmatrix} \quad \textcircled{3}
$$

$$
= \begin{pmatrix} a_1^{(2)} \\ a_2^{(2)} \end{pmatrix} \cdot ((a_1^{(3)} - t_1^{(3)})\,a_1^{(3)}\,(1 - a_1^{(3)}) \quad (a_2^{(3)} - t_2^{(3)})\,a_2^{(3)}\,(1 - a_2^{(3)})) \quad \textcircled{4}
$$

$$
= A2^{\mathsf{T}} \cdot loss\_3 \quad \textcircled{5}
$$

[식 9.19] 출력층 가중치 변화율에 따른 오차 변화율 $\frac{\partial E}{\partial W^{(3)}}$

$$
\frac{\partial E}{\partial b^{(3)}} = \begin{pmatrix} \frac{\partial E}{\partial b_1^{(3)}} & \frac{\partial E}{\partial b_2^{(3)}} \end{pmatrix} \quad \textcircled{1}
$$

$$
= ((a_1^{(3)} - t_1^{(3)})\,a_1^{(3)}\,(1 - a_1^{(3)}) \quad (a_2^{(3)} - t_2^{(3)})\,a_2^{(3)}\,(1 - a_2^{(3)})) \quad \textcircled{2}
$$

$$
= loss\_3 \quad \textcircled{3}
$$

[식 9.20] 출력층 바이어스 변화율에 따른 오차 변화율 $\frac{\partial E}{\partial b^{(3)}}$

즉, [식 9.19]에서 알 수 있듯이 출력층에서의 가중치 변화율 $\dfrac{\partial E}{\partial w^{(3)}}$는 은닉층의 출력 값에 대한 전치행렬($A2^T$)과 출력층의 가상 손실(loss_3)의 행렬 곱으로 계산되며 [식 9.20]과 같이 출력층에서의 바이어스 변화율 $\dfrac{\partial E}{\partial b^{(3)}}$는 출력층의 가상 손실(loss_3)로 나타납니다.

출력층 가중치 $W^{(3)}$ 계산	$W^{(3)} = W^{(3)} - \alpha \dfrac{\partial E}{\partial W^{(3)}} = W^{(3)} - \alpha \times (A2^T \cdot loss\_3)$
출력층 바이어스 $b^{(3)}$ 계산	$b^{(3)} = b^{(3)} - \alpha \dfrac{\partial E}{\partial b^{(3)}} = b^{(3)} - \alpha \times loss\_3$

[식 9.21] 오차역전파를 이용한 출력층의 가중치 $W^{(3)}$, 바이어스 $b^{(3)}$ 계산

출력층의 오차역전파 최종 공식을 [식 9.21]과 같이 정리하였으며 추후 코드를 구현할 때 이용할 예정이니 반드시 기억해 두기 바랍니다.

관련 유튜브 강의 QR 코드 / 링크
https://youtu.be/CRhanmX1g1I

9.6 은닉층 오차역전파 공식

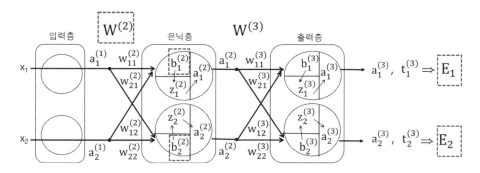

[그림 9.12] 오차역전파를 위한 기본 신경망 구조(은닉층)

은닉층의 오차역전파Back Propagation를 구한다는 것은 [그림 9.12]와 같은 신경망에서 은닉층에 적용되는 가중치 $W^{(2)}$, 바이어스 $b^{(2)}$가 변할 때 최종 오차 $E(E=E_1+E_2)$는 얼마나 변하는지 알 수 있는 공식을 구하는 것입니다.

즉, [식 9.22]와 같이 경사하강법을 이용하여 은닉층Hidden Layer 가중치와 바이어스를 업데이트할 때, 편미분으로 나타나는 2개의 항 $\dfrac{\partial E}{\partial w^{(2)}}$, $\dfrac{\partial E}{\partial b^{(2)}}$를 곱셈 형태의 공식으로 나타내는 것을 은닉층에서의 오차역전파를 구하는 것이라고 할 수 있습니다.

$$W^{(2)} = W^{(2)} - \alpha\frac{\partial E}{\partial W^{(2)}} \quad , \quad b^{(2)} = b^{(2)} - \alpha\frac{\partial E}{\partial b^{(2)}}$$

[식 9.22] 은닉층 가중치 $W^{(2)}$, 바이어스 $b^{(2)}$ 업데이트

그런데 은닉층에서의 가중치 $W^{(2)}$, 바이어스 $b^{(2)}$를 보면 [식 9.23]과 같이 가중치 $W^{(2)}$는 2 × 2 행렬이며, 바이어스 $b^{(2)}$는 크기가 2인 벡터입니다([표 9.1] 참조).

$$W^{(2)} = \begin{pmatrix} w_{11}^{(2)} & w_{21}^{(2)} \\ w_{12}^{(2)} & w_{22}^{(2)} \end{pmatrix}, \quad b^{(2)} = \begin{pmatrix} b_1^{(2)} & b_2^{(2)} \end{pmatrix}$$

[식 9.23] 은닉층 가중치 $W^{(2)}$, 바이어스 $b^{(2)}$

이처럼 은닉층의 가중치 $W^{(2)}$는 4개의 요소 값을 가지며, 바이어스 $b^{(2)}$는 2개의 요소 값을 가지기 때문에 [식 9.22]에서 편미분으로 나타나는 2개의 항 $\frac{\partial E}{\partial w^{(2)}}$, $\frac{\partial E}{\partial b^{(2)}}$ 수식 은 [식 9.24]와 같이 총 6개의 편미분으로 분해됩니다.

$$\frac{\partial E}{\partial W^{(2)}} = \begin{pmatrix} \frac{\partial E}{\partial w_{11}^{(2)}} & \frac{\partial E}{\partial w_{21}^{(2)}} \\ \frac{\partial E}{\partial w_{12}^{(2)}} & \frac{\partial E}{\partial w_{22}^{(2)}} \end{pmatrix}, \quad \frac{\partial E}{\partial b^{(2)}} = \begin{pmatrix} \frac{\partial E}{\partial b_1^{(2)}} & \frac{\partial E}{\partial b_2^{(2)}} \end{pmatrix}$$

[식 9.24] 은닉층 가중치 편미분 $\frac{\partial E}{\partial W^{(2)}}$, 바이어스 편미분 $\frac{\partial E}{\partial b^{(2)}}$ 분해

그래서 은닉층에서의 오차역전파를 구하려면 [식 9.24]의 편미분 수식 6개를 곱셈 형 태의 공식으로 유도해야 합니다. 다음 장에서 이 6개의 편미분 식을 곱셈 형태의 공 식으로 바꾸어 보겠습니다.

9.6.1 은닉층 $\frac{\partial E}{\partial w_{11}^{(2)}}$

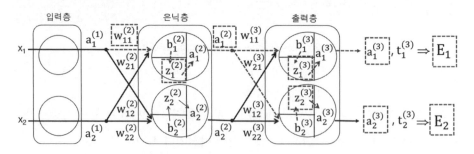

[그림 9.13] $w_{11}^{(2)}$의 변화에 따른 오차 E의 변화

$$\frac{\partial E}{\partial w_{11}^{(2)}} = \frac{\partial E_1}{\partial w_{11}^{(2)}} + \frac{\partial E_2}{\partial w_{11}^{(2)}} \quad ①$$

$$= \frac{\partial E_1}{\partial a_1^{(3)}} \times \frac{\partial a_1^{(3)}}{\partial z_1^{(3)}} \times \frac{\partial z_1^{(3)}}{\partial a_1^{(2)}} \times \frac{\partial a_1^{(2)}}{\partial z_1^{(2)}} \times \frac{\partial z_1^{(2)}}{\partial w_{11}^{(2)}} + \frac{\partial E_2}{\partial a_2^{(3)}} \times \frac{\partial a_2^{(3)}}{\partial z_2^{(3)}} \times \frac{\partial z_2^{(3)}}{\partial a_1^{(2)}} \times \frac{\partial a_1^{(2)}}{\partial z_1^{(2)}} \times \frac{\partial z_1^{(2)}}{\partial w_{11}^{(2)}} \quad ②$$

$$= (a_1^{(3)}-t_1^{(3)}) \times sigmoid(z_1^{(3)})(1-sigmoid(z_1^{(3)})) \times w_{11}^{(3)} \times sigmoid(z_1^{(3)})(1-sigmoid(z_1^{(2)})) \times a_1^{(1)} \quad ③$$
$$+(a_2^{(3)}-t_2^{(3)}) \times sigmoid(z_2^{(3)})(1-sigmoid(z_2^{(3)})) \times w_{21}^{(3)} \times sigmoid(z_1^{(2)})(1-sigmoid(z_1^{(2)})) \times a_1^{(1)}$$

$$= (a_1^{(3)}-t_1^{(3)}) \times a_1^{(3)}(1-a_1^{(3)}) \times w_{11}^{(2)} \times a_1^{(2)}(1-a_1^{(2)}) \times a_1^{(1)} \quad ④$$
$$+(a_2^{(3)}-t_2^{(3)}) \times a_2^{(3)}(1-a_2^{(3)}) \times w_{21}^{(2)} \times a_1^{(2)}(1-a_1^{(2)}) \times a_1^{(1)}$$

[식 9.25] 은닉층 $\frac{\partial E}{\partial w_{11}^{(2)}}$ 유도 과정

먼저 은닉층에서 $\frac{\partial E}{\partial w_{11}^{(2)}}$ 수식은 4장 미분의 정의에서 알아본 것처럼 $w_{11}^{(2)}$가 변할 때 오차 E가 얼마나 변할 것인가를 나타내고 있습니다.

[식 9.25] ① 유도 과정: 여기서 오차 E는 [표 9.1]에서 알아본 것처럼 출력층 노드 1에서의 오차 E_1과 출력층 노드 2에서의 오차 E_2의 합으로 나타낼 수 있기 때문에 [식 9.25]의 ①과 같이 덧셈 형태로 전개할 수 있습니다.

그런데 [그림 9.13]의 신경망 구조에서 점선의 박스 형태로 표시한 것처럼 $w_{11}^{(2)}$가 변하면 $z_1^{(2)}$가 영향을 받고 $z_1^{(2)}$가 변하면 $a_1^{(2)}$가 영향을 받습니다. 그리고 은닉층 출력 $a_1^{(2)}$가 변하면 신경망의 피드 포워드Feed Forward에 의해 출력층의 모든 노드가 영향을 받는다는 것을 알 수 있습니다. 즉 은닉층 출력 $a_1^{(2)}$가 변하면 출력층의 $z_1^{(3)}$, $z_2^{(3)}$, $a_1^{(3)}$, $a_2^{(3)}$도 동시에 변하기 때문에 최종적으로 오차 E_1, E_2 모두 영향을 받습니다.

[식 9.25] ② 유도 과정: 체인 룰Chain Rule을 이용하면 첫 번째 항은 $\frac{\partial E_1}{\partial w_{11}^{(2)}} = \frac{\partial E_1}{\partial a_1^{(3)}} \times \frac{\partial a_1^{(3)}}{\partial z_1^{(3)}} \times \frac{\partial z_1^{(3)}}{\partial a_1^{(2)}} \times \frac{\partial a_1^{(2)}}{\partial z_1^{(2)}} \times \frac{\partial z_1^{(2)}}{\partial w_{11}^{(2)}}$처럼 5개의 국소Local 편미분 식으로 분해됩니다. 두 번째 항 또한 체인 룰에 의해 $\frac{\partial E_2}{\partial w_{11}^{(2)}} = \frac{\partial E_2}{\partial a_2^{(3)}} \times \frac{\partial a_2^{(3)}}{\partial z_2^{(3)}} \times \frac{\partial z_2^{(3)}}{\partial a_1^{(2)}} \times \frac{\partial a_1^{(2)}}{\partial z_1^{(2)}} \times \frac{\partial z_1^{(2)}}{\partial w_{11}^{(2)}}$처럼 5개

의 국소Local 편미분 식으로 분해됩니다.

[식 9.25] ③ 유도 과정: 첫 번째 항을 구성하는 5개의 국소Local 편미분 식의 분자 부분, 즉 E_1, $a_1^{(3)}$, $z_1^{(3)}$, $a_1^{(2)}$, $z_1^{(2)}$ 부분에 [식 9.1] 시그모이드 미분, [표 9.1], [표 9.2]에서 정리한 수식을 대입하고 해당되는 변수에 대해서 미분을 수행하면 [식 9.25]의 ③의 첫 번째 수식을 얻을 수 있습니다.

마찬가지로 두 번째 항을 구성하는 5개의 국소Local 편미분 식의 분자 부분, 즉 E_2, $a_2^{(3)}$, $z_2^{(3)}$, $a_1^{(2)}$, $z_1^{(2)}$ 부분에 [식 9.1] 시그모이드 미분, [표 9.1], [표 9.2]에서 정리한 수식을 대입하고 해당되는 변수에 대해서 미분을 수행하면 [식 9.25]의 ③의 두 번째 수식을 얻을 수 있습니다.

[식 9.25] ④ 유도 과정: [식 9.25]의 ③에서 $\text{sigmoid}(z_1^{(3)})$은 출력층 노드 1의 출력 값 $a_1^{(3)}$을, $\text{sigmoid}(z_2^{(3)})$은 출력층 노드 2의 출력 값 $a_2^{(3)}$을 나타내는 것이기 때문에 최종적으로 [식 9.25]의 ④와 같이 곱셈으로만 이루어진 공식을 얻을 수 있습니다.
즉 [식 9.26]과 같이 편미분 방정식이 곱셈 형태의 수식으로 바뀝니다.

$$\frac{\partial E}{\partial w_{11}^{(2)}} = (a_1^{(3)} - t_1^{(3)}) \times a_1^{(3)}(1 - a_1^{(3)}) \times w_{11}^{(2)} \times a_1^{(2)}(1 - a_1^{(2)}) \times a_1^{(1)}$$
$$+ (a_2^{(3)} - t_2^{(3)}) \times a_2^{(3)}(1 - a_2^{(3)}) \times w_{21}^{(2)} \times a_1^{(2)}(1 - a_1^{(2)}) \times a_1^{(1)}$$

[식 9.26] 은닉층 $\frac{\partial E}{\partial w_{11}^{(2)}}$ 오차역전파 공식

9.6.2 은닉층 $\dfrac{\partial E}{\partial w_{21}^{(2)}}$

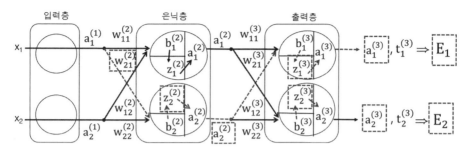

[그림 9.14] $w_{21}^{(2)}$의 변화에 따른 오차 E의 변화

$$\frac{\partial E}{\partial w_{21}^{(2)}} = \frac{\partial E_1}{\partial w_{21}^{(2)}} + \frac{\partial E_2}{\partial w_{21}^{(2)}} \qquad ①$$

$$= \frac{\partial E_1}{\partial a_1^{(3)}} \times \frac{\partial a_1^{(3)}}{\partial z_1^{(3)}} \times \frac{\partial z_1^{(3)}}{\partial a_2^{(2)}} \times \frac{\partial a_2^{(2)}}{\partial z_2^{(2)}} \times \frac{\partial z_2^{(2)}}{\partial w_{21}^{(2)}} + \frac{\partial E_2}{\partial a_2^{(3)}} \times \frac{\partial a_2^{(3)}}{\partial z_2^{(3)}} \times \frac{\partial z_2^{(3)}}{\partial a_2^{(2)}} \times \frac{\partial a_2^{(2)}}{\partial z_2^{(2)}} \times \frac{\partial z_2^{(2)}}{\partial w_{21}^{(2)}} \qquad ②$$

$$= (a_1^{(3)}-t_1^{(3)}) \times sigmoid(z_1^{(3)})(1-sigmoid(z_1^{(3)})) \times w_{12}^{(3)} \times sigmoid(z_2^{(2)})(1-sigmoid(z_2^{(2)})) \times a_1^{(1)} \quad ③$$

$$+(a_2^{(3)}-t_2^{(3)}) \times sigmoid(z_2^{(3)})(1-sigmoid(z_2^{(3)})) \times w_{22}^{(3)} \times sigmoid(z_2^{(2)})(1-sigmoid(z_2^{(2)})) \times a_1^{(1)}$$

$$= (a_1^{(3)}-t_1^{(3)}) \times a_1^{(3)}(1-a_1^{(3)}) \times w_{12}^{(3)} \times a_2^{(2)}(1-a_2^{(2)}) \times a_1^{(1)} \qquad\qquad ④$$

$$+(a_2^{(3)}-t_2^{(3)}) \times a_2^{(3)}(1-a_2^{(3)}) \times w_{22}^{(3)} \times a_2^{(2)}(1-a_2^{(2)}) \times a_1^{(1)}$$

[식 9.27] 은닉층 $\dfrac{\partial E}{\partial w_{21}^{(2)}}$ 유도 과정

먼저 은닉층에서 $\dfrac{\partial E}{\partial w_{21}^{(2)}}$ 수식은 4장 미분의 정의에서 알아본 것처럼 $w_{21}^{(2)}$가 변할 때 오차 E가 얼마나 변할 것인가를 나타내고 있습니다.

[식 9.27] ① 유도 과정: 여기서 오차 E는 [표 9.1]에서 알아본 것처럼 출력층 노드 1에서의 오차 E_1과 출력층 노드 2에서의 오차 E_2의 합으로 나타낼 수 있기 때문에 [식 9.27]의 ①과 같이 덧셈 형태로 전개할 수 있습니다.

그런데 [그림 9.14]의 신경망 구조에서 점선의 박스 형태로 표시한 것처럼 $w_{21}^{(2)}$가 변하면 $z_2^{(2)}$가 영향을 받고 $z_2^{(2)}$가 변하면 $a_2^{(2)}$가 영향을 받습니다. 그리고 은닉층 출력 $a_2^{(2)}$가 변하면 신경망의 피드 포워드Feed Forward에 의해 출력층의 모든 노드가 영향을 받는다는 것을 알 수 있습니다. 즉 은닉층 출력 $a_2^{(2)}$가 변하면 출력층의 $z_1^{(3)}$, $z_2^{(3)}$, $a_1^{(3)}$, $a_2^{(3)}$도 동시에 변하기 때문에 최종적으로 오차 E_1, E_2 모두 영향을 받습니다.

[식 9.27] ② 유도 과정: 체인 룰Chain Rule을 이용하면 첫 번째 항은 $\frac{\partial E_1}{\partial w_{21}^{(2)}} = \frac{\partial E_1}{\partial a_1^{(3)}} \times \frac{\partial a_1^{(3)}}{\partial z_1^{(3)}} \times \frac{\partial z_1^{(3)}}{\partial a_2^{(2)}} \times \frac{\partial a_2^{(2)}}{\partial z_2^{(2)}} \times \frac{\partial z_2^{(2)}}{\partial w_{21}^{(2)}}$처럼 5개의 국소Local 편미분 식으로 분해됩니다. 두 번째 항 또한 체인 룰에 의해 $\frac{\partial E_2}{\partial w_{21}^{(2)}} = \frac{\partial E_2}{\partial a_2^{(3)}} \times \frac{\partial a_2^{(3)}}{\partial z_2^{(3)}} \times \frac{\partial z_2^{(3)}}{\partial a_2^{(2)}} \times \frac{\partial a_2^{(2)}}{\partial z_2^{(2)}} \times \frac{\partial z_2^{(2)}}{\partial w_{21}^{(2)}}$처럼 5개의 국소Local 편미분 식으로 분해됩니다.

[식 9.27] ③ 유도 과정: 첫 번째 항을 구성하는 5개의 국소Local 편미분 식의 분자 부분, 즉 E_1, $a_1^{(3)}$, $z_1^{(3)}$, $a_2^{(2)}$, $z_2^{(2)}$ 부분에 [식 9.1] 시그모이드 미분, [표 9.1], [표 9.2]에서 정리한 수식을 대입하고 해당되는 변수에 대해서 미분을 수행하면 [식 9.27]의 ③의 첫 번째 수식을 얻을 수 있습니다.

마찬가지로 두 번째 항을 구성하는 5개의 국소Local 편미분 식의 분자 부분, 즉 E_2, $a_2^{(3)}$, $z_2^{(3)}$, $a_2^{(2)}$, $z_2^{(2)}$ 부분에 [식 9.1] 시그모이드 미분, [표 9.1], [표 9.2]에서 정리한 수식을 대입하고 해당되는 변수에 대해서 미분을 수행하면 [식 9.27]의 ③의 두 번째 수식을 얻을 수 있습니다.

[식 9.27] ④ 유도 과정: [식 9.27]의 ③에서 sigmoid($z_1^{(3)}$)은 출력층 노드 1의 출력 값 $a_1^{(3)}$을, sigmoid($z_2^{(3)}$)은 출력층 노드 2의 출력 값 $a_2^{(3)}$을 나타내는 것이기 때문에 최종적으로 [식 9.27]의 ④와 같이 곱셈 형태로만 이루어진 공식을 얻을 수 있습니다.

즉 [식 9.28]과 같이 편미분 방정식이 곱셈 형태의 수식으로 바뀝니다.

$$\frac{\partial E}{\partial w_{21}^{(2)}} = (a_1^{(3)} - t_1^{(3)}) \times a_1^{(3)}(1 - a_1^{(3)}) \times w_{12}^{(3)} \times a_2^{(2)}(1 - a_2^{(2)}) \times a_1^{(1)}$$

$$+ (a_2^{(3)} - t_2^{(3)}) \times a_2^{(3)}(1 - a_2^{(3)}) \times w_{22}^{(3)} \times a_2^{(2)}(1 - a_2^{(2)}) \times a_1^{(1)}$$

[식 9.28] 은닉층 $\frac{\partial E}{\partial w_{21}^{(2)}}$ 오차역전파 공식

9.6.3 은닉층 $\frac{\partial E}{\partial w_{12}^{(2)}}$

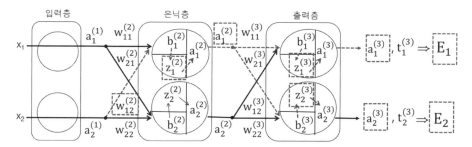

[그림 9.15] $w_{12}^{(2)}$의 변화에 따른 오차 E의 변화

$$\frac{\partial E}{\partial w_{12}^{(2)}} = \frac{\partial E_1}{\partial w_{12}^{(2)}} + \frac{\partial E_2}{\partial w_{12}^{(2)}} \qquad ①$$

$$= \frac{\partial E_1}{\partial a_1^{(3)}} \times \frac{\partial a_1^{(3)}}{\partial z_1^{(3)}} \times \frac{\partial z_1^{(3)}}{\partial a_1^{(2)}} \times \frac{\partial a_1^{(2)}}{\partial z_1^{(2)}} \times \frac{\partial z_1^{(2)}}{\partial w_{12}^{(2)}} + \frac{\partial E_2}{\partial a_2^{(3)}} \times \frac{\partial a_2^{(3)}}{\partial z_2^{(3)}} \times \frac{\partial z_2^{(3)}}{\partial a_1^{(2)}} \times \frac{\partial a_1^{(2)}}{\partial z_1^{(2)}} \times \frac{\partial z_1^{(2)}}{\partial w_{12}^{(2)}} \qquad ②$$

$$= (a_1^{(3)} - t_1^{(3)}) \times \text{sigmoid}(z_1^{(3)})(1 - \text{sigmoid}(z_1^{(3)})) \times w_{11}^{(3)} \times \text{sigmoid}(z_1^{(2)})(1 - \text{sigmoid}(z_1^{(2)})) \times a_2^{(1)} \qquad ③$$

$$+ (a_2^{(3)} - t_2^{(3)}) \times \text{sigmoid}(z_2^{(3)})(1 - \text{sigmoid}(z_2^{(3)})) \times w_{21}^{(3)} \times \text{sigmoid}(z_1^{(2)})(1 - \text{sigmoid}(z_1^{(2)})) \times a_2^{(1)}$$

$$= (a_1^{(3)} - t_1^{(3)}) \times a_1^{(3)}(1 - a_1^{(3)}) \times w_{11}^{(2)} \times a_1^{(2)}(1 - a_1^{(2)}) \times a_2^{(1)} \qquad ④$$

$$+ (a_2^{(3)} - t_2^{(3)}) \times a_2^{(3)}(1 - a_2^{(3)}) \times w_{21}^{(2)} \times a_1^{(2)}(1 - a_1^{(2)}) \times a_2^{(1)}$$

[식 9.29] 은닉층 $\frac{\partial E}{\partial w_{12}^{(2)}}$ 유도 과정

먼저 은닉층에서 $\frac{\partial E}{\partial w_{12}^{(2)}}$ 수식은 4장 미분의 정의에서 알아본 것처럼 $w_{11}^{(2)}$가 변할 때 오차 E가 얼마나 변할 것인가를 나타내고 있습니다.

[식 9.29] ① 유도 과정: 여기서 오차 E는 [표 9.1]에서 알아본 것처럼 출력층 노드 1에서의 오차 E_1과 출력층 노드 2에서의 오차 E_2의 합으로 나타낼 수 있기 때문에 [식 9.29]의 ①과 같이 덧셈 형태로 전개할 수 있습니다.

그런데 [그림 9.15]의 신경망 구조에서 점선의 박스 형태로 표시한 것처럼 $w_{12}^{(2)}$가 변하면 $z_1^{(2)}$가 영향을 받고, $z_1^{(2)}$가 변하면 $a_1^{(2)}$가 영향을 받습니다. 그리고 은닉층 출력 $a_1^{(2)}$가 변하면 신경망의 피드 포워드Feed Forward에 의해 출력층의 모든 노드가 영향을 받는다는 것을 알 수 있습니다. 그래서 은닉층 출력 $a_1^{(2)}$가 변하면 출력층의 $z_1^{(3)}$, $z_2^{(3)}$, $a_1^{(3)}$, $a_2^{(3)}$도 동시에 변하기 때문에 최종적으로 오차 E_1, E_2 모두 영향을 받습니다.

[식 9.29] ② 유도 과정: 체인 룰Chain Rule을 이용하면 첫 번째 항은 $\frac{\partial E_1}{\partial w_{12}^{(2)}} = \frac{\partial E_1}{\partial a_1^{(3)}} \times \frac{\partial a_1^{(3)}}{\partial z_1^{(3)}} \times \frac{\partial z_1^{(3)}}{\partial a_1^{(2)}} \times \frac{\partial a_1^{(2)}}{\partial z_1^{(2)}} \times \frac{\partial z_1^{(2)}}{\partial w_{12}^{(2)}}$처럼 5개의 국소Local 편미분 식으로 분해됩니다. 두 번째 항 또한 체인 룰에 의해 $\frac{\partial E_2}{\partial w_{12}^{(2)}} = \frac{\partial E_2}{\partial a_2^{(3)}} \times \frac{\partial a_2^{(3)}}{\partial z_2^{(3)}} \times \frac{\partial z_2^{(3)}}{\partial a_1^{(2)}} \times \frac{\partial a_1^{(2)}}{\partial z_1^{(2)}} \times \frac{\partial z_1^{(2)}}{\partial w_{12}^{(2)}}$처럼 5개의 국소Local 편미분 식으로 분해됩니다.

[식 9.29] ③ 유도 과정: 첫 번째 항을 구성하는 5개의 국소Local 편미분 식의 분자 부분, 즉 E_1, $a_1^{(3)}$, $z_1^{(3)}$, $a_1^{(2)}$, $z_1^{(2)}$ 부분에 [식 9.1] 시그모이드 미분, [표 9.1], [표 9.2]에서 정리한 수식을 대입하고 해당되는 변수에 대해서 미분을 수행하면 [식 9.29]의 ③의 첫 번째 수식을 얻을 수 있습니다.

마찬가지로 두 번째 항을 구성하는 5개의 국소Local 편미분 식의 분자 부분, 즉 E_2, $a_2^{(3)}$,

$z_2^{(3)}$, $a_1^{(2)}$, $z_1^{(2)}$ 부분에 [식 9.1] 시그모이드 미분, [표 9.1], [표 9.2]에서 정리한 수식을 대입하고 해당되는 변수에 대해서 미분을 수행하면 [식 9.29]의 ③의 두 번째 수식을 얻을 수 있습니다.

[식 9.29] ④ 유도 과정: [식 9.29]의 ③에서 $sigmoid(z_1^{(3)})$은 출력층 노드 1의 출력 값 $a_1^{(3)}$을, $sigmoid(z_2^{(3)})$은 출력층 노드 2의 출력 값 $a_2^{(3)}$을 나타내는 것이기 때문에 최종적으로 [식 9.29]의 ④와 같이 곱셈 형태로만 이루어진 공식을 얻을 수 있습니다.

즉 [식 9.30]과 같이 편미분 방정식이 곱셈 형태의 수식으로 바뀝니다.

$$\frac{\partial E}{\partial w_{12}^{(2)}} = (a_1^{(3)} - t_1^{(3)}) \times a_1^{(3)}(1-a_1^{(3)}) \times w_{11}^{(2)} \times a_1^{(2)}(1-a_1^{(2)}) \times a_2^{(1)}$$
$$+ (a_2^{(3)} - t_2^{(3)}) \times a_2^{(3)}(1-a_2^{(3)}) \times w_{21}^{(2)} \times a_1^{(2)}(1-a_1^{(2)}) \times a_2^{(1)}$$

[식 9.30] 은닉층 $\frac{\partial E}{\partial w_{12}^{(2)}}$ 유도 과정

9.6.4 은닉층 $\dfrac{\partial E}{\partial w_{22}^{(2)}}$

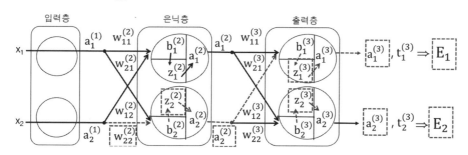

[그림 9.16] $w_{22}^{(2)}$의 변화에 따른 오차 E의 변화

$$\frac{\partial E}{\partial w_{22}^{(2)}} = \frac{\partial E_1}{\partial w_{22}^{(2)}} + \frac{\partial E_2}{\partial w_{22}^{(2)}} \qquad ①$$

$$= \frac{\partial E_1}{\partial a_1^{(3)}} \times \frac{\partial a_1^{(3)}}{\partial z_1^{(3)}} \times \frac{\partial z_1^{(3)}}{\partial a_2^{(2)}} \times \frac{\partial a_2^{(2)}}{\partial z_2^{(2)}} \times \frac{\partial z_2^{(2)}}{\partial w_{22}^{(2)}} + \frac{\partial E_2}{\partial a_2^{(3)}} \times \frac{\partial a_2^{(3)}}{\partial z_2^{(3)}} \times \frac{\partial z_2^{(3)}}{\partial a_2^{(2)}} \times \frac{\partial a_2^{(2)}}{\partial z_2^{(2)}} \times \frac{\partial z_2^{(2)}}{\partial w_{22}^{(2)}} \qquad ②$$

$$= (a_1^{(3)} - t_1^{(3)}) \times sigmoid(z_1^{(3)})(1 - sigmoid(z_1^{(3)})) \times w_{12}^{(3)} \times sigmoid(z_2^{(2)})(1 - sigmoid(z_2^{(2)})) \times a_2^{(1)} \qquad ③$$
$$+ (a_2^{(3)} - t_2^{(3)}) \times sigmoid(z_2^{(3)})(1 - sigmoid(z_2^{(3)})) \times w_{22}^{(3)} \times sigmoid(z_2^{(2)})(1 - sigmoid(z_2^{(2)})) \times a_2^{(1)}$$

$$= (a_1^{(3)} - t_1^{(3)}) \times a_1^{(3)}(1 - a_1^{(3)}) \times w_{12}^{(3)} \times a_2^{(2)}(1 - a_2^{(2)}) \times a_2^{(1)} \qquad ④$$
$$+ (a_2^{(3)} - t_2^{(3)}) \times a_2^{(3)}(1 - a_2^{(3)}) \times w_{22}^{(3)} \times a_2^{(2)}(1 - a_2^{(2)}) \times a_2^{(1)}$$

[식 9.31] 은닉층 $\frac{\partial E}{\partial w_{22}^{(2)}}$ 유도 과정

먼저 은닉층에서 $\frac{\partial E}{\partial w_{22}^{(2)}}$ 수식은 4장 미분의 정의에서 알아본 것처럼 $w_{22}^{(2)}$가 변할 때 오차 E가 얼마나 변할 것인가를 나타내고 있습니다.

[식 9.31] ① 유도 과정: 여기서 오차 E는 [표 9.1]에서 알아본 것처럼 출력층 노드 1에서의 오차 E_1과 출력층 노드 2에서의 오차 E_2의 합으로 나타낼 수 있기 때문에 [식 9.31]의 ①과 같이 덧셈 형태로 전개할 수 있습니다.

그런데 [그림 9.16]의 신경망 구조에서 점선의 박스 형태로 표시한 것처럼 $w_{22}^{(2)}$가 변하면 $z_2^{(2)}$가 영향을 받고 $z_2^{(2)}$가 변하면 $a_2^{(2)}$가 영향을 받습니다. 그리고 은닉층 출력 $a_2^{(2)}$가 변하면 신경망의 피드 포워드Feed Forward에 의해 출력층의 모든 노드가 영향을 받는다는 것을 알 수 있습니다. 즉 은닉층 출력 $a_2^{(2)}$가 변하면 출력층의 $z_1^{(3)}$, $z_2^{(3)}$, $a_1^{(3)}$, $a_2^{(3)}$도 동시에 변하기 때문에 최종적으로 오차 E_1, E_2 모두 영향을 받습니다.

[식 9.31] ② 유도 과정: 체인 룰Chain Rule을 이용하면 첫 번째 항은 $\frac{\partial E_1}{\partial w_{22}^{(2)}} = \frac{\partial E_1}{\partial a_1^{(3)}} \times \frac{\partial a_1^{(3)}}{\partial z_1^{(3)}} \times \frac{\partial z_1^{(3)}}{\partial a_2^{(2)}} \times \frac{\partial a_2^{(2)}}{\partial z_2^{(2)}} \times \frac{\partial z_2^{(2)}}{\partial w_{22}^{(2)}}$ 처럼 5개의 국소Local 편미분 식으로 분해됩니다. 두 번째 항 또한 체인 룰에 의해 $\frac{\partial E_2}{\partial w_{22}^{(2)}} = \frac{\partial E_2}{\partial a_2^{(3)}} \times \frac{\partial a_2^{(3)}}{\partial z_2^{(3)}} \times \frac{\partial z_2^{(3)}}{\partial a_2^{(2)}} \times \frac{\partial a_2^{(2)}}{\partial z_2^{(2)}} \times \frac{\partial z_2^{(2)}}{\partial w_{22}^{(2)}}$ 처럼 5개

의 국소Local 편미분 식으로 분해됩니다.

[식 9.31] ③ 유도 과정: 첫 번째 항을 구성하는 5개의 국소Local 편미분 식의 분자 부분, 즉 E_1, $a_1^{(3)}$, $z_1^{(3)}$, $a_2^{(2)}$, $z_2^{(2)}$ 부분에 [식 9.1] 시그모이드 미분, [표 9.1], [표 9.2]에서 정리한 수식을 대입하고 해당되는 변수에 대해서 미분을 수행하면 [식 9.31]의 ③의 첫 번째 수식을 얻을 수 있습니다.

마찬가지로 두 번째 항을 구성하는 5개의 국소Local 편미분 식의 분자 부분, 즉 E_2, $a_2^{(3)}$, $z_2^{(3)}$, $a_2^{(2)}$, $z_2^{(2)}$ 부분에 [식 9.1] 시그모이드 미분, [표 9.1], [표 9.2]에서 정리한 수식을 대입하고 해당되는 변수에 대해서 미분을 수행하면 [식 9.31]의 ③의 두 번째 수식을 얻을 수 있습니다.

[식 9.31] ④ 유도 과정: [식 9.31]의 ③에서 $sigmoid(z_1^{(3)})$은 출력층 노드 1의 출력 값 $a_1^{(3)}$을, $sigmoid(z_2^{(3)})$은 출력층 노드 2의 출력 값 $a_2^{(3)}$을 나타내는 것이기 때문에 최종적으로 [식 9.31]의 ④와 같이 곱셈 형태로만 이루어진 공식을 얻을 수 있습니다.
즉 [식 9.32]과 같이 편미분 방정식이 곱셈 형태의 수식으로 바뀝니다.

$$\frac{\partial E}{\partial w_{22}^{(2)}} = (a_1^{(3)} - t_1^{(3)}) \times a_1^{(3)}(1 - a_1^{(3)}) \times w_{12}^{(3)} \times a_2^{(2)}(1 - a_2^{(2)}) \times a_2^{(1)}$$
$$+ (a_2^{(3)} - t_2^{(3)}) \times a_2^{(3)}(1 - a_2^{(3)}) \times w_{22}^{(3)} \times a_2^{(2)}(1 - a_2^{(2)}) \times a_2^{(1)}$$

[식 9.32] 은닉층 $\frac{\partial E}{\partial w_{22}^{(2)}}$ 오차역전파 공식

9.6.5 은닉층 $\dfrac{\partial E}{\partial b_1^{(2)}}$

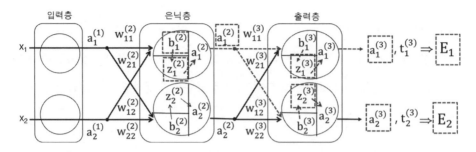

[그림 9.17] $b_1^{(2)}$의 변화에 따른 오차 E의 변화

$$
\frac{\partial E}{\partial b_1^{(2)}} = \frac{\partial E_1}{\partial b_1^{(2)}} + \frac{\partial E_2}{\partial b_1^{(2)}} \qquad \text{①}
$$

$$
= \frac{\partial E_1}{\partial a_1^{(3)}} \times \frac{\partial a_1^{(3)}}{\partial z_1^{(3)}} \times \frac{\partial z_1^{(3)}}{\partial a_1^{(2)}} \times \frac{\partial a_1^{(2)}}{\partial z_1^{(2)}} \times \frac{\partial z_1^{(2)}}{\partial b_1^{(2)}} + \frac{\partial E_2}{\partial a_2^{(3)}} \times \frac{\partial a_2^{(3)}}{\partial z_2^{(3)}} \times \frac{\partial z_2^{(3)}}{\partial a_1^{(2)}} \times \frac{\partial a_1^{(2)}}{\partial z_1^{(2)}} \times \frac{\partial z_1^{(2)}}{\partial b_1^{(2)}} \qquad \text{②}
$$

$$
= (a_1^{(3)}-t_1^{(3)}) \times \text{sigmoid}(z_1^{(3)})(1-\text{sigmoid}(z_1^{(3)})) \times w_{11}^{(3)} \times \text{sigmoid}(z_1^{(2)})(1-\text{sigmoid}(z_1^{(2)})) \times 1 \qquad \text{③}
$$
$$
+ (a_2^{(3)}-t_2^{(3)}) \times \text{sigmoid}(z_2^{(3)})(1-\text{sigmoid}(z_2^{(3)})) \times w_{21}^{(3)} \times \text{sigmoid}(z_1^{(2)})(1-\text{sigmoid}(z_1^{(2)})) \times 1
$$

$$
= (a_1^{(3)}-t_1^{(3)}) \times a_1^{(3)}(1-a_1^{(3)}) \times w_{11}^{(3)} \times a_1^{(2)}(1-a_1^{(2)}) \times 1 \qquad \text{④}
$$
$$
+ (a_2^{(3)}-t_2^{(3)}) \times a_2^{(3)}(1-a_2^{(3)}) \times w_{21}^{(3)} \times a_1^{(2)}(1-a_1^{(2)}) \times 1
$$

[식 9.33] 은닉층 $\dfrac{\partial E}{\partial b_1^{(2)}}$ 유도 과정

먼저 은닉층에서 $\dfrac{\partial E}{\partial b_1^{(2)}}$ 수식은 4장 미분의 정의에서 알아본 것처럼 $b_1^{(2)}$가 변할 때 오차 E가 얼마나 변할 것인가를 나타내고 있습니다.

[식 9.33] ① 유도 과정: 여기서 오차 E는 [표 9.1]에서 알아본 것처럼 출력층 노드 1에서의 오차 E_1과 출력층 노드 2에서의 오차 E_2의 합으로 나타낼 수 있기 때문에 [식 9.33]의 ①과 같이 덧셈 형태로 전개할 수 있습니다.

그런데 [그림 9.17]의 신경망 구조에서 점선의 박스 형태로 표시한 것처럼 $b_1^{(2)}$가 변하면 $z_1^{(2)}$가 영향을 받고 $z_1^{(2)}$가 변하면 $a_1^{(2)}$가 영향을 받습니다. 그리고 은닉층 출력 $a_1^{(2)}$가 변하면 신경망의 피드 포워드Feed Forward에 의해 출력층의 모든 노드가 영향을 받는 다는 것을 알 수 있습니다. 그래서 은닉층 출력 $a_1^{(2)}$가 변하면 출력층의 $z_1^{(3)}$, $z_2^{(3)}$, $a_1^{(3)}$, $a_2^{(3)}$ 도 동시에 변하기 때문에 최종적으로 오차 E_1, E_2 모두 영향을 받습니다.

[식 9.33] ② 유도 과정: 체인 룰Chain Rule을 이용하면 첫 번째 항 $\dfrac{\partial E_1}{\partial b_1^{(2)}} = \dfrac{\partial E_1}{\partial a_1^{(3)}} \times \dfrac{\partial a_1^{(3)}}{\partial z_1^{(3)}}$ $\times \dfrac{\partial z_1^{(3)}}{\partial a_1^{(2)}} \times \dfrac{\partial a_1^{(2)}}{\partial z_1^{(2)}} \times \dfrac{\partial z_1^{(2)}}{\partial b_1^{(2)}}$처럼 5개의 국소Local 편미분 식으로 분해됩니다. 두 번째 항 또한 체인 룰에 의해 $\dfrac{\partial E_2}{\partial b_1^{(2)}} = \dfrac{\partial E_2}{\partial a_2^{(3)}} \times \dfrac{\partial a_2^{(3)}}{\partial z_2^{(3)}} \times \dfrac{\partial z_2^{(3)}}{\partial a_1^{(2)}} \times \dfrac{\partial a_1^{(2)}}{\partial z_1^{(2)}} \times \dfrac{\partial z_1^{(2)}}{\partial b_1^{(2)}}$처럼 5개의 국소 Local 편미분 식으로 분해됩니다.

[식 9.33] ③ 유도 과정: 첫 번째 항을 구성하는 5개의 국소Local 편미분 식의 분자 부분, 즉 E_1, $a_1^{(3)}$, $z_1^{(3)}$, $a_1^{(2)}$, $z_1^{(2)}$ 부분에 [식 9.1] 시그모이드 미분, [표 9.1], [표 9.2]에서 정리한 수식을 대입하고 해당되는 변수에 대해서 미분을 수행하면 [식 9.33]의 ③의 첫 번째 수식을 얻을 수 있습니다.

마찬가지로 두 번째 항을 구성하는 5개의 국소Local 편미분 식의 분자 부분, 즉 E_2, $a_2^{(3)}$, $z_2^{(3)}$, $a_1^{(2)}$, $z_1^{(2)}$ 부분에 [식 9.1] 시그모이드 미분, [표 9.1], [표 9.2]에서 정리한 수식을 대입하고 해당되는 변수에 대해서 미분을 수행하면 [식 9.33]의 ③의 두 번째 수식을 얻을 수 있습니다.

[식 9.33] ④ 유도 과정: [식 9.33]의 ③에서 $\text{sigmoid}(z_1^{(3)})$은 출력층 노드 1의 출력 값 $a_1^{(3)}$이고 $\text{sigmoid}(z_2^{(3)})$은 출력층 노드 2의 출력 값 $a_2^{(3)}$을 나타내는 것이기 때문에 최종적으로 [식 9.33]의 ④와 같이 곱셈 형태로만 이루어진 공식을 얻을 수 있습니다.

즉 [식 9.34]과 같이 편미분 방정식이 곱셈 형태의 수식으로 바뀝니다.

$$\frac{\partial E}{\partial b_1^{(2)}} = (a_1^{(3)} - t_1^{(3)}) \times a_1^{(3)}(1-a_1^{(3)}) \times w_{11}^{(2)} \times a_1^{(2)}(1-a_1^{(2)}) \times 1$$

$$+ (a_2^{(3)} - t_2^{(3)}) \times a_2^{(3)}(1-a_2^{(3)}) \times w_{21}^{(2)} \times a_1^{(2)}(1-a_1^{(2)}) \times 1$$

[식 9.34] 은닉층 $\dfrac{\partial E}{\partial b_1^{(2)}}$ 오차역전파 공식

9.6.6 은닉층 $\dfrac{\partial E}{\partial b_2^{(2)}}$

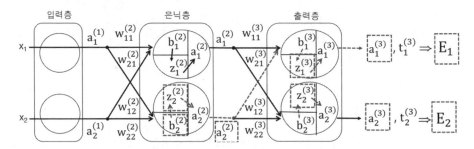

[그림 9.18] $b_2^{(2)}$의 변화에 따른 오차 E의 변화

$$\frac{\partial E}{\partial b_2^{(2)}} = \frac{\partial E_1}{\partial b_2^{(2)}} + \frac{\partial E_2}{\partial b_2^{(2)}} \qquad ①$$

$$= \frac{\partial E_1}{\partial a_1^{(3)}} \times \frac{\partial a_1^{(3)}}{\partial z_1^{(3)}} \times \frac{\partial z_1^{(3)}}{\partial a_2^{(2)}} \times \frac{\partial a_2^{(2)}}{\partial z_2^{(2)}} \times \frac{\partial z_2^{(2)}}{\partial b_2^{(2)}} + \frac{\partial E_2}{\partial a_2^{(3)}} \times \frac{\partial a_2^{(3)}}{\partial z_2^{(3)}} \times \frac{\partial z_2^{(3)}}{\partial a_2^{(2)}} \times \frac{\partial a_2^{(2)}}{\partial z_2^{(2)}} \times \frac{\partial z_2^{(2)}}{\partial b_2^{(2)}} \qquad ②$$

$$= (a_1^{(3)} - t_1^{(3)}) \times sigmoid(z_1^{(3)})(1-sigmoid(z_1^{(3)})) \times w_{12}^{(3)} \times sigmoid(z_2^{(2)})(1-sigmoid(z_2^{(2)})) \times 1 \qquad ③$$

$$+ (a_2^{(3)} - t_2^{(3)}) \times sigmoid(z_2^{(3)})(1-sigmoid(z_2^{(3)})) \times w_{22}^{(3)} \times sigmoid(z_2^{(2)})(1-sigmoid(z_2^{(2)})) \times 1$$

$$= (a_1^{(3)} - t_1^{(3)}) \times a_1^{(3)}(1-a_1^{(3)}) \times w_{12}^{(3)} \times a_2^{(2)}(1-a_2^{(2)}) \times 1 \qquad ④$$

$$+ (a_2^{(3)} - t_2^{(3)}) \times a_2^{(3)}(1-a_2^{(3)}) \times w_{22}^{(3)} \times a_2^{(2)}(1-a_2^{(2)}) \times 1$$

[식 9.35] 은닉층 $\dfrac{\partial E}{\partial b_2^{(2)}}$ 유도 과정

먼저 은닉층에서 $\dfrac{\partial E}{\partial b_2^{(2)}}$ 수식은 4장 미분의 정의에서 알아본 것처럼 $b_2^{(2)}$가 변할 때 오차 E가 얼마나 변할 것인가를 나타내고 있습니다.

[식 9.35] ① 유도 과정: 여기서 오차 E는 [표 9.1]에서 알아본 것처럼 출력층 노드 1에서의 오차 E_1과 출력층 노드 2에서의 오차 E_2의 합으로 나타낼 수 있기 때문에 [식 9.35]의 ①과 같이 덧셈 형태로 전개할 수 있습니다.

그런데 [그림 9.18]의 신경망 구조에서 점선의 박스 형태로 표시한 것처럼 $b_2^{(2)}$가 변하면 $z_2^{(2)}$가 영향을 받고 $z_2^{(2)}$가 변하면 $a_2^{(2)}$가 영향을 받습니다. 그리고 은닉층 출력 $a_2^{(2)}$가 변하면 신경망의 피드 포워드Feed Forward에 의해 출력층의 모든 노드가 영향을 받는다는 것을 알 수 있습니다. 그래서 은닉층 출력 $a_2^{(2)}$가 변하면 출력층의 $z_1^{(3)}$, $z_2^{(3)}$, $a_1^{(3)}$, $a_2^{(3)}$도 동시에 변하기 때문에 최종적으로 오차 E_1, E_2 모두 영향을 받습니다.

[식 9.35] ② 유도 과정: 체인 룰Chain Rule을 이용하면 첫 번째 항은 $\dfrac{\partial E_1}{\partial b_2^{(2)}} = \dfrac{\partial E_1}{\partial a_1^{(3)}} \times \dfrac{\partial a_1^{(3)}}{\partial z_1^{(3)}} \times \dfrac{\partial z_1^{(3)}}{\partial a_2^{(2)}} \times \dfrac{\partial a_2^{(2)}}{\partial z_2^{(2)}} \times \dfrac{\partial z_2^{(2)}}{\partial b_2^{(2)}}$처럼 5개의 국소Local 편미분 식으로 분해됩니다. 두 번째 항 또한 체인 룰에 의해 $\dfrac{\partial E_2}{\partial b_2^{(2)}} = \dfrac{\partial E_2}{\partial a_2^{(3)}} \times \dfrac{\partial a_2^{(3)}}{\partial z_2^{(3)}} \times \dfrac{\partial z_2^{(3)}}{\partial a_2^{(2)}} \times \dfrac{\partial a_2^{(2)}}{\partial z_2^{(2)}} \times \dfrac{\partial z_2^{(2)}}{\partial b_2^{(2)}}$처럼 5개의 국소Local 편미분 식으로 분해됩니다.

[식 9.35] ③ 유도 과정: 첫 번째 항을 구성하는 5개의 국소Local 편미분 식의 분자 부분, 즉 E_1, $a_1^{(3)}$, $z_1^{(3)}$, $a_2^{(2)}$, $z_2^{(2)}$ 부분에 [식 9.1] 시그모이드 미분, [식 9.1], [표 9.2]에서 정리한 수식을 대입하고 해당되는 변수에 대해서 미분을 수행하면 [식 9.35]의 ③의 첫 번째 수식을 얻을 수 있습니다.

마찬가지로 두 번째 항을 구성하는 5개의 국소Local 편미분 식의 분자 부분, 즉 E_2, $a_2^{(3)}$,

$z_2^{(3)}$, $a_2^{(2)}$, $z_2^{(2)}$ 부분에 [식 9.1] 시그모이드 미분, [표 9.1], [표 9.2]에서 정리한 수식을 대입하고 해당되는 변수에 대해서 미분을 수행하면 [식 9.35]의 ③의 두 번째 수식을 얻을 수 있습니다.

[식 9.35] ④ 유도 과정: [식 9.35]의 ③에서 sigmoid($z_1^{(3)}$)은 출력층 노드 1의 출력 값 $a_1^{(3)}$을, sigmoid($z_2^{(3)}$)은 출력층 노드 2의 출력 값 $a_2^{(3)}$을 나타내는 것이기 때문에 최종적으로 [식 9.35]의 ④와 같이 곱셈 형태로만 이루어진 공식을 얻을 수 있습니다.

즉 [식 9.36]과 같이 편미분 방정식이 곱셈 형태의 수식으로 바뀝니다.

$$\frac{\partial E}{\partial b_2^{(2)}} = (a_1^{(3)} - t_1^{(3)}) \times a_1^{(3)}(1 - a_1^{(3)}) \times w_{12}^{(3)} \times a_2^{(2)}(1 - a_2^{(2)}) \times 1$$
$$+ (a_2^{(3)} - t_2^{(3)}) \times a_2^{(3)}(1 - a_2^{(3)}) \times w_{22}^{(3)} \times a_2^{(2)}(1 - a_2^{(2)}) \times 1$$

[식 9.36] 은닉층 $\frac{\partial E}{\partial b_2^{(2)}}$ 오차역전파 공식

9.6.7 은닉층 오차역전파 일반 공식

지금까지 은닉층에서의 가중치와 바이어스 변화율에 대한 오차역전파Back Propagation 공식을 알아보았습니다.

이번 절에서는 지금까지 힘들게 유도한 이러한 가중치 4개($w_{11}^{(2)}$ $w_{21}^{(2)}$ $w_{12}^{(2)}$ $w_{22}^{(2)}$), 바이어스 2개($b_1^{(2)}$ $b_2^{(2)}$) 편미분 식을, 출력층에서의 가상의 손실Loss과 은닉층에서의 가상의 손실Loss 개념을 이용해서 행렬Matrix로 나타낼 수 있는 은닉층의 최종적인 오차역전파 공식을 이끌어 내겠습니다.

먼저 [식 9.37], [식 9.38]처럼 입력층 출력 값 벡터 A1, 은닉층 출력 값 벡터 A2, 은닉층에서의 가상의 손실 벡터 loss_2 그리고 출력층에서의 가상의 손실 벡터 loss_3을 정의하겠습니다.

입력층 출력 값 벡터	$A1 = (a_1^{(1)} \quad a_2^{(1)})$
은닉층 출력 값 벡터	$A2 = (a_1^{(2)} \quad a_2^{(2)})$

[식 9.37] 입력층 출력 A1, 은닉층 출력 A2

출력층 가상 손실 벡터	$loss\_3 = ((a_1^{(3)} - t_1^{(3)})a_1^{(3)}(1 - a_1^{(3)}) \quad (a_2^{(3)} - t_2^{(3)})a_2^{(3)}(1 - a_2^{(3)}))$
출력층 가중치	$W3 = \begin{pmatrix} w_{11}^{(3)} & w_{21}^{(3)} \\ w_{12}^{(3)} & w_{22}^{(3)} \end{pmatrix}$
은닉층 가상 손실 벡터	$loss\_2 = (loss\_3 \cdot W3^T) \times A2(1 - A2)$

[식 9.18] 은닉층 출력 값 벡터 A2, 출력층 가상 손실 벡터 loss_3

[식 9.37], [식 9.38]처럼 A1, A2, loss_3, W3, loss_2를 정의하면 은닉층의 오차역전파 공식 6개($\frac{\partial E}{\partial w_{11}^{(2)}}$, $\frac{\partial E}{\partial w_{21}^{(2)}}$, $\frac{\partial E}{\partial w_{12}^{(2)}}$, $\frac{\partial E}{\partial w_{22}^{(2)}}$, $\frac{\partial E}{\partial b_1^{(2)}}$, $\frac{\partial E}{\partial b_2^{(2)}}$)를 이용하여 $\frac{\partial E}{\partial w^{(2)}}$, $\frac{\partial E}{\partial b^{(2)}}$ 를 다음과 같이 나타낼 수 있습니다.

$$\frac{\partial E}{\partial W^{(2)}} = \begin{pmatrix} \frac{\partial E}{\partial w_{11}^{(2)}} & \frac{\partial E}{\partial w_{21}^{(2)}} \\ \frac{\partial E}{\partial w_{12}^{(2)}} & \frac{\partial E}{\partial w_{22}^{(2)}} \end{pmatrix} \quad ①$$

$$= A1^T \cdot ((loss\_3 \cdot W3^T) \times A2(1 - A2)) \quad ②$$

$$= A1^T \cdot loss\_2 \quad ③$$

[식 9.39] 은닉층 가중치 변화율에 따른 오차 변화율 $\frac{\partial E}{\partial W^{(2)}}$

$$\frac{\partial E}{\partial b^{(2)}} = \left(\frac{\partial E}{\partial b_1^{(2)}} \quad \frac{\partial E}{\partial b_2^{(2)}} \right) \qquad \text{①}$$

$$= ((loss\_3 \cdot W3^T) \times A2(1-A2)) \qquad \text{②}$$

$$= loss\_2 \qquad \text{③}$$

[식 9.40] 은닉층 바이어스 변화율에 따른 오차 변화율 $\frac{\partial E}{\partial b^{(2)}}$

즉, [식 9.39]에서 알 수 있듯이 은닉층에서의 가중치 변화율 $\frac{\partial E}{\partial w^{(2)}}$는 입력층의 출력 값에 대한 전치행렬($A1^T$)과 은닉층의 가상 손실(loss_2)의 행렬 곱으로 계산됩니다.

[식 9.40]을 통해 은닉층에서의 바이어스 변화율 $\frac{\partial E}{\partial b^{(2)}}$는 은닉층의 가상 손실(loss_2)로 나타남을 알 수 있습니다. 지면 관계상 생략한 가중치와 바이어스에 대한 ① ~ ③의 상세한 유도 과정을 확인하고 싶다면 제 유튜브 강의의 [머신러닝 강의 25], [머신러닝 강의 26]을 참고하기 바랍니다.

은닉층 가중치 $W^{(2)}$ 계산	$W^{(2)} = W^{(2)} - \alpha \frac{\partial E}{\partial W^{(2)}} = W^{(2)} - \alpha \times (A1^T \cdot loss\_2)$
은닉층 바이어스 $b^{(2)}$ 계산	$b^{(2)} = b^{(2)} - \alpha \frac{\partial E}{\partial b^{(2)}} = b^{(2)} - \alpha \times loss\_2$

[식 9.41] 오차역전파를 이용한 은닉층의 가중치 $W^{(2)}$, 바이어스 $b^{(2)}$ 계산

은닉층의 오차역전파 최종 공식을 [식 9.41]과 같이 정리하였으며 이는 추후 코드를 구현할 때 이용할 예정이니 반드시 기억해 두기 바랍니다.

출력층과 은닉층의 오차역전파 공식은 여기서 마치겠습니다. 다음 절에선 수치 미분을 이용하면 20시간 이상이 소요되던 MNIST를 오차역전파 공식으로 구현하면 학

습 시간을 얼마나 단축할 수 있는지 알아보겠습니다.

관련 유튜브 강의 QR 코드 / 링크
https://youtu.be/FIBQ6bfeb1o

9.7 오차역전파를 이용한 MNIST 검증

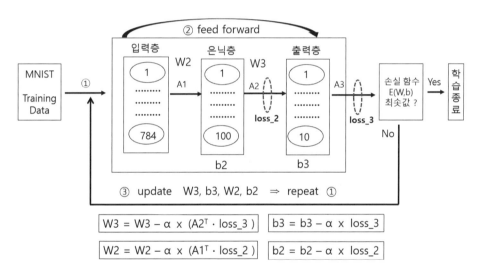

[그림 9.19] 오차역전파를 이용한 신경망 아키텍처

오차역전파를 이용하여 MNIST 검증을 하기 위한 신경망 아키텍처를 [그림 9.19]와 같이 나타냈습니다.

먼저 입력층에서는 MNIST 트레이닝 데이터의 개수와 일치하도록 784개의 노드를 만들었습니다.

은닉층의 노드는 임의로 100개를 설정했습니다. 은닉층 노드의 개수에 별도로 정해진 규칙이 없지만 노드 개수가 많아지면 학습 속도가 느려지기 때문에 학습 환경에 맞게 노드 수를 설정할 필요가 있습니다.

마지막 출력층 노드는 원핫 인코딩One-Hot Encoding 방식, 즉 0부터 9까지 총 10개의 정답을 인덱스Index로 판단하기 위해 10개의 노드가 만들어졌습니다.

9.7.1 NeuralNetwork 클래스 구현

먼저 [예제 9.1]과 같이 MNIST검증을 위한 NeuralNetwork 클래스를 정의해 보겠습니다. 전체 소스 코드는 CH09_Example.ipynb에서 확인하고 실행해 볼 수 있습니다.

[예제 9.1] NeuralNetwork 클래스

| 코드 | ```
import numpy as np

# 외부 함수 (external function)                          ①
def  sigmoid(x):          # 0 또는 1 을 출력하기 위한 sigmoid 함수


# NeuralNetwork 클래스                                    ②
class  NeuralNetwork:
    def  __init__(self, input_nodes, hidden_nodes, output_nodes,
    leraning_rate):
    def  feed_forward(self):            # Feed Forward 수행
    def  loss_val(self):                # 손실 함수 값 계산
    def  train(self):                   # 가중치, 바이어스 업데이트
    def  predict(self, input_data)      # 미래 값 예측  method
    def  accuracy(self, input_data, target_data) # 정확도 측정 method
``` |
```

① 시그모이드 함수를 정의하는 부분으로 이전 장에서 구현했던 코드를 그대로 이용합니다.

② 생성자(__init__)에서는 입력층 노드 개수(input_nodes), 은닉층 노드 개수(hidden_nodes), 출력층 노드 개수(output_nodes), 은닉층 사이의 가중치 W2, 은닉층과 출력층 사이의 가중치 W3, 은닉층 바이어스 b2, 출력층 바이어스 b3 그리고 학습률 α 등을 초기화하고 있습니다.

다음은 신경망에서 피드 포워드Feed Forward를 수행하면서 크로스 엔트로피Cross Entropy 손실 함수 값을 계산해 주는 feed_forward() 메서드와 현재의 손실 함수 값을 알려 주는 loss_val() 메서드가 있습니다.

train() 메서드는 내부적으로 수치 미분 버전과 완전히 다른 부분으로서, 오차역전파 공식을 이용하여 가중치 W2, W3, 바이어스 b2, b3을 업데이트하는 기능을 합니다.

predict() 메서드는 이름에서 알 수 있듯이 임의의 입력 데이터에 대한 미래 값을 예측해 주는 역할을 합니다.

그리고 마지막에 있는 accuracy() 메서드는 테스트 데이터(mnist_test.csv)를 이용하여 우리가 구현한 딥러닝 아키텍처의 정확도를 검증할 수 있는 메서드입니다.

그럼 실제 NeuralNetwork 클래스의 각 메서드Method를 구현하겠습니다.

| 코드 | ```python
import numpy as np

class NeuralNetwork:
    # 생성자
    def __init__(self, input_nodes, hidden_nodes, output_nodes, learning_
    rate):

        # 각 층의 노드와 학습률 초기화                              ①
        self.input_nodes = input_nodes
        self.hidden_nodes = hidden_nodes
        self.output_nodes = output_nodes
        self.learning_rate = learning_rate

        # Xavier/He 방법으로 가중치, 바이어스 초기화               ②
        self.W2 = np.random.randn(self.input_nodes, self.hidden_nodes),
        np.sqrt(self.input_nodes/2)
        self.b2 = np.random.rand(self.hidden_nodes)

        self.W3 = np.random.randn(self.hidden_nodes, self.output_nodes),
        np.sqrt(self.hidden_nodes/2)
        self.b3 = np.random.rand(self.output_nodes)

        # 출력층 선형 회귀 값 Z3, 출력 값 A3 정의 (모두 행렬로 표시) ③
        self.Z3 = np.zeros([1,output_nodes])
        self.A3 = np.zeros([1,output_nodes])
        # 은닉층 선형 회귀 값 Z2, 출력 값 A2 정의 (모두 행렬로 표시) ④
        self.Z2 = np.zeros([1,hidden_nodes])
        self.A2 = np.zeros([1,hidden_nodes])

        # 입력층 선형 회귀 값 Z1, 출력 값 A1 정의 (모두 행렬로 표시) ⑤
        self.Z1 = np.zeros([1,input_nodes])
        self.A1 = np.zeros([1,input_nodes])
``` |
|---|---|
```

생성자 __init__()는 초기화를 담당하고 있는데,

① 입력층 노드 개수(input_nodes), 은닉층 노드 개수(hidden_nodes), 출력층 노드 개수(output_nodes) 그리고 학습률(learning_rate) 등의 총 4개의 파라미터를 받아서 가중치 W2, W3, 바이어스 b2, b3 그리고 학습률 등을 초기화하고 있습니다.

② 가중치 W2는 입력층과 은닉층 사이의 가중치이며 784 × 100 크기의 행렬이고, 바이어스 b2는 은닉층 노드와 동일하게 30개입니다. 마찬가지로 가중치 W3은 은닉층과 출력층 사이의 가중치이며 100 × 10 크기의 행렬이고, 바이어스 b3은 출력층 노드와 동일하게 10개로 초기화됩니다.

여기서 가중치 W2, W3 초기화 부분을 보면 지금까지 np.random.normal() 함수만을 사용해서 초기화하던 코드와는 조금 다르다는 것을 알 수 있습니다.

이렇게 각 층으로 들어오는 입력층 노드 개수의 제곱근을 사용해서 가중치를 초기화하는 방식을 Xavier/He 방식이라고 하는데, Xavier/He 방식으로 가중치를 초기화하면 딥러닝의 성능과 정확도를 높일 수 있어서 실무에서 많이 사용합니다.

③ ~ ⑤ 오차역전파Back Propagation 공식을 이용하기 위해 구현해야 하는 부분으로써, 각 층에서의 선형 회귀 값(Z)과 출력 값(A)을 행렬로 초기화하는 것을 알 수 있습니다. 오차역전파 공식은 출력 값 행렬(A)과 가상의 손실 행렬로 계산되므로 각 층에서의 선형 회귀 값 행렬 Z, 출력 값 행렬 A 등을 미리 초기화해야 하기 때문입니다.

코드

```python
# 피드 포워드 함수
def feed_forward(self):
    delta = 1e-7      # log 무한대 발산 방지

    # 입력층 선형 회귀 값 Z1, 출력 값 A1 계산
    self.Z1 = self.input_data
    self.A1 = self.input_data

    # 은닉층 선형 회귀 값 Z2, 출력 값 A2 계산
    self.Z2 = np.dot(self.A1, self.W2) + self.b2
    self.A2 = sigmoid(self.Z2)

    # 출력층 선형 회귀 값 Z3, 출력 값 A3 계산
    self.Z3 = np.dot(self.A2, self.W3) + self.b3
    y = self.A3 = sigmoid(self.Z3)

    return -np.sum( self.target_data*np.log(y+delta) +
            (1-self.target_data)*np.log((1 - y)+delta) )

# 손실 값 계산
def loss_val(self):
    delta = 1e-7      # log 무한대 발산 방지

    # 입력층 선형 회귀 값 Z1, 출력 값 A1 계산
    self.Z1 = self.input_data
    self.A1 = self.input_data

    # 은닉층 선형 회귀 값 Z2, 출력 값 A2 계산
    self.Z2 = np.dot(self.A1, self.W2) + self.b2
    self.A2 = sigmoid(self.Z2)
```

| 코드 | ```python
# 출력층 선형 회귀 값 Z3, 출력 값 A3 계산
self.Z3 = np.dot(self.A2, self.W3) + self.b3
y = self.A3 = sigmoid(self.Z3)

return -np.sum( self.target_data*np.log(y+delta) +
        (1-self.target_data)*np.log((1 - y)+delta) )
``` |
|---|---|

신경망에서 피드 포워드Feed Forward를 수행하면서 손실 함수 값을 계산하는 feed_forward() 메서드와 현재의 손실 함수 값을 알려 주는 loss_val() 메서드는 8장에서 구현했던 MNIST_Test 클래스의 loss_func() 메서드와 동일합니다.

[예제 9.4] NeuralNetwork 클래스의 train()

| 코드 | ```python
#  오차역전파를 이용하여 손실 함수가 최소가 될 때까지 학습하는 함수
def train(self, input_data, target_data):

        # 피드 포워드 수행                                    ①

        self.input_data = input_data
        self.target_data = target_data

        f = lambda x : self.feed_forward()
        # 출력층 loss인 loss_3 구함                          ②
        loss_3 = (self.A3-self.target_data) * self.A3 * (1-self.A3)

        # 출력층 가중치 W3, 출력층 바이어스 b3 업데이트          ③
        self.W3 = self.W3 - self.learning_rate * np.dot(self.A2.T,
        loss_3)
        self.b3 = self.b3 - self.learning_rate * loss_3

        # 은닉층 loss인 loss_2 구함                          ④
        loss_2 = np.dot(loss_3, self.W3.T) * self.A2 * (1-self.A2)
``` |
|---|---|

코드	# 은닉층 가중치 W2, 은닉층 바이어스 b2 업데이트 ⑤
	self.W2 = self.W2 - self.learning_rate * np.dot(self.A1.T,
	loss_2)
	self.b2 = self.b2 - self.learning_rate * loss_2

다음은 NeuralNetwork 클래스의 train() 메서드는 오차역전파 공식을 이용하여 가중치 W2, W3, 바이어스 b2, b3 값을 업데이트하는 부분으로서,

① 입력 파라미터로 들어오는 입력 데이터(input_data), 정답 데이터(target_data)를 이용해서 피드 포워드Feed Forward를 수행하고

② ~ ③ 출력층에서의 오차역전파 공식 $W3 = W3 - \alpha \times (A2^T \cdot loss\_3)$, $b3 = b3 - \alpha \times loss\_3$ 수식을 적용하기 위해 가상의 손실 loss_3을 계산한 다음 출력층 가중치 W3, 바이어스 b3을 업데이트합니다.

③ ~ ⑤ 출력층과 마찬가지로 은닉층의 오차역전파 공식 $W2 = W2 - \alpha \times (A1^T \cdot loss\_2)$, $b2 = b2 - \alpha \times loss\_2$ 수식을 적용하기 위해 가상의 손실 loss_2를 계산한 다음 출력층 가중치 W2, 바이어스 b2를 업데이트하는 코드가 구현되어 있습니다.

| 코드 | ```# 미래 값 예측 함수
    def predict(self, input_data):   ①
        Z2 = np.dot(input_data, self.W2) + self.b2
        A2 = sigmoid(Z2)
        Z3 = np.dot(A2, self.W3) + self.b3
        y = A3 = sigmoid(Z3)

        # MNIST 경우는 One-Hot Encoding을 적용하기 때문에
        # 0 또는 1이 아닌 argmax()를 통해 최대 인덱스를 넘겨주어야 함
        predicted_num = np.argmax(y)

        return predicted_num

    # 정확도 측정 함수   ②
    def accuracy(self, test_input_data, test_target_data):
        matched_list = []
        not_matched_list = []

        for index in range(len(test_input_data)):
            label = int(test_target_data[index])

            # 정규화(normalize)
            data = (test_input_data[index, :], 255.0 * 0.99) + 0.01

            # predict를 위해서 vector를 matrix로 변환하여 인수로 넘겨줌
            self.predict(np.array(data, ndmin=2))   ③
            if label == predicted_num:
                matched_list.append(index)
            else:
                not_matched_list.append(index)
        print("Current Accuracy = ", len(matched_list)/(len(test_input_
data)))
        return matched_list, not_matched_list``` |

다음은 NeuralNetwork 클래스의 predict() 메서드, accuracy() 메서드 구현 부분을
보겠습니다.

① predict() 메서드에서는 각 층에서의 선형 회귀 값 Z와 출력 값 A를 계산하고,
최종 출력층에서는 predicted_num = np.argmax(y) 코드처럼 np.argmax() 함
수를 사용해서 최댓값을 가지는 노드의 인덱스Index 값을 리턴해 줍니다(원핫 인
코딩 기법).

② accuracy() 메서드는 딥러닝 아키텍처의 정확성을 검증하는 메서드입니다. 그
런데 accuracy() 메서드를 보면 data = (test_input_data[index, :], 255.0 * 0.99) +
0.01 코드와 같이 모든 입력 데이터(test_input_data) 값을 0과 1 사이의 값으로
정규화Normalize 시키는 것을 알 수 있습니다.

※ MNIST에서 숫자 이미지를 나타내기 위해서 검은색을 나타내는 0부터 흰색의
255까지의 값을 사용했습니다. 만약 0 ~ 255 값을 그대로 사용한다면 손실 함수
를 계산할 때 크로스 엔트로피 수식의 log 부분에서 오버플로Overflow가 발생할 가
능성이 매우 높습니다. 그래서 실제로 프로그래밍을 할 경우 모든 입력 값을 [예제
9.5]와 같이 0과 1 사이의 값으로 만들어 주는 정규화Normalize 작업을 해야 합니
다. 정규화 방법은 여러 가지가 있는데, 이 중 데이터의 최댓값으로 나누는 방법을
이용하여 모든 데이터가 0과 1 사이의 값을 갖도록 하였습니다(MNIST 경우에는
최댓값이 255입니다).

③ self.predict(np.array(data, ndmin=2)) 코드와 같이 0과 1 사이의 값으로 정규화
된 데이터를 ndmin=2 옵션으로 행렬Matrix을 만들어서 predict() 메서드를 호출

합니다. 왜냐하면 오차역전파 공식은 행렬을 기반으로 하는 공식이므로 1차원 벡터 타입의 데이터는 반드시 2차원 행렬로 먼저 바꿔 주어야만 오차역전파 공식을 사용할 수 있기 때문입니다.

NeuralNetwork 클래스 코드 구현은 여기서 마치고, 다음은 객체를 생성해서 학습 Train시킨 후 mnist_test.csv 파일을 객체에 주었을 때 얼마나 정확하게 MNIST(필기체 손글씨)를 인식할 수 있는지 알아보겠습니다.

9.7.2 MNIST 인식 정확도 검증

[예제 9.6] NeuralNetwork 객체 생성 및 정확도 검증

| 학습<br>코드 | ```python
training_data = np.loadtxt('./mnist_train.csv', delimiter=',', dtype=np.float32)   ①

i_nodes = 784                           # input nodes 개수
h1_nodes = 100                          # hidden nodes 개수
o_nodes = 10                            # output nodes 개수
lr = 0.3          # Learning Rate
epochs = 1        # 반복 횟수

# NeuralNetwork 객체 생성
obj = NeuralNetwork (i_nodes, h1_nodes, o_nodes, lr)              ②

for i in range(epochs):
    for step in range(len(training_data)):

        # normalize
        input_data = ((training_data[index, 1:], 255.0) * 0.99) + 0.01 ③
        target_data = np.zeros(o_nodes) + 0.01
        target_data[int(training_data[index, 0])] = 0.99
``` |
```

학습
코드
	``
	# 입력, 정답 데이터를 행렬(Matrix)로 만들어서 train 메서드 호출 ④
	obj.train(np.array(input_data, ndmin=2), np.array(target_data,
	ndmin=2))
	
	if (index % 1000 == 0):
	    print("epochs = ", i, ", step = ", step, ", loss value = ",
	    obj.loss_val())
	``

학습 결과	``` epochs = 0 , step = 0 , current loss_val = 3.596431774902841 epochs = 0 , step = 1000 , current loss_val = 0.8424336448981657 epochs = 0 , step = 2000 , current loss_val = 1.13223305094993 .... epochs = 0 , step = 57000 , current loss_val = 1.1467274015653924 epochs = 0 , step = 58000 , current loss_val = 0.9788280232573221 epochs = 0 , step = 59000 , current loss_val = 0.935433991132101 ```
검증 코드	``` test_data = np.loadtxt('./mnist_test.csv', delimiter=',', dtype=np. float32) test_input_data = test_data[:, 1:] test_target_data = test_data[:, 0] (true_list, false_list) = obj.accuracy(test_input_data, test_target_ data) ⑤ ```
검증 결과	``` Current Accuracy = 0.9432 ```

[예제 9.6]의 학습 코드는 ① mnist_train.csv 파일을 읽어서 60,000 × 785 크기의 training_data 행렬을 생성합니다. ② 784개의 입력 노드, 100개의 은닉 노드, 10개의 출력 노드, 학습률 0.3을 입력 파라미터로 주어 객체 obj를 만듭니다. ③ input_data, target_data를 정규화 시켜서 0과 1 사이의 값으로 변환한 후에 ④ train() 메서드를 통해서 손실 함수 값이 최소가 되도록 가중치와 바이어스를 업데이트합니다.

[예제 9.6]의 ④ 부분을 보면 입력 데이터와 정답 데이터를 행렬Matrix로 만들어서 train() 메서드를 호출하는 것을 알 수 있습니다. 즉, 오차역전파 공식은 기본적으로 행렬 연산을 하기 때문에 벡터Vector로 나타나는 입력 데이터와 정답 데이터를 행렬 Matrix로 바꾸어서 입력해 주어야 한다는 것을 반드시 기억해 두기 바랍니다.

그래서 [예제 9.6]의 학습 결과를 보면 손실 함수 값이 처음에는 3.59였으나 학습이 진행됨에 따라 지속적으로 감소하여 약 0.9까지 줄어듭니다.

이렇게 학습을 마친 후에 ⑤ accuracy() 메서드를 통해 총 10,000개의 테스트 데이터 (test_input_data, test_target_data)에 대한 정확도가 측정됩니다. 검증 결과를 보면 약 94.32%의 정확도로 MNIST를 인식하는 것을 알 수 있습니다.

이로써 이전 장에서 수치 미분을 이용하여 MNIST를 검증할 때는 약 20시간이나 소요되었지만, 이번 절에서 유도한 오차역전파 공식을 이용하면 1분 정도의 시간만으로도 충분히 학습이 된다는 것을 알 수 있습니다.

즉, MNIST를 인식시키는 데 수치 미분은 수십 시간이 필요한 것에 비해, (수학 공식을 유도하기 위해 고생은 많이 했지만)오차역전파를 이용하면 1분 정도의 시간만 소요된다는 것은 놀라운 성과라고 볼 수 있습니다.

관련 유튜브 강의 QR 코드 / 링크
https://youtu.be/Wy-7bKf4UWA

9.8 정리

이번 장에서는 딥러닝의 꽃이라고 부르는 오차역전파Back Propagation 공식을 유도하였고, 이 공식을 이용하면 약 94%의 정확도로 MNIST를 1분여 만에 인식하는 것을 확인했습니다. 이처럼 오차역전파를 이용하면 신경망을 기반으로 하는 딥러닝의 학습 속도와 성능을 높일 수 있습니다.

파이썬만으로 딥러닝의 밑바닥부터 개발하는 과정은 여기서 마치고, 다음 장에서는 CNN(합성곱 신경망), RNN(순환 신경망) 등을 구현하기 위해 필요한 텐서플로TensorFlow의 기초 내용을 알아보겠습니다.

텐서플로
(TensorFlow) 기초

우리는 지금까지 머신러닝과 딥러닝 아키텍처를 파이썬만으로 구현하고 검증해 보았습니다.

그런데 합성곱 신경망CNN, Convolutional Neural Network, 순환 신경망RNN, Recurrent Neural Network 등은 동작 알고리즘이 상대적으로 복잡하고 코드도 많기 때문에 파이썬만으로 구현하기에는 많은 시간과 노력이 소요됩니다.

그래서 CNN, RNN 등의 고급 주제를 다루기 전에 이번 장에서는 현재 가장 많이 쓰이는 텐서플로TensorFlow의 기본에 대해 알아보고, 딥러닝의 'Hello, World'라고 할 수 있는 MNIST 예제를 텐서플로로 구현해 보겠습니다.

	관련 유튜브 강의 QR 코드 / 링크
	https://youtu.be/KGUw4_NE_s

10.1 텐서플로 설치

텐서플로TensorFlow는 Google에서 개발하고 공개한 딥러닝 프레임워크이며, C++, Java 등 다양한 언어를 지원하지만 현재는 파이썬Python 언어에 최적화되어 있습니다.

이러한 텐서플로는 다음과 같이 파이썬의 pip install 기능을 이용하면 쉽게 설치할 수 있습니다.

```
pip install tensorflow
```

설치할 때 에러가 나는 경우, 먼저 ① python -m pip install --upgrade pip 명령으로 pip 버전을 업그레이드한 후 ② pip install --ignore-installed --upgrade tensorflow 를 실행하면 설치가 되는 것을 확인할 수 있습니다.

10.2 텐서플로 텐서(Tensor)

텐서플로TensorFlow는 이름이 나타내는 것처럼 텐서Tensor를 흘려보내면서Flow 딥러 닝 알고리즘을 실행하는 프레임워크입니다.

[표 10.1]과 같이 기본적인 데이터 타입과 함께 텐서Tensor에 대해 알아봅시다.

[표 10.1] 스칼라, 벡터, 행렬, 텐서

데이터 값	데이터 타입
숫자 1, 2, 3,…	스칼라(또는 rank 0 텐서)
1차원 배열 [1, 2]	벡터(또는 rank 1 텐서)
2차원 배열 [[1,2], [3,4]]	행렬(또는 rank 2 텐서)
3차원 배열 [[[1,2]], [[3,4]]]	텐서(또는 rank 3 텐서)

[표 10.1]과 같이 텐서플로는 숫자 1, 2, 3 등의 스칼라를 rank 0 텐서로 인식하고 있습니다. 마찬가지로 [1, 2] 같은 벡터는 rank 1 텐서, 행렬 [[1, 2], [3, 4]]는 rank 2 텐서, 그리고 [[[1,2]], [[3,4]]] 같은 3차원 배열은 rank 3 텐서로 취급하고 있습니다.

즉 텐서플로는 스칼라, 벡터, 행렬과 같은 모든 데이터를 텐서Tensor로 인식하고 있습니다. 그래서 앞으로 텐서Tensor라고 하면 우리가 알고 있는 모든 데이터를 의미한다고 생각하면 될 것 같습니다.

10.3 텐서플로 노드(Node), 엣지(Edge)

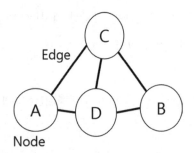

[그림 10.1] 노드(Node)와 엣지(Edge)로 구성된 텐서플로 그래프 구조

[그림 10.1]은 원으로 표시된 4개의 노드Node가 직선으로 표시된 5개의 엣지Edge를 통해 연결되어 있는 그래프Graph 구조를 나타내고 있습니다. 텐서플로는 이런 그래프처럼 엣지를 통해 텐서Tensor들을 노드에서 노드로 흘려보내면서Flow 딥러닝 학습을 진행합니다.

그래서 텐서플로 코드를 구현할 때에는 다음 두 가지 스텝을 밟아야 합니다.

[1] 상수, 변수, 텐서 연산 등의 노드Node와 이들을 연결해 주는 엣지Edge, 즉 값이 저
장되는 노드와 이 값들을 전달하는 엣지를 먼저 정의한 다음

[2] 세션Session을 만들고 그 세션을 통해 노드에 있는 데이터(텐서)가 전달되고 연산
이 이루어집니다.

참고로, 여기서 [1] 노드와 엣지를 먼저 정의하는 부분은 C언어에서 실제 연산(반복
문, 조건문 등)을 하기 전에 상수, 변수, 함수 등을 먼저 선언해야 하는 것과 같은 의미
이며 [2] 이해를 돕기 위해 세션을 만들고 엣지를 통해 데이터를 전달하는 개념을 C
언어 관점에서 생각하면, 함수를 호출하고 반복문이나 조건문 등의 명령을 실행해서
결과를 얻어내는 것과 같습니다.

다음 절에서는 텐서플로의 노드와 연산을 정의하고 실행하는 방법을 예제와 함께 알
아보겠습니다.

10.3.1 상수 노드(Constant Node)

[예제 10.1] 텐서플로 상수(Constant) 노드 정의 및 실행

코드	
	``
	import tensorflow as tf
	
	# 상수 노드 정의
	a = tf.constant(1.0) ①
	b = tf.constant(2.0)
	c = tf.constant([[1.0, 2.0], [3.0, 4.0]])
	``

| 코드 | ```python
print(a)                                       ②
print(a+b)
print(c)

# 세션(Session)을 만들고 노드 간의 텐서 연산 실행
sess = tf.Session()                            ③
print(sess.run([a, b]))                        ④
print(sess.run(c))
print(sess.run([a+b]))
print(sess.run(c+1.0))  # broadcast 수행

# 세션 close
sess.close()                                   ⑤
``` |
| 결과 | ```
Tensor("a:0", shape=(), dtype=float32)
Tensor("add:0", shape=(), dtype=float32)
Tensor("Const:0", shape=(2, 2), dtype=float32)

[1.0, 2.0]

[[1. 2.]
 [3. 4.]]

[3.0]

[[2. 3.]
 [4. 5.]]
``` |

① 텐서플로는 tf.constant() 함수를 이용해서 상수 값을 저장하는 노드를 만들 수 있습니다. 즉 a = tf.constant(1.0) 명령문은 1.0 값을 가지는 상수 노드 a를 생성하라는 의미이며, c = tf.constant([[1.0, 2.0], [3.0, 4.0]]) 명령문은 [[1.0, 2.0], [3.0,

4.0이] 값을 가지는 노드 c를 생성하라는 의미입니다.

이렇게 상수를 저장하는 노드를 정의한 다음 [예제 10.1]의 ②와 같은 print 명령문을 (세션을 만들지 않고)바로 실행시키면 Tensor("a:0", shape=(), dtype=float32) 같은 결과가 출력됩니다.

이처럼 텐서플로는 세션Session을 만들지 않고 명령문을 바로 실행하면 노드에 저장되어 있는 값이 아닌, 지금 정의된 노드의 타입과 형상Shape 등과 같이 현재 상태 정보만 출력됩니다.

그래서 노드에 실제 값을 저장하고 노드 간의 연산을 하기 위해서는 [예제 10.1]의 ③과 같이 sess = tf.Session() 명령문을 이용하여 반드시 세션을 만들어 주어야 합니다.

이렇게 생성된 세션, 즉 sess.run() 명령문을 통해 [예제 10.1]의 ④와 같이 노드에 상수 값이 할당되고 노드 간에 텐서를 흘려보내면서Tensor Flow a+b 수식, 연산, print 명령문 등이 실행됩니다.

생성된 세션에서 모든 연산을 마쳤다면 [예제 10.1]의 ⑤처럼 세션을 닫아 주는 sess.close() 명령문를 실행해서 리소스Resource를 해제시켜야 합니다.

다음 절에서는 임의의 값을 받아서 신경망으로 전달해 주는 플레이스홀더placeholder 노드에 대해 알아보겠습니다.

10.3.2 플레이스홀더 노드(placeholder Node)

[예제 10.2] 텐서플로 플레이스홀더(placeholder) 노드 정의 및 실행

| 코드 | ```python
import tensorflow as tf

#  플레이스홀더 노드 정의
a = tf.placeholder(tf.float32)                              ①
b = tf.placeholder(tf.float32)                              ②
c = a + b

# 세션(Session)을 만들고 플레이스홀더 노드를 통해 값 입력 받음
sess = tf.Session()

print(sess.run(c,  feed_dict={ a: 1.0,  b: 3.0 }))          ③
print(sess.run(c,  feed_dict={ a: [1.0, 2.0],  b: [3.0, 4.0] }))  ④

# 세션 close
sess.close()
``` |
| 결과 | ```
4.0
[4.  6.]
``` |

텐서플로는 신경망의 입력층Input Layer으로 데이터를 보내기 위해 [예제 10.2]의 ①, ②와 같은 플레이스홀더(tf.placeholder) 노드를 정의하고 있습니다.

즉 플레이스홀더 노드는 딥러닝에서 주로 입력 데이터Input Data와 정답 데이터Target Data를 입력층Input Layer으로 보내는 용도로 사용됩니다.

플레이스홀더를 사용할 때에는 [예제 10.2]의 ③, ④와 같이 sess.run() 명령문에 2개의 인자Parameter를 주어서 데이터 값을 받아들이고 연산을 수행할 수 있는데,

[1] sess.run() 첫 번째 인자1st Parameter에는 플레이스홀더를 통해 들어오는 데이터를 가지고 실행하는 연산이 들어가며,

[2] sess.run() 두 번째 인자2nd Parameter에는 feed_dict = { ⋯ } 형태로 실제 데이터를 넣는 명령문이 들어갑니다.

그럼 실제 플레이스홀더가 어떻게 동작하는지 [예제 10.2]의 ③, ④ 부분을 통해 자세히 알아보겠습니다.

③ sess.run(c, feed_dict={ a: 1.0, b: 3.0 }) 코드를 보면 플레이스홀더 노드 a = 1.0, b = 3.0 값을 입력 데이터로 줄 경우, 이 값들로 c = a + b 연산을 수행해서 최종적으로 c 노드의 값이 4.0으로 출력됨을 알 수 있습니다.

④ sess.run(c, feed_dict={ a: [1.0, 2.0], b: [3.0, 4.0] }) 코드를 보면 플레이스홀더 노드 a = [1.0, 2.0], b = [3.0, 4.0] 값을 입력 데이터로 줄 경우, 이 값들로 c = a + b 연산을 수행하라는 의미이므로 최종적으로 c 노드의 값이 [4.0 6.0]으로 출력됨을 알 수 있습니다.

10.3.3 변수 노드(Variable Node)

[예제 10.3] 텐서플로 변수(Variable) 노드 정의 및 실행

코드	```
	import tensorflow as tf
	
	# 값이 업데이트되는 변수 노드 정의
	W1 = tf.Variable(tf.random_normal([1])) ①
	b1 = tf.Variable(tf.random_normal([1]))
	``

| 코드 | ```
W2 = tf.Variable(tf.random_normal([1, 2]))                    ②
b2 = tf.Variable(tf.random_normal([1, 2]))


# 세션 생성
sess = tf.Session()


# 변수 노드 값 초기화. 변수 노드를 정의했다면 반드시 필요함
sess.run(tf.global_variables_initializer())                   ③


for step in range(3):
    W1 = W1 - step                                            ④
    b1 = b1 - step
    W2 = W2 - step                                            ⑤
    b2 = b2 – step
    print("step = ", step, ", W1 = ", sess.run(W1), ", b1 = ", sess.
    run(b1))
    print("step = ", step, ", W2 = ", sess.run(W2), ", b2 = ", sess.
    run(b2))


sess.close()
``` |
| 결과 | ```
step = 0,  W1 = [-0.45137885] , b1 =  [1.2115546]
step = 0,   W2 = [[ 0.5276252  -0.19593444]] , b2 =  [[ 1.0040597
-0.63668317]]
step = 1,  W1 = [-1.4513788] , b1 =  [0.21155465]
step = 1,   W2 = [[-0.4723748 -1.1959344]] , b2 =  [[ 0.00405967
-1.6366832 ]]
step = 2,  W1 = [-3.4513788] , b1 =  [-1.7884454]
step = 2,   W2 = [[-2.472375  -3.1959343]] , b2 =  [[-1.9959403
-3.6366832]]
``` |

신경망에서 가중치나 바이어스처럼 지속적으로 값이 변하는 변수는 텐서플로에서 변수 노드(tf.Variable)로 정의합니다.

예를 들어 [예제 10.3]의 ①에서 W1 = tf.Variable(tf.random_normal([1])) 코드는, W1 변수는 1개의 값을 가지는 벡터Vector로서 임의의 값Random으로 초기화된 후에 지속적으로 값이 변하는(또는 업데이트되는) 노드임을 나타내고 있습니다.

마찬가지로 [예제 10.3]의 ②에서 W2 = tf.Variable(tf.random_normal([1, 2])) 코드는, W2 변수는 1행 2열의 행렬Matrix로서 임의의 값Random으로 초기화된 후에 지속적으로 값이 변하는(또는 업데이트되는) 노드임을 알 수 있습니다.

이렇게 tf.Variable() 함수를 이용해서 변수 노드를 정의했다면 [예제 10.3]의 ③과 같이 세션 내에서 변수 노드를 초기화 하는 sess.run(tf.global_variables_initializer()) 명령문을 반드시 실행해야 합니다.

왜냐하면 코드 ①, ②에서는 변수 노드를 정의만 한 것일 뿐 -1과 1 사이의 값으로 초기화는 안 되어 있는 상태이기 때문입니다. 즉 변수 노드 값을 초기화하는 sess. run(tf.global_variables_initializer()) 명령문을 실행해야만 tf.random_normal() 코드를 통해서 -1과 1 사이의 값으로 변수 노드들이 초기화된다는 것을 반드시 알아 두기 바랍니다.

[예제 10.3]의 ③을 통해 모든 변수 노드가 -1과 1 사이의 값으로 초기화되면 ④, ⑤와 같이 변수 노드 값이 자유롭게 변경(또는 업데이트)되는 것을 확인할 수 있습니다.

10.4 텐서플로를 이용한 MNIST 검증

10.4.1 딥러닝 아키텍처

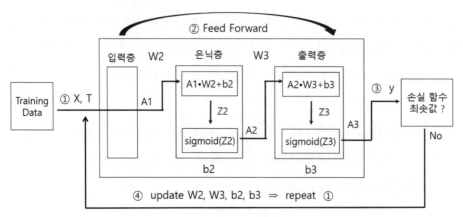

[그림 10.2] 딥러닝 기본 아키텍처

지금까지 알아본 딥러닝 아키텍처는 [그림 10.2]와 같이 입력층, 은닉층 그리고 출력층으로 구성되어 있으며, 은닉층과 출력층에서는 활성화 함수로 시그모이드sigmoid를 사용해 왔습니다.

즉 ① 입력 데이터 X, 정답 데이터 T를 입력층으로 주면 ② 피드 포워드를 수행해서 시그모이드 함수 값으로 출력층의 출력 값 y를 계산하고 ③ 출력층 출력 값 y와 정답 T를 비교해서 ④ 손실 함수가 최소가 될 때까지 가중치 W2, W3, 바이어스 b2, b3을 업데이트하는 구조였습니다.

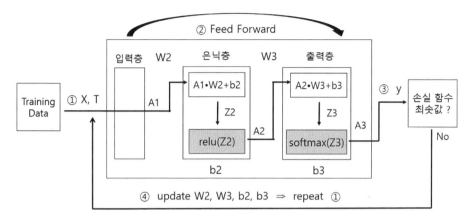

[그림 10.3] 텐서플로에서의 딥러닝 아키텍처

그런데 텐서플로 기반의 딥러닝 아키텍처는 [그림 10.3]과 같이 은닉층의 활성화 함수로 시그모이드가 아닌 relu 함수를 주로 사용하며, 출력층에서도 시그모이드 함수 값을 그대로 사용하지 않고 출력 값의 확률분포를 나타내는 소프트맥스softmax가 주로 사용됩니다.

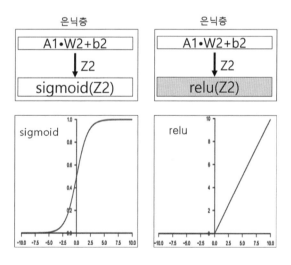

[그림 10.4] sigmoid 함수 vs relu 함수

먼저 sigmoid 함수와 relu 함수를 비교해 보겠습니다.

[그림 10.4]와 같이 sigmoid 함수는 출력 값을 0과1 사이의 값으로 만들어서 다음 층으로 전달합니다. 그러나 relu 함수는 입력 값이 0 이하면 0을 내보내고, 입력 값이 0보다 크면 입력 값 그대로를 출력으로 내보내기 때문에 학습 속도가 빠르다는 장점이 있습니다.

그리고 소프트맥스softmax 함수는 [식 10.1]과 같이 정의되며 분모 부분에서 모든 입력 값들을 더하고, 분자에서는 특정한 입력 값 하나만 들어갑니다.

$$softmax(z_i) = \frac{e^{z_i}}{\sum_{k=1}^{n} e^{z_k}}$$

[식 10.1] 소프트맥스(softmax) 함수

소프트맥스 함수의 특징을 알아보면 [1] 입력 값의 대소(大小) 순서와 출력 값의 대소 순서가 같고 [2] 각각의 입력 값에 대한 소프트맥스softmax 출력은 0과 1 사이의 값이 나오며 [3] 각각의 입력에 대한 소프트맥스 출력 값들을 모두 더하면 1이 되는데, 이는 각각의 출력 값이 확률Probability을 나타낸다고 해석할 수 있습니다.

예를 들어 [그림 10.5]와 같이 원핫 인코딩 방식으로 정답을 나타내는 출력층에서, 선형 회귀 계산 값(Z3)이 소프트맥스softmax를 통과하면 인덱스 5 값이 0.26, 즉 정답이 5일 확률이 26%임을 나타내고 있는 것을 알 수 있습니다.

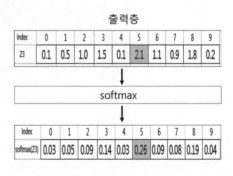

[그림 10.5] 소프트맥스(softmax) 계산 값 및 확률 해석

10.4.2 MNIST 검증

이번에는 텐서플로를 이용하여 [그림 10.6]과 같은 딥러닝 아키텍처에서 MNIST 정확도를 검증해 보겠습니다. 전체 소스 코드는 CH10_Example4.ipynb에서 확인하고 실행해 볼 수 있습니다.

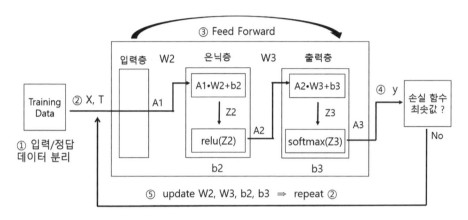

[그림 10.6] MNIST 검증을 위한 딥러닝 아키텍처

[예제 10.4] 입력, 정답 데이터 분리([그림 10.6]의 ① 부분 구현)	

코드	<pre>import tensorflow as tf
	from tensorflow.examples.tutorials.mnist import input_data
	import numpy as np
	
	mnist = input_data.read_data_sets("MNIST_data/", one_hot=True)
	
	print("\ntrain image shape = ", np.shape(mnist.train.images))
	print("train label shape = ", np.shape(mnist.train.labels))
	print("test image shape = ", np.shape(mnist.test.images))
	print("test label shape = ", np.shape(mnist.test.labels))</pre>

결과	train image shape = (55000, 784)
	train label shape = (55000, 10)
	test image shape = (10000, 784)
	test label shape = (10000, 10)

[그림 10.6]의 ① 부분을 구현한 [예제 10.4]를 보면, MNIST 데이터는 텐서플로의 read_data_sets() 함수를 이용해서 mnist 객체Object로 받아 올 수 있습니다. 입력 데이터와 정답 데이터는 MNIST_data 디렉토리에 저장되며, read_data_sets() 함수의 두 번째 파라미터에 one_hot=True 옵션을 주었기 때문에 정답 데이터는 원핫 인코딩One-Hot Encoding 형태로 저장되는 것을 알 수 있습니다.

mnist 객체는 train, test, validation 3개의 데이터 세트로 구성되며 mnist.train. num_examples, mnist.test.num_examples, mnist.validation.num_examples 값을 통해 데이터의 개수를 확인할 수 있습니다(train 데이터 개수 : test 데이터 개수 : validation 데이터 개수 = 55,000 : 10,000 : 5,000).

[예제 10.5] 신경망 구조 및 텐서플로 노드 정의([그림 10.6]의 ② 부분 구현)

코드	
| | ```
# 신경망 구조 및 하이퍼 파라미터 설정
learning_rate = 0.1        # 학습률
epochs = 100               # 반복 횟수
batch_size = 100           # 한 번의 입력으로 주어지는 MNIST 데이터 개수
input_nodes = 784          # 입력층 노드 개수
hidden_nodes = 100         # 은닉층 노드 개수
output_nodes = 10          # 출력층 노드 개수

# 입력과 출력을 위한 플레이스홀더(placeholder) 정의
X = tf.placeholder(tf.float32, [None, input_nodes])
``` |
```

```
T = tf.placeholder(tf.float32, [None, output_nodes])

# 가중치와 바이어스 노드 정의
W2 = tf.Variable(tf.random_normal([input_nodes, hidden_nodes]))
b2 = tf.Variable(tf.random_normal([hidden_nodes]))
W3 = tf.Variable(tf.random_normal([hidden_nodes, output_nodes]))
b3 = tf.Variable(tf.random_normal([output_nodes]))
```

[그림 10.6]의 ② 부분을 구현한 [예제 10.5]에서는 학습률(learning_rate), 반복 횟수 (epochs), 한 번에 신경망으로 들어가는 데이터의 개수(batch_size) 등과 같은 하이퍼 파라미터를 설정했습니다.

그리고 입력과 출력을 위한 플레이스홀더placeholder 노드를 X, T로, 가중치와 바이어 스를 위한 변수Variable 노드를 W2, W3, b2, b3 등으로 정의하였습니다.

[예제 10.6] 피드 포워드를 수행하는 노드 정의([그림 10.6]의 ③, ④ 부분 구현)

```
Z2 = tf.matmul(X, W2) + b2                # 은닉층 선형 회귀 값 Z2
A2 = tf.nn.relu(Z2)                       # 은닉층 출력 값 A2

Z3 = logits = tf.matmul(A2, W3) + b3      # 출력층 선형 회귀 값 Z3
y = A3 = tf.nn.softmax(Z3)                # 출력층 출력 값 A3
```

[그림 10.6]의 ③, ④ 부분을 구현한 [예제 10.6]은 피드 포워드Feed Forward를 수행하 는데, Z2 = tf.matmul(…) 함수는 이전 장까지 파이썬으로 구현했던 np.dot() 함수와 동일하게 행렬 곱을 실행하는 함수입니다.

여기서 은닉층 출력 값 A2는 sigmoid 함수가 아닌 relu 함수의 출력 값이며, 출력층의 출력 값 y = A3 = tf.nn.softmax(Z3)처럼 softmax 함수의 결과임을 알 수 있습니다.

[예제 10.7] 손실 함수 계산 및 가중치, 바이어스 업데이트([그림 10.6]의 ⑤ 부분 구현)

코드	

```
cross_entropy = tf.nn.softmax_cross_entropy_with_logits_v2(logits=Z3,
labels=T)

loss = tf.reduce_mean(cross_entropy)

optimizer = tf.train.GradientDescentOptimizer(learning_rate)

train = optimizer.minimize(loss)
```

[그림 10.6]의 ⑤ 부분을 구현한 [예제 10.7]을 보면, 출력층 선형 회귀 값 Z3과 정답 T를 이용하여 손실 함수 loss를 정의했습니다.

여기서 한 번에 입력되는 batch_size = 100으로 설정했기 때문에 출력층의 선형 회귀 값 Z3과 정답 T는 100 × 10 행렬임을 알 수 있습니다.

그리고 tf.nn.softmax_cross_entropy_with_logits_v2() 함수는 100개의 데이터에 대해 각각의 소프트맥스를 계산한 다음, 크로스 엔트로피Cross Entropy 손실 함수 값을 계산하고, tf.reduce_mean() 함수를 이용해서 배치로 입력되는 데이터 100개에 대한 손실 함수의 평균값을 loss에 저장합니다.

코드	``` predicted_val = tf.equal(tf.argmax(A3, 1), tf.argmax(T, 1)) accuracy = tf.reduce_mean(tf.cast(predicted_val, dtype=tf.float32)) ```

[예제 10.8]은 학습을 모두 마친 후, 정확도를 검증하기 위해 노드 accuracy가 구현된 코드입니다.

먼저 tf.argmax(A3,1), tf.argmax(T,1) 코드에서 출력층 계산 값 A3과 정답 T는 batch_size × 10 크기의 행렬이므로, argmax 두 번째 인자에 1을 주어 행 단위로 A3 과 T를 비교합니다.

predicted_val = tf.equal(tf.argmax(A3, 1), tf.argmax(T, 1)) 코드의 tf.equal() 함수는 인자로 들어오는 두 값이 일치하면 True, 다르면 False 값을 리턴하므로 predicted_val 변수는 True와 False 값만을 가지는 벡터Vector임을 알 수 있습니다.

정확도를 나타내는 accuracy = tf.reduce_mean(tf.cast(predicted_val, dtype=tf. float32)) 코드에서 predicted_val 변수는 True와 False 값을 가지고 있기 때문에 tf.cast() 함수를 이용해서 True = 1, False = 0 값으로 바꾼 다음, tf.reduce_mean() 함수로 평균을 구하면 정확도를 측정할 수 있습니다.

예를 들어 predicted_val = [True, False, False, True] 값을 가지는 벡터 predicted_ val을 가정하면, tf.cast(predicted_val) 코드는 [1, 0, 0, 1] 값을 가지는 벡터를 리 턴합니다. 이러한 [1, 0, 0, 1] 벡터를 인자로 주어 tf.reduce_mean() 코드, 즉

tf.reduce_mean([1, 0, 0, 1]) 코드가 실행되면(1+0+0+1), 4 = 0.25 값이 나오므로 평균 25%의 정확도를 가진다고 해석할 수 있습니다.

지금까지 텐서플로 노드와 하이퍼 파라미터를 모두 정의했으므로 세션을 만들어서 sess.run()으로 실행만 시키면 우리가 원하는 MNIST 검증을 할 수 있습니다.

[예제 10.9] MNIST 인식 정확도 검증

| 코드 | ```python
with  tf.Session()  as sess:                           ①

  sess.run(tf.global_variables_initializer())          ②

  for i in range(epochs):

    total_batch = int(mnist.train.num_examples, batch_size)  # 55,000, 100

      for step in range(total_batch):

        batch_x, batch_t = mnist.train.next_batch(batch_size)

        loss_val,  _ = sess.run([loss, train], feed_dict={X: batch_x, T:
        batch_t})      ③

        if step % 100 == 0:
            print("step = ", step, ", loss_val = ", loss_val)

    # Accuracy 확인
    test_x_data = mnist.test.images
    test_t_data = mnist.test.labels

    accuracy_val = sess.run(accuracy, feed_dict={X: test_x_data, T:
    test_t_data})
``` |
```

```
      print("\nAccuracy = ", accuracy_val)

step =  0 , loss_val =  108.41177
step =  100 , loss_val =  4.211787
step =  200 , loss_val =  4.0629244
.....................................
step =  300 , loss_val =  0.12976864
step =  400 , loss_val =  0.114073895
step =  500 , loss_val =  0.11592699

Accuracy =  0.9509                                          ④
```

결과

[예제 10.9]의 코드를 보면 ① with 구문을 이용하여 세션을 만들고 ② 변수 노드를 초기화 하며 ③ feed_dict = { X: batch_x, T: batch_t }으로 입력 데이터 X, 정답 데이터 T를 신경망으로 넣으면서 손실 함수 loss가 최소가 되도록 가중치 W2, W3, 바이어스 b2, b3을 업데이트하며 ④ 약 95%의 정확도로 MNIST가 인식되는 것을 알 수 있습니다.

그런데 텐서플로를 처음 사용한다면 [예제 10.9]와 같은 코드를 실행해서 결과를 얻을 수는 있지만, 그 과정에서 다소 혼란을 느낄 수 있습니다.

왜냐하면 신경망을 학습시킨다는 것은 손실 함수 값이 최소가 되도록 가중치와 바이어스를 최적의 값으로 업데이트하는 것인데, 텐서플로 코드를 보면 가중치 W2, W3과 바이어스 b2, b3이 업데이트되는 부분이 명시적으로 드러나 있지 않기 때문입니다.

그러나 이 의문은 텐서플로 노드 간의 연결 관계를 보면 해결됩니다.

즉 다시 [예제 10.7]을 보면 loss 값을 계산하기 위해 출력층의 선형 회귀 값 Z3이 필요한데, Z3 = tf.matmul(A2, W3) + b3과 같이 Z3은 W3, b3을 포함하고 있습니다. 또한 A2 = relu(Z2) = relu(tf.matmul(A1, W2)+b2))이므로, 텐서플로는 손실 함수 loss 값을 최소화 시키기 위해 loss와 연결된 가중치 W2, W3, 바이어스 b2, b3을 지속적으로 업데이트해준다는 것을 알 수 있습니다.

즉 세션을 통해서 loss만 실행하더라도 텐서플로는 loss와 연결된 모든 노드를 학습시키는 것입니다.

	관련 유튜브 강의 QR 코드 / 링크
	https://youtu.be/ZxYQvd_OcHw

10.5 정리

이번 장에서는 텐서플로의 기초를 다지는 과정으로 노드와 세션에 대해 알아보았고, 이를 이용하여 약 95%의 정확도로 MNIST를 검증하였습니다.

그러나 1개 이상의 은닉층을 가지는 기본적인 신경망 구조, 즉 입력층, 1개 이상의 은닉층, 출력층만을 가지는 딥러닝 아키텍처는 (오버피팅이 되지 않는 이상)95% 이상의 정확도로 이미지를 인식하는 것은 힘듭니다.

95%의 정확도가 낮다고는 할 수 없지만 99% 이상의 정확도로 이미지를 인식하기 위

해서는 합성곱 신경망이라고 부르는 CNN^{Convolutional Neural Network} 아키텍처를 적용해야 한다고 알려져 있습니다.

다음 11장에서는 이미지를 99% 이상의 정확도로 인식하는 CNN 개념과 동작 원리 그리고 이를 이용해서 MNIST를 실제로 얼마나 정확하게 인식할 수 있는지 알아보겠습니다.

합성곱 신경망 CNN
(Convolutional
Neural Network)

이번 장에서는 합성곱 신경망이라고 부르는 CNN^{Convolutional Neural Network}에 대해 알아보겠습니다.

CNN은 딥러닝을 적용하는 거의 모든 분야에서 사용되고 있는데, 특히 이미지 인식 분야에서는 99% 이상의 정확도를 가지는 놀라운 성능으로 인해 CNN 아키텍처가 가장 많이 사용되고 있습니다. 그래서 먼저 CNN 아키텍처와 콘볼루션Convolution 개념 등을 알아보고, 텐서플로를 이용하여 99% 이상의 정확도를 가지는 CNN 기반의 MNIST 예제를 구현해 보겠습니다.

	관련 유튜브 강의 QR 코드 / 링크
	https://youtu.be/WPdGrPxEwXc

11.1 CNN 아키텍처

우선 일반 신경망Neural Network 아키텍처와 CNN^{Convolutional Neural Network} 아키텍처를 비교하면서 어떤 부분이 다른지, 그리고 달라진 부분은 어떤 역할을 하는지 등에 대해 전반적으로 알아보겠습니다.

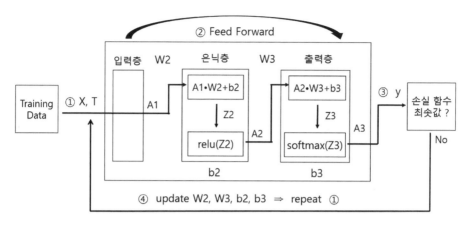

[그림 11.1] 일반 신경망(Neural Network) 아키텍처

지금까지 우리가 학습했던 일반 신경망 아키텍처는 [그림 11.1]과 같이 입력층, 은닉층 그리고 출력층으로 이루어져 있으며 ① 입력 데이터에 대해서 ② 피드 포워드Feed Forward를 수행하여 출력층에서의 출력 값 A3(또는 y)을 계산하고 ③ 그 값을 정답 T와 비교하여 크로스 엔트로피 등의 손실 함수 값을 구한 후에 ④ 이러한 손실 함수 값이 최소가 될 때까지 오차역전파를 이용해서 가중치 W2, W3, 바이어스 b2, b3을 최적화하는 구조로 이루어져 있습니다.

그런데 이번 장에서 알아볼 CNNConvolutional Neural Network 아키텍처는 [그림 11.2]와 같이 일반 신경망의 은닉층Hidden Layer 부분이 CNN에서는 1개 이상의 콘볼루션층Convolutional Layer과 완전연결층Flatten Layer로 바뀝니다.

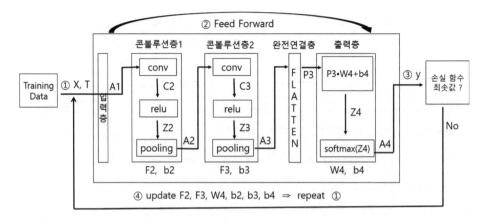

[그림 11.2] 합성곱 신경망 CNN(Convolutional Neural Network) 아키텍처

즉 아키텍처 관점에서 보면 일반 신경망에서의 은닉층 역할을 CNN에서는 콘볼루션층과 완전연결층이 담당하고 있다고 할 수 있습니다.

이러한 CNN의 동작 과정은 일반 신경망과 비슷하게 ① 입력 데이터에 대해서 ② 피드 포워드Feed Forward를 수행해서 출력층에서의 출력 값 A4(또는 y)를 계산하고 ③ 그 값을 정답 T와 비교하여 크로스 엔트로피 등의 손실 함수 값을 구한 후에 ④ 이러한 손실 함수 값이 최소가 될 때까지 오차역전파를 이용해서 가중치 F2, F3, W4, 바이어스 b2, b3, b4를 최적화하는 구조로 이루어져 있습니다. 다만 ② 부분에서 피드 포워드Feed Forward를 수행할 때, CNN은 콘볼루션(conv) 연산과 풀링(pooling) 연산을 한 다음 완전연결층으로 전달하는 구조라는 것이 일반 신경망과의 차이점이라고 할 수 있습니다.

11.2 콘볼루션층(Convolutional Layer) 개요

[그림 11.2]와 같이 콘볼루션층Convolutional Layer을 구성하는 conv, pooling의 역할에 대해 알아보겠습니다.

11.2.1 conv(콘볼루션, Convolution)

첫 번째 요소인 conv(콘볼루션, Convolution) 부분은 [식 11.1]과 같이 콘볼루션 연산을 수행합니다.

$$A1 * F2 + b2 \Rightarrow 입력 데이터 A1 특징(Feature) 추출$$
$$A2 * F3 + b3 \Rightarrow 입력 데이터 A2 특징(Feature) 추출$$

[식 11.1] 콘볼루션 연산

콘볼루션층으로 들어오는 입력 데이터(A1, A2)와 가중치들의 집합체인 다양한 필터(F2, F3) 사이에 이루어지는 콘볼루션 연산은 입력 데이터의 특징Feature을 추출하는 역할을 합니다(CNN 구조에서 콘볼루션 연산은 *로 표시하며, F2, F3 등은 필터 또는 커널이라고 말합니다).

예를 들어 [그림 11.2]에서 콘볼루션층1의 입력 데이터를 A1, 적용되는 필터를 F2 그리고 바이어스를 b2라고 하면 연산 결과는 A1 * F2 + b2 = C2이며, 이때 계산된 C2는 입력 데이터 A1의 특징Feature을 가지고 있는 데이터입니다.

마찬가지로 [그림 11.2]에서 콘볼루션층2의 입력 데이터를 A2, 적용되는 필터를 F3 그리고 바이어스를 b3이라 하면 연산 결과는 A2 * F3 + b3 = C3이며, 이때 계산된

C3은 콘볼루션층2로 들어오는 데이터 A2의 특징Feature을 가지고 있는 데이터임을 알 수 있습니다.

이렇게 입력 데이터의 특징을 추출할 수 있는 콘볼루션 연산은 어떻게 하는 것일 까요?

콘볼루션이라는 용어가 다소 생소해서 계산도 어려울 것 같지만, 실제로는 곱셈과 덧셈으로만 이루어진 간단한 연산입니다.

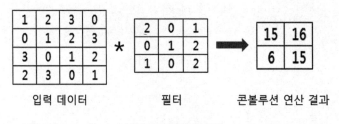

입력 데이터　　　　　필터　　　　콘볼루션 연산 결과

[그림 11.3] 콘볼루션 연산

예를 들어 [그림 11.3]과 같은 4 × 4 크기의 입력 데이터와 가중치 집합체인 3 × 3 크기의 필터를 가정했을 때, 콘볼루션 연산을 수행하면 2 × 2 크기의 콘볼루션 연산 데이터가 출력됩니다.

즉 콘볼루션 연산은 ① 스트라이드Stride라고 부르는 일정한 간격으로 필터를 이동하면서 ② 입력 데이터와 각각 대응되는 필터의 원소끼리 곱한 후에 ③ 그 곱한 값들을 모두 더하는 과정으로 정의합니다. 이러한 콘볼루션 연산 과정을 [그림 11.4]에 나타냈습니다.

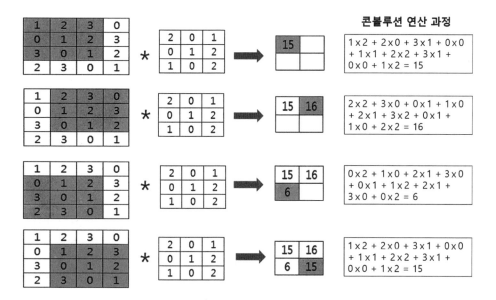

[그림 11.4] 콘볼루션 연산 과정

콘볼루션 연산은 필터의 윈도우Window를 스트라이드Stride라고 부르는 일정한 간격
으로 이동해 가면서 입력 데이터에 적용하는 과정입니다. 여기서 윈도우라는 것은 필
터의 크기이며 [그림 11.4]에서 회색으로 표시한 3 × 3 행렬을 가리키는데, 그림과
같이 입력 데이터와 각각 대응되는 필터의 원소끼리 곱한 다음 그 총합을 구합니다.
모든 입력 데이터를 대상으로 이 과정, 즉 스트라이드만큼 이동해 가면서 계산하면
콘볼루션 연산이 완성됩니다.

여기서 스트라이드Stride란 윈도우에 콘볼루션 연산을 적용한 후에 다음 윈도우로 이
동하는 간격입니다. [그림 11.4]에선 첫 번째 콘볼루션 값 15를 계산한 후에 오른쪽
으로 1칸 이동해서 다음 콘볼루션 연산을 수행합니다. 이처럼 오른쪽으로 1칸 이동
하는 간격을 '스트라이드Stride 1'이라고 정의합니다.

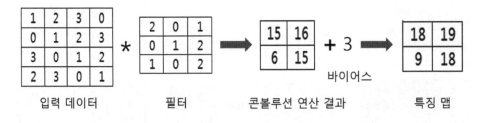

입력 데이터   필터   콘볼루션 연산 결과   특징 맵

[그림 11.5] 콘볼루션 연산 결과에 바이어스를 더해서 특징 맵을 만드는 과정

일반 신경망의 은닉층과 마찬가지로 콘볼루션층에서도 바이어스가 존재합니다. [그림 11.5]는 콘볼루션 연산 후에 바이어스 값 3을 더해서 최종적인 특징 맵Feature Map을 완성하는 과정을 보여 주고 있는데, 바이어스는 언제나 1 × 1 크기의 데이터이며 그 하나의 값을 콘볼루션 연산을 마친 모든 원소에 더해 주는 것입니다.

11.2.2 pooling(풀링)

풀링은 입력 데이터를 압축하여 연산량을 줄이는 역할을 합니다. [그림 11.6]과 같이 4 × 4 크기의 데이터에 대해 풀링 값을 어떻게 계산하는지 알아보겠습니다.

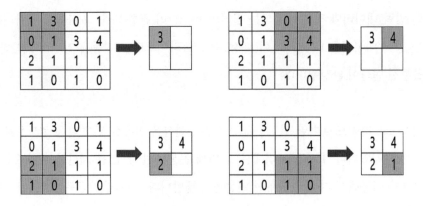

[그림 11.6] 최대 풀링의 계산 과정

[그림 11.6]에서 회색으로 표시한 입력 데이터의 첫 번째 2 × 2 영역(Left Top)에 대해 최댓값을 뽑아낸 후에 스트라이드 2로 이동하면서 마지막 2 × 2 영역(Right Bottom)까지 풀링을 수행하는 과정을 나타냈습니다.

즉 이는 입력 데이터 2 × 2 영역에 대해서 Left Top ⇒ Right Top ⇒ Left Bottom ⇒ Right Bottom으로 이동하면서 최댓값을 뽑아내는 과정입니다.

이처럼 최댓값 풀링Max pooling은 해당 영역에서 가장 큰 값을 구하는 연산으로서, [그림 11.6]에서는 2 × 2 영역(Left Top)에서 가장 큰 원소 값 하나를 뽑은 후에 스트라이드 2로 이동하여 다음 2 × 2 영역(Right Top)의 최댓값을 뽑아내는 과정을 반복하고 있습니다. 참고로 풀링의 윈도우 크기와 스트라이드는 같은 값으로 설정하는 것이 일반적입니다. [그림 11.6]에서 풀링의 윈도우 크기는 2 × 2, 스트라이드는 2로서 같은 값임을 알 수 있습니다.

풀링은 최댓값 풀링 외에도 최솟값 풀링, 평균값 풀링 등이 있습니다. 최솟값 풀링은 대상 영역에서 최솟값Min Value을 뽑아내며, 평균값 풀링은 해당 영역의 모든 원소에 대한 평균값Average Value을 계산합니다. 이미지 인식을 위해 CNN을 사용할 때는 주로 최댓값 풀링Max pooling을 사용합니다.

11.2.3 콘볼루션 총 정리

지금까지 알아본 콘볼루션 연산, 풀링 연산 등을 정리하는 의미에서 11.1절에서 알아본 [그림 11.2]의 CNN 아키텍처를 다시 보겠습니다.

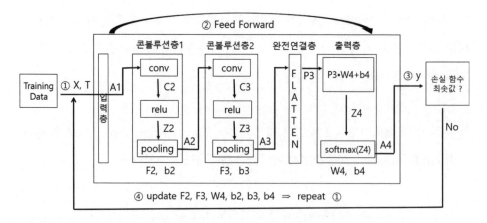

[그림 11.2] 합성곱 신경망 CNN(Convolutional Neural Network) 아키텍처

[그림 11.2]에서 입력 데이터 X(또는 A1)는 첫 번째 콘볼루션층(콘볼루션층1)을 통과하면서 C2 ⇒ Z2 ⇒ A2 등으로 바뀝니다.

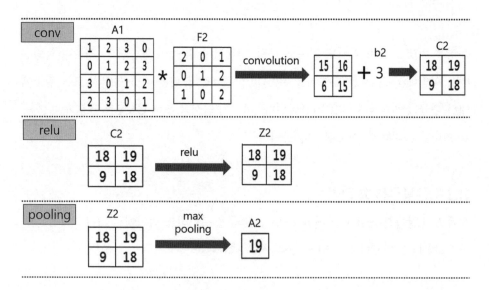

[그림 11.7] 콘볼루션층에서의 연산을 통한 데이터 값과 크기의 변화

즉 [그림 11.7]과 같이 conv ⇒ relu ⇒ pooling 연산을 거치면서 원래의 데이터 A1 값과 크기 등이 변하며, 최종적으로 콘볼루션층1의 출력 값 A2는 1 × 1 크기의 데이터로 압축된다는 것을 알 수 있습니다.

11.3 패딩(padding)

패딩padding이란 콘볼루션 연산을 수행하기 전에 입력 데이터 주변을 특정 값(예를 들면 0)으로 채우는 것을 말하며, 콘볼루션 연산에서 자주 이용하는 방법입니다.

이러한 패딩 기법은 콘볼루션 연산을 수행하면 데이터 크기가 지속적으로 줄어드는 것을 방지하기 위해 사용하는데, [그림 11.8], [그림 11.9]를 통해 패딩이 무엇이고 어떤 역할을 하는지 알아보겠습니다.

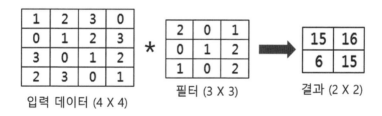

[그림 11.8] 패딩 0(패딩을 적용하지 않는 경우)

먼저 [그림 11.8]과 같이 패딩padding을 적용하지 않고 콘볼루션 연산을 수행하면 4 × 4 크기의 입력 데이터가 2 × 2 크기로 줄어드는 것을 볼 수 있습니다. 즉 이렇게 콘볼루션 연산을 계속 하다 보면 언젠가는 1 × 1 크기의 데이터로 줄어들어 더 이상 연산이 불가능해질 것입니다.

그러나 [그림 11.9]과 같이 4 × 4 크기의 입력 데이터에 폭이 1인 패딩, 즉 입력 데이터 사방에 1픽셀을 (숫자 0과 같은)특정한 값으로 채우고 콘볼루션 연산을 수행하면 원본 데이터 크기와 동일한 4 × 4 크기의 출력 데이터를 얻습니다.

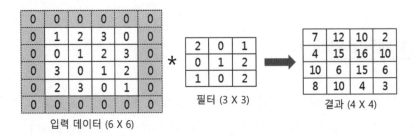

[그림 11.9] 패딩 1(입력 데이터 사방 1픽셀을 숫자 0으로 채우는 경우)

11.4 콘볼루션 연산을 통한 출력 데이터 크기

콘볼루션 연산에서는 입력 데이터 크기, 필터 크기, 스트라이드 그리고 패딩 폭 등을 알아야 최종 출력 데이터의 크기를 알 수 있습니다. 이런 관계를 공식으로 만들어서 출력 데이터 크기를 계산해 볼 수는 없을까요?

입력 데이터 크기(H, W), 필터 크기(FH, FW), 스트라이드 S, 그리고 패딩 폭 P에 대하여 출력 데이터 크기(OH, OW)는 [식 11.2]와 같이 공식화할 수 있습니다. 여기서 H는 Height, W는 Width를 말합니다.

$$OH = \frac{H+2P-FH}{S} + 1 \qquad OW = \frac{W+2P-FW}{S} + 1$$

[식 11.2] 콘볼루션 연산을 통한 출력 데이터 크기(OH, OW)

[예1] 입력 (4, 4), 필터 (3, 3), 패딩 1, 스트라이드 1 ⟹ 출력 (4, 4)

$$OH = \frac{4+2\times1-3}{1} + 1 = 4 \qquad OW = \frac{4+2\times1-3}{1} + 1 = 4$$

[예2] 입력 (7, 7), 필터 (3, 3), 패딩 0, 스트라이드 2 ⟹ 출력 (3, 3)

$$OH = \frac{7+2\times0-3}{2} + 1 = 3 \qquad OW = \frac{7+2\times0-3}{2} + 1 = 3$$

[예3] 입력 (28, 31), 필터 (5, 5), 패딩 2, 스트라이드 3 ⟹ 출력 (10, 11)

$$OH = \frac{28+2\times2-5}{3} + 1 = 10 \qquad OW = \frac{31+2\times2-5}{3} + 1 = 11$$

이처럼 출력 데이터 크기(OH, OW)는 [식 11.3]과 같이 공식으로 간단히 계산됩니다.

지금까지 CNN 아키텍처를 구성하는 콘볼루션층과 풀링층의 기본 동작 및 연산 과정을 알아보았습니다. 다음 절에서는 99% 이상의 정확도로 MNIST를 인식할 수 있는 CNN 코드를 텐서플로로 구현해 보겠습니다.

11.5 CNN 기반의 MNIST 검증

이번 절에서는 3개의 콘볼루션층과 1개의 완전연결층으로 구성된 CNN을 이용하여 MNIST를 99% 이상의 정확도로 인식할 수 있는 코드를 텐서플로로 구현해 보겠습니다.

[그림 11.10]에서는 3개의 콘볼루션층과 1개의 완전연결층으로 구성된 CNN 아키텍처를 나타내고 있습니다.

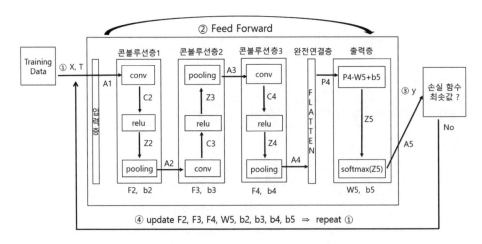

[그림 11.10] MNIST 검증을 위한 CNN 아키텍처

또한 [표 11.1]은 각 층에서 이루어지는 연산 과정(conv ⇒ relu ⇒ pooling)과 이러한
연산을 텐서플로로 구현하기 위한 API를 보여 주고 있습니다. 다음 절에서 각 API의
사용법을 자세히 알아보겠습니다.

[표 11.1] CNN 아키텍처 구현을 위한 텐서플로 API

	conv 출력	relu 출력	pooling 출력	텐서플로(TensorFlow) API	
콘볼루션층1	A1 * F2 + b2 = C2	Z2	A2	conv	tf.nn.conv2d(⋯)
콘볼루션층2	A2 * F3 + b3 = C3	Z3	A3		
콘볼루션층3	A3 * F4 + b4 = C4	Z4	A4	relu	tf.nn.relu(⋯)
				pooling	tf.nn.max_pool(⋯)

	역할	텐서플로(TensorFlow) API	
완전연결층	콘볼루션층의 3차원 텐서 값을 행렬에서 하나의 열Column로 나타나는 1차원 벡터로 평탄화 시키는 작업을 수행하여 일반 신경망 연결처럼 출력층의 모든 노드와 완전연결 시키는 역할을 합니다.	FLATTEN tf.reshape(A4,⋯)	

출력층	입력으로 받은 값을 0과 1 사이의 값으로 모두 정규화 시키는 소프트맥스softmax 기능을 하며 출력 값들의 총합은 항상 1이 되도록 합니다.	softmax tf.nn.softmax(Z5)

11.5.1 tf.nn.conv2d(⋯)

텐서플로의 tf.nn.conv2d(⋯) API는 [표 11.2]와 같이 4개의 파라미터를 입력으로 받아 콘볼루션 연산을 수행합니다.

[표 11.2] 콘볼루션 연산 수행 API

```
tf.nn.conv2d(input, filter, strides, padding)
```

[1] input: 콘볼루션 연산을 위한 입력 데이터이며 [batch, in_height, in_width, in_channels] 형상Shape을 가지고 있습니다. 예를 들어 100개의 배치로 묶은 28 × 28 크기의 흑백 이미지를 입력으로 넣을 경우, input은 [100, 28, 28, 1] 형태로 나타납니다.

[2] filter: 콘볼루션 연산에 적용할 필터이며 [filter_height, filter_width, in_channels, out_channels] 형상Shape을 가지고 있습니다. 예를 들어, 필터 크기가 3 × 3이며 입력 채널 개수는 1이고 적용되는 필터가 총 32개라고 하면 filter는 [3, 3, 1, 32] 형태로 나타납니다. 여기서 채널은, 데이터가 출입하는 통로라고 생각하면 직관적으로 이해가 가능할 것 같습니다. 즉, 입력 채널을 1이라고 하면 데이터가 콘볼루션층으로 들어오는 통로가 1개이며, 입력 채널을 32라고 하면 32개의 통로를 통해 콘볼루션층으로 데이터가 들어온다는 의미입니다.

[3] strides: 콘볼루션 연산을 위해 필터를 이동시키는 간격을 나타내는 파라미터입니다. 예를 들어 strides를 [1, 1, 1, 1] 형태로 나타내면 콘볼루션 적용을 위해 필터를 왼쪽 위Left Top부터 오른쪽 아래Right Bottom 영역까지 1칸씩 이동시킨다는 것을 의미합니다.

[4] padding: 'SAME' 또는 'VALID' 값을 가지는 파라미터입니다. 만약 padding='VALID'라고 초기화하면 패딩을 적용하지 않는다는 의미로써 출력 데이터의 크기가 작아집니다. 그러나 padding='SAME'으로 지정하면 출력 데이터의 크기가 입력 데이터의 크기와 같도록 입력 데이터 주변을 0 값으로 채우는 제로 패딩Zero padding을 수행합니다.

11.5.2 tf.nn.max_pool(…)

텐서플로의 tf.nn.max_pool(…) API는 [표 11.3]과 같이 4개의 파라미터를 입력으로 받아 풀링 연산을 수행합니다.

[표 11.3] 최댓값 풀링 수행 API

tf.nn.max_pool(value, ksize, strides, padding)

[1] value: 일반적으로 [batch, height, width, channels] 형태이며, 콘볼루션층의 relu를 통과한 출력 결과를 나타냅니다. 우리가 구현할 [그림 11.10]의 CNN 아키텍처에서는 Z2, Z3, Z4 등의 값이 value입니다.

[2] ksize: CNN 아키텍처에서 일반적인 ksize는 [1, height, width, 1] 형태입니다. 예를 들어 ksize = [1, 2, 2, 1]이라면 2칸씩 이동하면서 출력 결과 1개를 만들어

낸다는 것을 의미합니다. 즉 4개(2 × 2)의 데이터 중에서 가장 큰 값을 찾아 반환합니다. 만약 ksize = [1, 3, 3, 1]이라면 3칸씩 이동, 즉 9개(3 × 3)의 데이터 중에서 가장 큰 값을 찾는다는 의미입니다.

[3] strides: 최댓값 풀링Max pooling을 위해 윈도우를 이동시키는 간격을 나타냅니다. 예를 들어 [1, 2, 2, 1]로 strides를 나타낸다면 최댓값 풀링Max pooling 적용을 위해 2칸씩 이동하는 것을 의미합니다.

[4] padding: 최댓값 풀링Max pooling에서의 padding 값은 최댓값 풀링Max pooling을 수행하기엔 데이터가 부족한 경우에 주변을 0 값 등으로 채워 주는 역할을 합니다. 예를 들어 최댓값 풀링Max pooling에서 풀링층으로 들어오는 입력 데이터 크기가 7 × 7이라면, 데이터를 2개씩 묶어 최댓값을 찾는 연산을 하기에는 입력으로 주어진 데이터가 부족한 상황입니다(크기가 최소 8 × 8이어야 2개씩 묶어서 최댓값을 반환하는 것이 가능합니다). 이때 padding='SAME'으로 초기화하면 풀링층으로 들어온 데이터의 부족한 부분을 0 값으로 채운 후에 데이터를 2개씩 묶어 최댓값을 뽑아낼 수 있습니다.

11.5.3 MNIST 검증 코드 구현

99% 이상의 정확도로 MNIST를 인식하기 위해 [그림 11.10]과 같은 3개의 콘볼루션층과 1개의 완전연결층으로 구성된 CNN 아키텍처를 다시 보겠습니다. 전체 소스 코드는 CH11_Example.ipynb에서 확인하고 실행해 볼 수 있습니다.

[예제 11.1] 입력/정답 데이터 분리([그림 11.10]의 ① 부분 구현)

| 코드 | ```python
import tensorflow as tf
from tensorflow.examples.tutorials.mnist import input_data
import numpy as np


mnist = input_data.read_data_sets("MNIST_data/", one_hot=True)


print("\ntrain image shape = ", np.shape(mnist.train.images))
print("train label shape = ", np.shape(mnist.train.labels))
print("test image shape = ", np.shape(mnist.test.images))
print("test label shape = ", np.shape(mnist.test.labels))
``` |
| 결과 | ```
train image shape =  (55000, 784)
train label shape =  (55000, 10)
test image shape =  (10000, 784)
test label shape =  (10000, 10)
``` |

[그림 11.10]의 ① 부분을 구현한 [예제 11.1]을 보면 MNIST 데이터는 텐서플로의 read_data_sets() 함수를 이용해서 mnist 객체Object로 받아 올 수 있습니다. 입력 데이터와 정답 데이터는 MNIST_data 디렉토리에 저장되며, read_data_sets() 함수의 두 번째 파라미터로 one_hot=True 옵션을 주었기 때문에 정답 데이터는 원핫 인코딩One-Hot Encoding 형태로 저장됩니다.

그리고 mnist 객체는 train, test, validation 3개의 데이터 세트로 구성되며 mnist. train.num_examples, mnist.test.num_examples, mnist.validation.num_ examples 값을 통해 데이터의 개수를 확인할 수 있습니다(train 데이터 개수 : test 데이터 개수 : validation 데이터 개수 = 55,000 : 10,000 : 5,000).

[예제 11.2] 신경망 구조 및 텐서플로 노드 정의([그림 11.10]의 ① 부분 구현)

| 코드 | ```python
# CNN 하이퍼 파라미터 설정
learning_rate = 0.001       # 학습률
epochs = 30                 # 반복 횟수
batch_size = 100            # 한 번에 입력으로 주어지는 MNIST 데이터 개수

# 입력과 정답을 위한 플레이스홀더(placeholder) 정의
X = tf.placeholder(tf.float32, [None, 784])
T = tf.placeholder(tf.float32, [None, 10])

# 입력층의 출력 값. 콘볼루션 연산을 위해 reshape 수행
A1 = X_img = tf.reshape(X,  [-1, 28, 28, 1])
``` |

[그림 11.10]의 ① 부분을 구현한 [예제 11.2]에서는 학습률(learning_rate), 반복 횟수 (epochs), 한 번에 CNN으로 들어가는 데이터의 개수(batch_size) 등과 같은 하이퍼 파라미터를 설정합니다.

그리고 입력과 정답을 위한 플레이스홀더placeholder 노드(X, T)를 정의하는 것은 일 반적인 신경망 코드를 작성할 때와 똑같습니다.

반면 입력층의 출력 값 A1은 784개 픽셀 값을 가지고 있지만, CNN에서는 A1 = X_ imag = tf.reshape(X, [-1, 28, 28, 1]) 코드와 같이 콘볼루션 연산을 수행하기 위해 입 력 데이터의 형상을 28 × 28 크기의 흑백 이미지(0 또는 1)를 나타내는 28 × 28 × 1 크기의 텐서로 reshape 시켜 주어야 합니다.
```

	[예제 11.3] 콘볼루션층1에서의 연산 정의

[예제 11.3] 콘볼루션층1에서의 연산 정의

| 코드 | ```
# 1번째 콘볼루션층.  3 X 3 크기를 가지는 32개의 필터를 적용
F2 = tf.Variable(tf.random_normal([3, 3, 1, 32], stddev=0.01))
b2 = tf.Variable(tf.constant(0.1, shape=[32]))


# 1번째 콘볼루션 연산을 통해 28 X 28 X 1  => 28 X 28 X 32
C2 = tf.nn.conv2d(A1, F2, strides=[1, 1, 1, 1], padding='SAME')

# relu 출력
Z2 = tf.nn.relu(C2+b2)

# 1번째 max pooling을 통해 28 X 28 X 32  => 14 X 14 X 32
A2 = tf.nn.max_pool(Z2, ksize=[1, 2, 2, 1], strides=[1, 2, 2, 1],
padding='SAME')
``` |

[그림 11.10]에서 콘볼루션층1에서의 연산을 나타낸 [예제 11.3]을 보면, 먼저 3 × 3 크기를 가지는 32개의 필터 F2와 32개의 바이어스 b2가 정의되어 있습니다.

여기서 필터 F2의 차원을 나타내는 [3, 3, 1, 32]는 1개의 입력 채널로 들어오는 데이터에 대해서 3 × 3 크기를 가지는 총 32개의 필터가 적용된다는 것을 의미합니다.

또한 콘볼루션 연산 결과 C2는 28 × 28 크기를 가지는 총 32개의 특징 맵, 즉 28 × 28 × 32 차원을 가지는 텐서입니다.
```

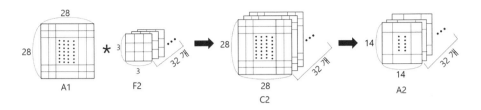

[그림 11.11] 콘볼루션층1에서의 데이터 크기 및 개수 변화

왜냐하면 [그림 11.11]에 나타낸 것처럼 28 × 28 크기를 가지는 1개의 입력 데이터에 대해서 총 32개의 필터가 적용되기 때문에 28 × 28 크기는 변하지 않고 개수만 1개에서 32개로 증가되었기 때문입니다.

이렇게 28 × 28 × 32차원을 가지는 C2가 풀링층으로 들어오면, 2 × 2 크기를 가지는 4개의 데이터에서 최댓값을 찾아내는 풀링Max pooling 연산을 통해서 14 × 14 크기를 가지는 총 32개의 출력 데이터, 즉 14 × 14 × 32차원의 텐서 A2가 계산됨을 알 수 있습니다.

[예제 11.4] 콘볼루션층2에서의 연산 정의

| 코드 | ```
# 2번째 콘볼루션층.  3 X 3 크기를 가지는 64개의 필터를 적용
F3 = tf.Variable(tf.random_normal([3, 3, 32, 64], stddev=0.01))
b3 = tf.Variable(tf.constant(0.1, shape=[64]))

# 2번째 콘볼루션 연산을 통해 14 X 14 X 32  => 64 X 32 X 14 X 14
C3 = tf.nn.conv2d(A2, F3, strides=[1, 1, 1, 1], padding='SAME')

# relu 출력
Z3 = tf.nn.relu(C3+b3)

# 2번째 Max pooling을 통해 64 X 32 X 14 X 14 => 64 X 32 X 7 X 7
``` |
```

| 코드 | ```
A3 = tf.nn.max_pool(Z3, ksize=[1, 2, 2, 1], strides=[1, 2, 2, 1],
padding='SAME')
``` |

[그림 11.10]에서 콘볼루션층2에서의 연산을 나타낸 [예제 11.4]을 보면, 먼저 3×3 크기를 가지는 64개의 필터 F3과 64개의 바이어스 b3이 정의되어 있습니다.

여기서 필터 F3의 차원을 나타내는 [3, 3, 32, 64]는 32개의 입력 채널로 들어오는 데이터에 대해서 3×3 크기를 가지는 총 64개의 필터가 적용된다는 것을 의미합니다.

또한 콘볼루션 연산 결과 C3은 14×14 크기를 가지는 총 64×32개의 특징 맵, 즉 $64 \times 32 \times 14 \times 14$차원을 가지는 텐서입니다.

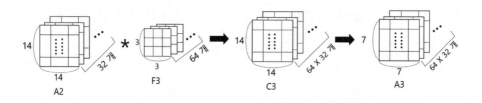

[그림 11.12] 콘볼루션층2에서의 데이터 크기 및 개수 변화

왜냐하면 [그림 11.12]에 나타낸 것처럼 14×14 크기를 가지는 32개 각각의 입력 데이터에 대해서 총 64개의 필터가 적용되기 때문에 14×14 크기는 변하지 않고 개수만 32개에서 $64 \times 32 = 2,048$개로 증가되었기 때문입니다.

이렇게 $64 \times 32 \times 14 \times 14$차원을 가지는 C3이 풀링층으로 들어오면, 2×2 크기를 가지는 4개의 데이터에서 최댓값을 찾아내는 풀링Max pooling 연산을 통해서 7×7 크
```

기를 가지는 총 64 × 32개의 출력 데이터, 즉 64 × 32 × 7 × 7차원의 텐서 A3이 계산됨을 알 수 있습니다.

[예제 11.5] 콘볼루션층3에서의 연산 정의	
코드	```\n# 3번째 콘볼루션층. 3 X 3 크기를 가지는 128개의 필터를 적용\nF4 = tf.Variable(tf.random_normal([3, 3, 64, 128], stddev=0.01))\nb4 = tf.Variable(tf.constant(0.1, shape=[128]))\n\n\n# 3번째 콘볼루션 연산을 통해 64 X 32 X 7 X 7 => 128 X 64 X 32 X 7 X 7\nC4 = tf.nn.conv2d(A2, F3, strides=[1, 1, 1, 1], padding='SAME')\n\n# relu 출력\nZ4 = tf.nn.relu(C4+b4)\n\n\n# 3번째 Max pooling을 통해 128 X 64 X 32 X 7 X 7 => 128 X 64 X 32 X 4 X 4\nA4 = tf.nn.max_pool(Z4, ksize=[1, 2, 2, 1], strides=[1, 2, 2, 1], padding='SAME')\n```

[그림 11.10]에서 콘볼루션층3에서의 연산을 나타낸 [예제 11.5]를 보면, 먼저 3 × 3 크기를 가지는 128개의 필터 F4와 128개의 바이어스 b4가 정의되어 있습니다.

여기서 필터 F4의 차원을 나타내는 [3, 3, 64, 128]은 64개의 입력 채널로 들어오는 데이터 각각에 대해서 3 × 3 크기를 가지는 총 128개의 필터가 적용된다는 것을 의미합니다.

또한 콘볼루션 연산 결과 C4는 7 × 7 크기를 가지는 총 128 × 64 × 32개의 특징 맵,

즉 $128 \times 64 \times 32 \times 7 \times 7$차원을 가지는 텐서입니다.

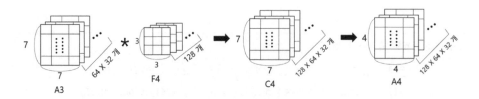

[그림 11.13] 콘볼루션층3에서의 데이터 크기 및 개수 변화

왜냐하면 [그림 11.13]에 나타낸 것처럼 7×7 크기를 가지는 $64 \times 32 = 2,048$개 각 각의 입력 데이터에 대해서 총 128개의 필터가 적용되기 때문에 7×7 크기는 변하지 않고 개수만 $64 \times 32 = 2,048$개에서 $128 \times 64 \times 32 = 262,144$개로 증가되었기 때문입니다.

이렇게 $128 \times 64 \times 32 \times 7 \times 7$차원을 가지는 C4가 풀링층으로 들어오면, 2×2 크기를 가지는 4개의 데이터에서 최댓값을 찾아내는 풀링Max pooling 연산을 통해서 4×4 크기를 가지는 총 $128 \times 64 \times 32$개의 출력 데이터, 즉 $128 \times 64 \times 32 \times 4 \times 4$ 차원의 텐서 A4가 계산됨을 알 수 있습니다.

[예제 11.6] 완전연결층에서의 연산 정의

코드	# 한 번에 입력되는 4 X 4 크기를 가진 128개의 activation map을 flatten시킴
	A4_flat = P4_flat = tf.reshape(A4, [-1, 128*4*4])

[그림 11.10]에서 완전연결층에서의 연산을 나타낸 [예제 11.6]을 보면, [1] 콘볼루션층3의 출력 값인 텐서Tensor A4는 reshape를 통하여 [2] 128개의 콘볼루션층3 출력

채널로부터 나오는 128 × 4 × 4 = 2,048개의 데이터가 행렬 A4_flat에서의 1개의 열Column이 되도록 평탄화Flatten 시켜 주는 것을 알 수 있습니다(콘볼루션층3에서 다음 층으로 한 번에 데이터를 내보낼 수 있는 출력 채널은 128개이고, 이러한 128개의 출력 채널을 통해 총 64 × 32개의 데이터가 순차적으로 다음 층으로 전달됩니다).

왜냐하면 콘볼루션층3의 출력 값은 3차원 이상의 텐서이기 때문에 출력층으로 바로 연결하는 것이 불가능합니다. 그래서 3차원 이상의 텐서를 행렬에서 하나의 열 Column을 나타내는 1차원 벡터Vector로 평탄화시키는 작업을 수행하여 일반 신경망 연결처럼 출력층의 모든 노드와 완전연결 시켜 주는 역할을 하고 있습니다.

[예제 11.7] 출력층에서의 연산 정의

코드	

```
# 출력층
W5 = tf.Variable(tf.random_normal([128*4*4, 10], stddev=0.01))
b5 = tf.Variable(tf.random_normal([10]))


# 출력층 선형 회귀 값 Z5, 즉 softmax에 들어가는 입력 값
Z5 = logits = tf.matmul(A4_flat, W5) + b5     # 선형 회귀 값 Z5


y = A5 = tf.nn.softmax(Z5)
```

[그림 11.10]에서 출력층에서의 연산을 나타낸 [예제 11.7]을 보면, 완전연결층의 128 × 4 × 4 = 2,048개의 노드와 출력층 노드 10개 사이에 적용되는 가중치 W5와 출력층의 바이어스 b5를 정의합니다.

이렇게 가중치 W5와 바이어스 b5를 정의하였다면 일반 신경망과 동일하게 출력층에서의 선형 회귀 값은 Z5 = logits = tf.matmul(A4_flat, W5) + b5 코드로 나타낼 수 있으며, 출력층 출력 값 A5는 tf.nn.softmax(Z5)에서처럼 확률분포를 나타내는 softmax 함수의 결과임을 알 수 있습니다.

[예제 11.8] 손실 함수 계산 및 가중치, 바이어스 업데이트

| 코드 | ```
cross_entropy = tf.nn.softmax_cross_entropy_with_logits_v2(logits=Z5,
labels=T)

loss = tf.reduce_mean(cross_entropy)

optimizer = tf.train.AdamOptimizer(learning_rate)

train = optimizer.minimize(loss)
``` |
|------|---|

[예제 11.8]에서는 출력층 선형 회귀 값 Z5와 정답 T를 이용하여 손실 함수 loss를 정의합니다.

[예제 11.2]에서 batch_size = 100으로 설정했기 때문에 출력층의 선형 회귀 값 Z3과 정답 T는 100 × 10 행렬임을 알 수 있습니다.

tf.nn.softmax_cross_entropy_with_logits_v2() 함수는 100개의 데이터에 대해 각각의 소프트맥스를 계산한 후에 크로스 엔트로피Cross Entropy 손실 함수 값을 계산하고, tf.reduce_mean() 함수를 이용해서 배치로 입력되는 데이터 100개에 대한 손실 함수 평균값을 loss에 저장합니다.

그리고 성능 향상을 위해 지금까지 사용했던 tf.train.GradientDescentOptimizer 대신에 학습 속도가 상대적으로 빠른 tf.train.AdamOptimizer 함수를 사용하였습니다.
```

코드	```predicted_val = tf.equal(tf.argmax(A5, 1), tf.argmax(T, 1))```
	
	```accuracy = tf.reduce_mean(tf.cast(predicted_val, dtype=tf.float32))```

[예제 11.9]는 학습을 모두 마친 후에 정확도를 검증하는 노드 accuracy가 구현된 코드입니다.

먼저 tf.argmax(A3,1), tf.argmax(T,1) 코드에서 출력층 계산 값 A3과 정답 T는 batch_size × 10 크기의 행렬이므로 argmax 두 번째 인자에 1을 주어 행 단위로 A3과 T를 비교합니다.

predicted_val = tf.equal(tf.argmax(A3, 1), tf.argmax(T, 1)) 코드의 tf.equal() 함수는 인자로 들어오는 두 값이 일치하면 True, 다르면 False 값을 리턴하므로 predicted_val 변수는 True와 False 값만을 가지는 벡터Vector임을 알 수 있습니다.

정확도를 나타내는 accuracy = tf.reduce_mean(tf.cast(predicted_val, dtype=tf.float32)) 코드에서 predicted_val 변수는 True와 False 값을 가지기 때문에 tf.cast() 함수를 이용해서 True = 1, False = 0 값으로 바꾸고, tf.reduce_mean() 함수로 평균을 구하면 정확도를 측정할 수 있습니다.

예를 들어 predicted_val을 predicted_val = [True, False, False, True]인 벡터라고 가정하면, tf.cast(predicted_val) 코드는 [1, 0, 0, 1] 값을 가지는 벡터를 리턴합니다. 이러한 [1, 0, 0, 1] 벡터를 인자로 주어 tf.reduce_mean() 코드, 즉 tf.reduce_ mean([1, 0, 0, 1]) 코드를 실행하면(1+0+0+1), 4 = 0.25 값이 나오므로 평균 25%의 정확도를 가진다고 해석할 수 있습니다.

지금까지 텐서플로 노드와 하이퍼 파라미터를 모두 정의했습니다. 이제 세션을 만들어서 sess.run()으로 실행시키기만 하면 우리가 원하는 MNIST 검증을 할 수 있습니다.

[예제 11.10] MNIST 인식 정확도 검증

코드

```
with  tf.Session()  as sess:                                    ①

  sess.run(tf.global_variables_initializer())                   ②

  for i in range(epochs):
    total_batch = int(mnist.train.num_examples, batch_size)  # 55,000,
    100

      for step in range(total_batch):

        batch_x, batch_t = mnist.train.next_batch(batch_size)

        loss_val, _ = sess.run([loss, train], feed_dict={X: batch_x, T:
        batch_t})      ③

        if step % 100 == 0:
            print("step = ", step, ", loss_val = ", loss_val)

    # Accuracy 확인
    test_x_data = mnist.test.images
    test_t_data = mnist.test.labels
```

```
            accuracy_val = sess.run(accuracy, feed_dict={X: test_x_data, T:
            test_t_data})

            print("\nAccuracy = ", accuracy_val)
```

| 결과 | ```
epochs =  0 , step =  0 , loss_val =  2.5725806
epochs =  0 , step =  100 , loss_val =  0.9440416
epochs =  0 , step =  200 , loss_val =  0.29754728
..................................
epochs =  29 , step =  300 , loss_val =  0.000119125296
epochs =  29 , step =  400 , loss_val =  0.00037379275
epochs =  29 , step =  500 , loss_val =  0.013534739


Accuracy =  0.9925
``` |

[예제 11.10]의 코드를 보면, ① with 구문을 이용하여 세션을 만들고 ② 변수 노드를 초기화하며 ③ feed_dict = { X: batch_x,　T: batch_t }으로 입력 데이터 X, 정답 데이터 T를 신경망으로 넣어 주면서 손실 함수 loss가 최소가 되도록 필터 F2, F3, F4, 가중치 W5 그리고 바이어스 b2, b3, b4, b5를 업데이트하면서 ④ 약 99.25%라는 높은 정확도로 MNIST를 인식합니다.

즉 3개의 콘볼루션층과 1개의 완전연결층을 가지는 CNN 아키텍처에서 약 1시간 9분 만에 거의 100%에 가까운(99.25%) 정확도로 필기체 손글씨인 MNIST를 인식할 수 있다는 것은 정말 놀라운 결과입니다. 1개의 CPU 환경에서는 1시간 이상이 소요되나 GPU를 사용할 수 있다면 몇 분내로 학습을 마칠 수 있습니다.

이처럼 1개 이상의 콘볼루션층과 완전연결층으로 구성된 CNN 아키텍처를 이용하면 99% 이상의 정확도로 이미지를 인식할 수 있습니다.
```

11.6 정리

이번 11장에서는 합성곱 신경망으로 불리는 CNN 개념, 동작 원리 등과 텐서플로를 이용하여 99% 이상의 정확도로 MNIST를 인식하는 코드를 구현하였습니다.

CNN을 구성하고 있는 콘볼루션층, 풀링층 그리고 완전연결층을 직관적으로 이해하기는 어렵지만, 한 번 이해하고 나면 레고 블록을 쌓듯이 각 층을 연결해서 원하는 작업을 할 수 있습니다. 특히 이미지를 인식하는 분야는 반드시 CNN을 이용하므로 이번 장을 완전히 이해해 놓아야 합니다.

조금은 어려웠던 CNN을 여기서 마치고 다음 장에서는 순환 신경망이라고 하는 RNN^{Recurrent Neural Network}에 대해 알아보겠습니다.

순환 신경망 RNN (Recurrent Neural Network)

이번 장에서는 순환 신경망이라고 부르는 RNN^{Recurrent Neural Network}에 대해 알아 보겠습니다.

RNN은 신경망 내부의 상태 정보를 기억할 수 있으며, 이러한 상태 정보를 이용해서 사람의 음성이나 수많은 단어로 이루어진 소설과 같이 연속적이며 순서^{Sequence}가 있 는 데이터를 분석하고 미래 값을 예측하는 데 적합한 딥러닝 모형입니다.

그래서 먼저 RNN 개념과 아키텍처 그리고 동작 원리 등을 알아보고, 텐서플로를 이 용하여 'gohome'이라는 문장을 학습하여 알파벳 'm'을 입력하면 다음에 나올 알파벳 은 'e'가 될 확률이 가장 높다는 것을 예측하는 RNN 예제를 구현해 보겠습니다.

관련 유튜브 강의 QR 코드 / 링크
https://youtu.be/rDkDyGJpp7E

12.1 RNN 아키텍처

우선 일반 신경망^{Neural Network} 아키텍처와 RNN^{Recurrent Neural Network} 아키텍처를 비교하면서 어떤 부분이 다른지, 그리고 달라진 부분은 어떤 역할을 하는지 등에 대 하여 전반적으로 알아보겠습니다.

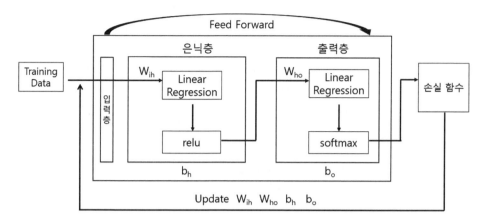

[그림 12.1] 일반 신경망(Neural Network) 아키텍처

지금까지 우리가 학습했던 일반 신경망 아키텍처는 [그림 12.1]과 같이 입력층, 은 닉층 그리고 출력층으로 이루어져 있습니다. 입력 데이터에 대해서 피드 포워드Feed Forward를 수행해서 출력층에서의 출력 값을 계산하고 그 값을 정답 T와 비교하여 크 로스 엔트로피 등의 손실 함수 값을 구한 후에 이러한 손실 함수 값이 최소가 될 때까 지 오차역전파를 이용해서 가중치 W_{ih}, W_{ho}, 바이어스 b_h, b_o를 최적화하는 구조로 되 어 있습니다.

그런데 이번 장에서 알아볼 RNNRecurrent Neural Network 아키텍처는 [그림 12.2]와 같이 내부적으로는 입력층, 은닉층 그리고 출력층으로 구성된 일반 신경망과 동일하 다는 것을 알 수 있습니다.

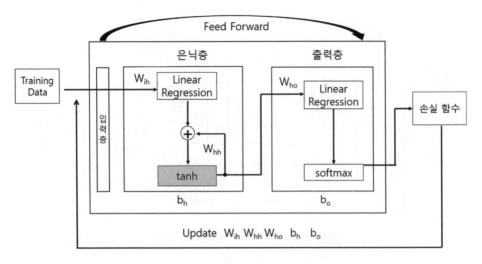

[그림 12.2] 순환 신경망 RNN(Recurrent Neural Network) 아키텍처

반면 [그림 12.2]에서 보듯이 RNN의 은닉층은 일반 신경망의 은닉층과는 두 부분이
다릅니다.

첫 번째 차이점은 일반 신경망에서의 은닉층 출력 값은 relu 함수로 계산해서 출력층
으로 바로 전달되지만, RNN 은닉층에서는 relu 함수가 아닌 tanh, 즉 하이퍼볼릭 탄
젠트Hyperbolic Tangent 함수로 은닉층의 출력 값을 계산하고 출력층으로 보냅니다.

두 번째 차이점은 RNN 아키텍처에서 가장 중요한 특징인 순환 구조가 은닉층 내부
에 있다는 것입니다. 즉 일반 신경망의 은닉층 출력 값은 바로 출력층으로 전달되지
만, RNN에서는 은닉층 출력 값이 출력층으로 전달되는 것과 동시에 그 값을 다시 은
닉층의 입력 값으로 들여 보내주는 순환recurrent 구조로 되어 있습니다.

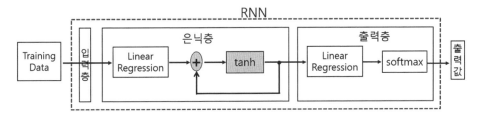

[그림 12.3] 은닉층 내부가 순환 구조인 RNN 아키텍처

즉 [그림 12.3]과 같이 RNN 아키텍처는 은닉층 내부에 데이터를 순환시키는 구조를 가지고 있어서 순환 신경망Recurrent Neural Network으로 불리며, 이러한 순환 구조 덕분에 순서가 있는 데이터를 처리하는 데 강점을 가진 신경망으로 알려져 있습니다.

그런데 순서가 있다는 것은 어떤 의미이며 RNN에서 이러한 데이터가 어떻게 인식되고 처리되는 것일까요?

다음 12.2절에서는 순서가 있는 데이터가 무엇을 의미하고 이러한 데이터에는 어떤 특징이 있는지 알아보겠습니다.

12.2 순서가 있는 데이터

먼저 4개의 단어 I, work, at, google로만 구성된 다음 문장 2개를 살펴봅시다.

I work at google ⇒ 나는 구글에 근무한다.
　동사　　　명사

I google at work ⇒ 나는 회사에서 구글링한다.
　동사　　　명사

첫 번째 문장 'I work at google'에서 google은 품사가 명사Noun이며, 두 번째 문장 'I google at work'에선 google의 품사는 동사Verb입니다. 그런데 동일한 단어인 google이 첫 번째 문장에서는 명사Noun이고, 두 번째 문장에서는 동사Verb임을 우리는 어떻게 알 수 있을까요?

첫 번째 문장 'I work at google'에서는 전치사 at 다음에 google이 나왔으므로 google을 명사Noun라고 추측할 수 있고, 두 번째 문장 'I google at work'에서는 대명사 I 다음에 일반적으로 동사Verb가 올 확률이 높기 때문에 google을 동사Verb라고 생각했을 것입니다.

이처럼 문장에서 단어의 뜻과 의미는 그 단어의 위치, 즉 순서Sequence에 따라서 의미가 달라진다는 것을 알 수 있습니다.

따라서 순서Sequence가 있는 데이터라는 것은,

[1] 문장이나 음성 같은 연속적인 데이터를 말하는데, 이러한 데이터는 문장에서 놓인 위치(순서)에 따라 의미가 달라집니다.

[2] 현재 데이터의 의미를 알기 위해서는 순서적으로 이전에 놓여 있는 과거 데이터도 알고 있어야 합니다. 즉 'I work at google' 문장에서 google이 명사Noun임을 예측하기 위해서는 이전에 놓여 있는 과거 데이터인 전치사 at을 알아야 하고, 'I google at work' 문장에서 google이 동사Verb임을 알기 위해서는 이전에 있는 과거 데이터가 대명사 I라는 것을 미리 알고 있어야 합니다.

그래서 RNN은 ① 은닉층 내의 순환Recurrent 구조를 이용하여 과거 데이터를 기억했다가 ② 새롭게 입력되는 데이터와 은닉층에서 기억하고 있는 과거 데이터를 연결시켜서 그 의미를 알아내는 기능을 가지고 있습니다.

다음 12.3절에서는 'I work at google' 문장을 통해 RNN 동작 원리를 정성적으로 분석Qualitative Analysis하고 파악해 보겠습니다.

12.3 RNN 동작 원리(정성적 분석)

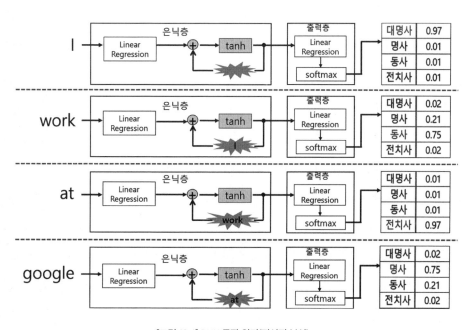

[그림 12.4] RNN 동작 원리(정성적 분석)

[그림 12.4]를 보면 은닉층 내부에 순환 구조를 가지고 있으며 별 모양(☆)으로 표시

한 곳을 순환되어 은닉층으로 다시 들어오는 출력 값을 기억하고 있는 공간이라고 가정해 보겠습니다.

[1] 첫 번째 단어 'I'가 은닉층으로 들어오면 현재는 과거 데이터가 없기 때문에 입력 단어 'I'에 대한 tanh 계산 값이 출력층으로 전달되며, 동시에 순환 구조를 통해서 단어 'I'에 대한 tanh 값이 은닉층 내부에 기억된다는 것을 알 수 있습니다.

그리고 출력층에서는 softmax 함수를 통해서 은닉층으로부터 들어온 값은 대명사 Pronoun일 확률이 가장 높을 것으로 예측합니다.

[2] 두 번째 단어 'work'가 은닉층으로 들어오면 이번에는 과거 데이터 'I'가 은닉층 내부에 기억되어 있는 것을 알 수 있습니다. 그래서 현재 은닉층으로 들어온 단어 'work'와 이전에 기억되어 있는 단어 'I'를 연결시켜서 은닉층의 출력 값을 생성합니다.

이렇게 'I' + 'work' 조합으로 계산된 은닉층 출력 값은 출력층으로 전달됨과 동시에 다시 순환 구조를 이용하여 'I'에 영향을 받은 'work'가 은닉층 내부에 기억됩니다.

이제 출력층에서는 단어 'I'에 영향을 받은 'work'가 동사Verb인지 아니면 명사Noun인지 판단해야 합니다. 과거에 기억하고 있던 단어 'I'는 대명사Pronoun였고, 대명사 다음에는 명사Noun보다는 동사Verb가 올 확률이 높으므로 단어 'work'를 약 75%의 확률로 동사라고 판단하게 됩니다.

[3] 세 번째 단어 'at'이 은닉층으로 들어오는 경우, 은닉층에서 기억하고 있는 과거 데

이터는 대명사 'I'에 영향을 받은 동사 'work'입니다. 그래서 은닉층에서의 출력 값은 'work' + 'at' 조합으로 계산되어 출력층으로 전달되고, 동시에 다시 순환 구조를 이용하여 'work'에 영향을 받은 'at'이 은닉층 내부에 기억됩니다.

출력층에서는 단어 'work'의 영향을 받은 'at'을 전치사Preposition로 예측합니다. 왜냐하면 은닉층에서 과거에 기억하고 있던 단어 'work'는 동사verb였고, 동사 다음에는 전치사Preposition가 나올 확률이 가장 높기 때문입니다.

[4] 마지막 단어 'google'이 은닉층으로 들어오면 과거에 기억해 놓은 전치사Preposition 'at'의 영향을 받아서 은닉층 출력 값이 계산되고 이 값이 출력층으로 전달됩니다.

따라서 출력층에서는 전치사 'at'의 영향을 받은 'google' 데이터를 명사noun로 예측합니다. 이번에 입력된 단어 'google'은 문장의 마지막 단어이고 무엇보다 이전에 은닉층에서 기억하고 있던 단어가 전치사 'at'이었기 때문에 출력층에서는 'google' 단어를 명사Noun로 예측하게 됩니다.

12.4 RNN 동작 원리(정량적 분석)

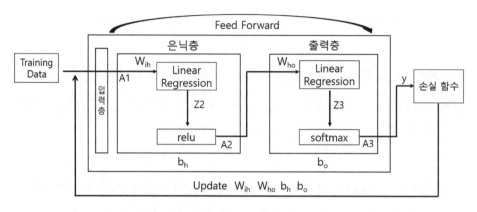

[그림 12.5] 일반 신경망 구조(가중치, 바이어스 관점)

먼저 일반적인 신경망 아키텍처를 가중치와 바이어스 관점에서 리뷰하겠습니다.

[그림 12.5]와 같은 일반적인 신경망은 입력층과 은닉층 그리고 출력층으로 구성되어 있으며, 은닉층과 출력층에는 가중치 W_{ih}, W_{ho}, 바이어스 b_h, b_o가 정의되어 있습니다.

이러한 가중치와 바이어스가 정의되면, [표 12.1]과 같이 각 층에서의 선형 회귀Linear Regression 값 Z와 출력 값 A를 계산할 수 있습니다.

[표 12.1] 신경망 각 층에서의 선형 회귀 값과 출력 값

	Linear Regression	각 층의 출력	각 층의 가중치와 바이어스
은닉층	$A1 \cdot W_{ih} + b_h = Z2$	relu(Z2) = A2	가중치 W_{ih} ⇒ 입력 데이터(A1)에 적용됨 바이어스 b_h ⇒ 은닉층에는 1개의 벡터로 표시되는 바이어스 값이 존재함

			가중치 W_{ho} ⇒ 입력 데이터(A2)에 적용됨
출력층	$A2 \cdot W_{ho} + b_o = Z3$	$softmax(Z3) = A3$	바이어스 b_o ⇒ 출력층에 1개의 벡터로 표시되는 바이어스 값이 존재함

가중치와 바이어스 관점에서 신경망을 정리해 보면 [1] 바이어스는 각 층Layer에서 1개의 벡터 값으로 정의될 수 있지만 [2] 가중치는 각 층Layer으로 입력되는 데이터의 개수만큼 정의되어야 합니다.

즉 은닉층으로 들어오는 데이터가 2개라면 필요한 가중치도 2개, 들어오는 데이터가 4개라면 필요한 가중치도 4개여야 합니다.

이처럼 각 층으로 입력되는 데이터의 개수와 가중치의 개수가 일치해야 하는 구조를 바탕으로 [그림 12.6]에 RNN 아키텍처를 나타냈습니다.

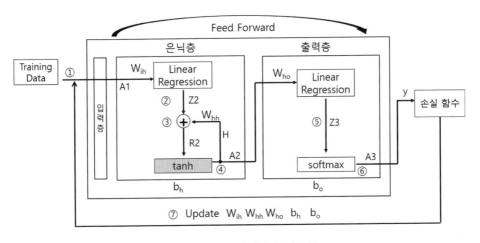

[그림 12.6] RNN 동작 원리(정량적 분석)

기본적으로 RNN 아키텍처에서는 [그림 12.6]과 같이 은닉층에 W_{ih}, W_{hh}라는 2개의 가중치가 필요합니다. 즉 ①을 통해 은닉층으로 들어오는 데이터 A1에 적용되는 가중치 W_{ih}와 함께, ④에서 보는 것처럼 순환Recurrent되어 다시 은닉층으로 들어오는 데이터 H에 적용되는 가중치 W_{hh}도 동시에 필요하다는 것을 알 수 있습니다.

이러한 RNN 아키텍처에 순서Sequence가 있는 데이터, 즉 첫 번째 데이터(1st 데이터)를 입력하고 시간이 조금 흐른 다음 두 번째 데이터(2nd 데이터)를 입력으로 줄 경우, 각각의 입력 데이터에 대한 RNN 출력 값은 [표 12.2]와 같이 나타낼 수 있습니다.

[표 12.2] 순서가 있는 데이터에 대한 RNN 출력 값

첫 번째 입력 데이터 A1에 대한 RNN 동작 과정

	② Linear Regression	③ Summation	④ Output	next H (H_{next})	current H (H_{cur})
은닉층	$A1 \cdot W_{ih} + b_h = Z2$	$Z2 + H_{cur} \cdot W_{hh} = R2$	$tanh(R2) = A2$	$A2_{cur}$	0

	⑤ Linear Regression	⑥ Output
출력층	$A2 \cdot W_{ho} + b_o = Z3$	$softmax(Z3) = A3$

두 번째 입력 데이터 A1에 대한 RNN 동작 과정

	② Linear Regression	③ Summation	④ Output	next H (H_{next})	current H (H_{cur})
은닉층	$A1 \cdot W_{ih} + b_h = Z2$	$Z2 + H_{cur} \cdot W_{hh} = R2$	$tanh(R2) = A2$	$A2_{cur}$	$A2_{prev}$

	⑤ Linear Regression	⑥ Output
출력층	$A2 \cdot W_{ho} + b_o = Z3$	$softmax(Z3) = A3$

RNN 동작 과정을 나타낸 [표 12.2]에서 가장 중요한 부분은 은닉층에 나타낸 next H(H_{next})와 current H(H_{cur}) 부분입니다.

next H(H_{next}): H_{next}는 현재 은닉층 출력 값인 $A2_{cur}$가 순환되어 은닉층에 기억되어 있다가, 다음에 입력되는 데이터에 영향을 주는 값을 나타냅니다(H_{next} = $A2_{cur}$).

current H(H_{cur}): H_{cur}는 현재 입력 데이터에 영향을 주는 과거의 은닉층 출력 값 A2를 나타내고 있습니다(H_{cur} = 은닉층에 저장되어 있는 과거의 은닉층 출력 값 H_{prev}).

이러한 H_{next}, H_{cur}의 개념을 바탕으로 [표 12.2]에서 RNN 동작 원리를 다시 보면,

[1] 첫 번째 입력 데이터 A1이 들어오는 경우, 은닉층에 저장되어 있는 과거 데이터가 없으므로 H_{cur} = 0이고, 현재 은닉층 출력 값($A2_{cur}$)은 순환되어 다음에 입력되는 데이터에 영향을 주는 값 H_{next}로 저장됩니다. 즉 H_{next} = $A2_{cur}$입니다.

[2] 두 번째 입력 데이터 A2가 들어오는 경우, 은닉층에 저장되어 있는 과거 데이터가 있으므로 H_{cur} = $A2_{prev}$이고, 현재 은닉층 출력 값($A2_{cur}$)은 순환되어 다음에 입력되는 데이터에 영향을 주는 값 H_{next}로 저장됩니다. 여기서 $A2_{prev}$의 prev는 과거의 은닉층 결과 값이라는 의미의 previous입니다.

이처럼 RNN 동작 방식은 과거의 값이 현재 입력 데이터에 영향을 주는 형태입니다.

즉 RNN 아키텍처는 현재와 과거라는 시간Time 개념이 포함되어 있고, [그림 12.6]과 같은 RNN 구조일 때 그 동작 원리는 [식 12.1]과 같이 나타낼 수 있습니다.

$$H_t = A2 = \tanh(A1 \cdot W_{ih} + H_{t-1} \cdot W_{hh} + b_h)$$

[식 12.1] RNN 동작 원리(정량적 분석)

여기서 t를 현재 시간으로 가정한다면, H_t는 현재 시간에서의 은닉층 출력 값이며 H_{t-1}은 (t-1)시간인 과거의 은닉층 출력 값임을 알 수 있습니다.

관련 유튜브 강의 QR 코드 / 링크
https://youtu.be/E-R3YwoqmYw

12.5 RNN 예제

지금까지 RNN 개념과 동작 원리를 알아보았고 이제는 실제 RNN 예제를 구현해 보겠습니다.

먼저 [표 12.3]에서는 RNN 구조에서 이루어지는 연산 과정(Linear Regression ⇒ summation ⇒ tanh)과 이 연산을 텐서플로로 구현하기 위한 API를 보여 주고 있습니다.

[표 12.3] RNN 아키텍처 구현을 위한 텐서플로 API

	② Linear Regression	③ Summation	④ Output	텐서플로(TensorFlow) API
은닉층	$A1 \cdot W_{ih} + b_h = Z2$	R2	$A2 = H_t$	tf.contrib.rnn. BasicRNNCell(⋯) tf.nn.dynamic_rnn(⋯)

	⑤ Linear Regression	⑥ Output	손실 함수	텐서플로(TensorFlow) API
출력층	$A2 \cdot W_{ho} + b_o = Z3$	A3	Cross Entropy	tf.contrib.seq2seq. sequence_loss(...)

12.5.1 tf.contrib.rnn.BasicRNNCell(···)

텐서플로의 tf.contrib.rnn.BasicRNNCell(···) API는 [표 12.4]와 같이 1개의 파라
미터를 입력으로 받아 은닉층 객체 cell을 리턴해 줍니다.

[표 12.4] RNN 연산 API

```
cell = tf.contrib.rnn.BasicRNNCell(num_units=hidden_size)
```

[입력 파라미터] hidden_size: 내부 순환 구조를 가지고 있는 은닉층에서 원핫One-
Hot으로 표현되는 출력(H_t) 크기size를 나타내며, 원핫One-Hot으로 나타내는 정답 크기
와 동일합니다. 예를 들어 문자 'A'를 1로, 문자 'B'를 2로 정의한 후에 크기가 4인 원
핫One-Hot 방식으로 나타내면 'A' = [1, 0, 0, 0], 'B' = [0, 1, 0, 0] 등으로 나타낼 수 있
습니다. 즉 정답 크기가 4인 원핫One-Hot으로 표현할 수 있기 때문에 hidden_size = 4
값을 가지게 되어 BasicRNNCell(num_units=4) 형식으로 사용하고 있습니다.

[리턴 값] cell: 입력으로 주어진 hidden_size를 가지는 은닉층 객체 cell을 리턴합니다.

12.5.2 tf.nn.dynamic_rnn(···)

텐서플로의 tf.nn.dynamic_rnn(···) API는 [표 12.5]와 같이 3개의 파라미터를 입력
으로 받아 은닉층 현재 출력 값과 상태를 리턴해 줍니다.

[표 12.5] RNN 연산 API

```
outputs, _states = tf.nn.dynamic_rnn(cell, x_data, initial_state, dtype=tf.
float32)
```

[입력 파라미터] cell: tf.contrib.rnn.BasicRNNCell(…) 리턴 값인 은닉층 객체 cell 입니다.

[입력 파라미터] x_data: 순서를 가지고 있는 입력 데이터, 즉 sequence data를 나타 내며 텐서플로의 플레이스홀더placeholder 노드Node입니다.

[입력 파라미터] initial_state: 은닉층 객체인 cell의 초기 상태로서 일반적으로 0 값 으로 초기화합니다.

[리턴 값] outputs, _states: 은닉층 출력 A2(=H_t)와 상태를 각각 outputs, _states로 리턴하지만 실제로는 은닉층 출력 값인 outputs만 주로 사용합니다.

12.5.3 tf.contrib.seq2seq.sequence_loss(…)

텐서플로의 tf.contrib.seq2seq.sequence_loss(…) API는 [표 12.6]처럼 3개의 파라 미터를 입력으로 받아 순서가 있는 데이터Sequence Data의 손실 함수 값인 크로스 엔 트로피Cross Entropy 값을 리턴해 줍니다.

[표 12.6] RNN 연산 API

```
seq_loss = tf.contrib.seq2seq.sequence_loss(logits=outputs, targets=label,
weights=weights)
```

[입력 파라미터] outputs: tf.nn.dynamic_rnn(⋯)의 리턴 값인 outputs, 즉 은닉층의 현재 출력 값 H$_t$를 나타내고 있습니다.

[입력 파라미터] label: 정답 데이터를 나타내며 일반적으로 플레이스홀더placeholder 형태입니다.

[입력 파라미터] weights: 일반적으로 tf.ones([batch_size, sequence_length])와 같이 1로 초기화된 텐서로 나타냅니다. 여기서 batch_size는 신경망에서 말하는 일반적인 배치 사이즈Batch Size를 말하며 sequence_length는 입력으로 주어지는 문장인 순서가 있는 데이터Sequence Data의 길이Length를 나타내고 있습니다.

[리턴 값] seq_loss: 순서가 있는 데이터Sequence Data에 대한 손실 함수로서 크로스 엔트로피 오차Loss를 리턴합니다.

12.5.4 RNN 코드 구현

우리가 구현할 예제는 'gohome'이라는 단어를 문자 단위로 학습한 후에, 'gohom'을 입력으로 주면 다음에 올 단어가 'ohome'이라는 것을 예측하는 것입니다. 이를 위한 RNN 아키텍처를 [그림 12.8]에서 나타냈습니다. 전체 소스 코드는 CH12_Example.ipyn에서 확인할 수 있습니다.

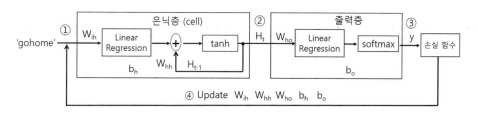

[그림 12.7] 'gohome' 학습을 위한 RNN 아키텍처

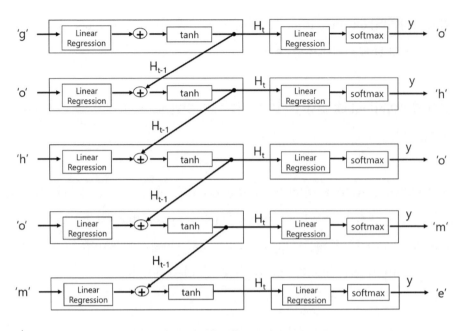

[그림 12.8] 학습 과정이 분해(Unfold)된 RNN 아키텍처

[그림 12.8]에서는 알파벳 단위로 학습이 어떻게 진행되는지 직관적으로 알 수 있도록 RNN 구조를 분해Unfold해 보았습니다.

[예제 12.1] 'gohome'을 원핫(One-Hot) 방식으로 나타냄([그림 12.8]의 ① 부분 구현)

코드
```
import tensorflow as tf
import numpy as np

# 'gohome'  Data Creation
idx2char = ['g', 'o', 'h', 'm', 'e'] # g = 0, o = 1, h = 2, m = 3, e = 4

x_data = [[0, 1, 2, 1, 3]]    # gohom
x_one_hot = [[[1, 0, 0, 0],    # g 0
              [0, 1, 0, 0],    # o 1
```

```
                    [0, 0, 1, 0],      # h  2
                    [0, 1, 0, 0],      # o  1
                    [0, 0, 0, 1]]]     # m  3

t_data = [[1, 2, 1, 3, 4]]     # ohome
```

순서가 있는 데이터를 학습하는 RNN 코드를 구현하기 위해서는 먼저 학습 데이터를 구성하는 unique 문자를 숫자로 나타낸 후, 이러한 숫자를 원핫One-Hot 방식으로 변환해야 합니다.

[예제 12.1]의 코드를 보면 학습 데이터 'gohome'을 구성하고 있는 unique 문자는 'g', 'o', 'h', 'm', 'e' 총 5가지이므로 먼저 각 문자를 0부터 4까지의 숫자에 대응시키고(g = 0, o = 1, h = 2, m = 3, e = 4), 이렇게 대응시킨 숫자를 원핫One-Hot 방식으로 변환하기 위해 x_one_hot = [⋯] 변수를 사용했습니다.

[예제 12.2] RNN 하이퍼 파라미터 설정 및 텐서플로 노드 정의([그림 12.8] ① 부분 구현)

| 코드 | ```
# RNN 하이퍼 파라미터 설정
num_classes = 5
input_dim = 4
hidden_size = 5
batch_size = 1
sequence_length = 5
learning_rate = 0.1


# 입력과 정답을 위한 플레이스홀더(placeholder) 정의
X = tf.placeholder(tf.float32, [None, sequence_length, input_dim])
T = tf.placeholder(tf.int32, [None, sequence_length])
``` |
```

[예제 12.2]의 코드를 보면 RNN 학습을 위해 필요한 하이퍼 파라미터Hyper Parameter 와 입력과 정답을 위한 플레이스홀더 노드가 정의되어 있습니다.

num_classes 변수는 정답의 크기를 나타내며, 우리 예제에서는 입력 데이터 'gohom'에 대해 정답이 'ohome'이므로 정답의 크기는 5입니다.

input_dim 변수는 입력 데이터의 원핫One-Hot 크기를 나타내는데, 우리 예제에서는 입력 데이터가 'gohom'이고 이는 0부터 3까지 총 4가지 원핫One-Hot 방식으로 표현 할 수 있으므로 4로 초기화됩니다.

hidden_size는 은닉층 출력 크기를 나타내는 변수인데, 은닉층 출력 값은 출력층으로 바로 전달되어 정답을 만드는 역할을 하기 때문에 일반적으로 hidden_size 값은 정답 'ohome'의 크기인 5와 동일하다는 것을 알 수 있습니다.

batch_size는 한 번에 신경망으로 들어가는 데이터의 개수이고, 우리 예제는 한 번에 하나의 문장 'gohom'을 입력으로 대입하기 때문에 batch_size = 1이 됩니다.

sequence_length 변수는 입력으로 들어가는 문장의 길이를 나타내는데, 우리 예제 는 'gohom'이 한 번에 들어가므로 'gohom'의 길이인 5로 초기화됩니다.

그리고 입력과 정답을 위한 플레이스홀더placeholder 노드(X, T)를 정의하는 것은 일 반적인 신경망 코드를 작성할 때와 차이가 없습니다.

| 코드 | ```
cell = tf.contrib.rnn.BasicRNNCell(num_units=hidden_size)

initial_state = cell.zero_state(batch_size, tf.float32)

outputs, _states = tf.nn.dynamic_rnn(cell, X, initial_state=initial_
state, dtype=tf.float32)
``` |
|---|---|

[예제 12.3]의 코드를 보면 은닉층 객체 cell 노드와 은닉층 출력 노드를 정의하고 있습니다. 먼저 텐서플로 tf.contrib.rnn.BasicRNNCell() 함수를 이용하여 출력 크기가 5인 은닉층 객체 cell을 생성하고, tf.nn.dynamic_rnn() 함수를 이용하여 은닉층의 출력 값, 즉 cell 출력 값 H_t를 계산하여 outputs 변수로 리턴하는 것을 알 수 있습니다.

LSTM이나 GRU 알고리즘이 적용된 cell을 생성하고자 하면 BasicRNNCell 대신에 BasicLSTMCell(), GRUCell() 등의 API로 변경하여 원하는 알고리즘의 cell을 만들 수 있습니다.

[예제 12.4] 손실 함수 계산 및 가중치, 바이어스 업데이트([그림 12.8]의 ③, ④ 부분 구현)

| 코드 | ```
weights = tf.ones([batch_size, sequence_length])

seq_loss = tf.contrib.seq2seq.sequence_loss(logits=outputs, targets=T,
weights=weights)

loss = tf.reduce_mean(seq_loss)

train = tf.train.AdamOptimizer(learning_rate=learning_rate).
minimize(loss)

y = prediction = tf.argmax(outputs, axis=2)
``` |
|---|---|

[예제 12.4]의 코드에서는 텐서플로 tf.contrib.seq2seq.sequence_loss() 함수를 이용하여 크로스 엔트로피 손실 함수를 계산한 후에, 손실 함수 seq_loss가 최소가 되도록 AdamOptimizer를 이용하여 은닉층과 출력층 각각의 가중치와 바이어스를 업데이트 하고 있습니다.

[예제 12.5] 노드와 연산 실행

| 코드 | ```
with  tf.Session()  as sess:                              ①
  sess.run(tf.global_variables_initializer())             ②

  for step in range(2001):

    oss_val, _ = sess.run([loss, train], feed_dict={X: x_one_hot, T: t_
    data})         ③

    result = sess.run(y, feed_dict={X: x_one_hot})         ④

    if step % 400 == 0:

      print("step = ", step, ", loss = ", loss_val, ", prediction = ",
      result, ", target = ", t_data)

      result_str = [idx2char[c] for c in np.squeeze(result)]

       print("\tPrediction = ", ''.join(result_str))
``` |
| 코드 | ```
step =  0 , loss =  1.7871441 , prediction =  [[2 1 1 1 1]] , target =
[[1, 2, 1, 3, 4]]
Prediction =  hoooo

step =  400 , loss =  0.44935045 , prediction =  [[1 2 1 3 4]] , target
=  [[1, 2, 1, 3, 4]]
Prediction =  ohome
``` |

| 결과 | ```
step = 800 , loss = 0.44436932 , prediction = [[1 2 1 3 4]] , target
= [[1, 2, 1, 3, 4]]
Prediction = ohome


step = 1200 , loss = 0.44205984 , prediction = [[1 2 1 3 4]] , target
= [[1, 2, 1, 3, 4]]
Prediction = ohome


step = 1600 , loss = 0.44067255 , prediction = [[1 2 1 3 4]] , target
= [[1, 2, 1, 3, 4]]
Prediction = ohome


step = 2000 , loss = 0.4396987 , prediction = [[1 2 1 3 4]] , target
= [[1, 2, 1, 3, 4]]
Prediction = ohome
``` |
| --- | --- |

[예제 12.5]의 코드를 보면 ① with 구문을 이용하여 세션을 만들고 ② 변수 노드를 초기화하며 ③ feed_dict={X: x_one_hot, T: t_data}와 같이 원핫One-Hot 방식으로 표현된 입력 데이터 X, 정답 데이터 T를 신경망으로 넣어 주면서 손실 함수 loss가 최소가 되도록 가중치 W_{ih}, W_{hh}, W_{ho}, 바이어스 b_h, b_o를 업데이트한 다음 ④ sess.run(y, feed_dict={X: x_one_hot})을 통해 'gohom' 입력에 대한 출력 값이 무엇인지 예측하고 있습니다.

이처럼 학습을 모두 마치고 [예제 12.5]의 결과를 보면, 순서가 있는 입력 데이터 'gohom' 단어를 주었을 때 초기에는 결과 값으로 'hoooo'라고 예측하지만 학습이 진행됨에 따라 'ohome' 단어를 결과 값으로 예측하게 됩니다.
```

12.6 정리

이번 장에서는 순환 신경망이라고 부르는 RNN 개념, 동작 원리 등을 알아보았고 텐서플로를 이용하여 순서가 있는 데이터의 미래 값을 예측하는 코드를 구현하였습니다.

이처럼 음성, 동영상, 주식 가격과 같이 순서가 있는 데이터를 분석하고 미래 값을 예측하는 분야에서는 RNN 아키텍처를 기본으로 사용하고 있으므로 이번 장을 충분히 이해해야 합니다.

찾아보기

찾아보기

한국어

머신러닝을 위한 파이썬 한 조각
파이썬으로 이해하는 인공지능의 시작

초판 1쇄 발행   2020년 2월 21일

지은이	박성호
펴낸이	김범준
기획/책임편집	오민영
교정교열	박한솔
편집디자인	김민정
표지디자인	이승미

발행처	비제이퍼블릭
출판신고	2009년 05월 01일 제300-2009-38호
주 소	서울시 중구 청계천로 100 시그니처타워 서관 10층 1011호
주문/문의	02-739-0739 팩스 02-6442-0739
홈페이지	http://bjpublic.co.kr 이메일 bjpublic@bjpublic.co.kr

가격 24,000원
ISBN 979-11-90014-75-5 (93000)
한국어판 © 2020 비제이퍼블릭

소스코드 다운로드 https://github.com/bjpublic/MLpythonpiece